U0062842

法语的历史

Introduction à l'histoire de la langue française

〔法〕米歇尔·佩雷 著

周莽 译

商务印书馆
The Commercial Press
创于1897

目　录

第二部分　法语与语言变化

第三部分　历时语言学研究

引　言

语言常有变异……

　　本书是作为对法语历史的一部"导论"问世的，首先是因为本书旨在充当启蒙教材使用，既要面向一些尚不了解语言学的学生，也要面向一些从未学习过拉丁语和古法语的学生——或许，除了学生读者之外，本书亦可作为入门读物，面向对法语的形成与演变感兴趣的所有读者。在这个意义上，如果本书能够引发读者的兴趣，那么在这本小书之外，大家还可以读一些更加详尽的著作作为补充。

　　然而，本书还有另一个意愿，即：引导人们对于语言的变化进行思考，提供必要的概念工具来理解一种语言为何以及如何诞生、变异和演变。因此，与多数语言史著作所做的不同，我们并不去逐个世纪地介绍语言的状态，而是选择逐个提出问题，对于每个问题提供人们已经取得的研究成果，这可以让读者更好地构想在一种语言的演变中，有哪些进程在发挥着作用。

　　在对法语的构成所进行的陈述中，我们充分考虑到了社会语言学的已有成果：语言变异、标准化、语言变化的扩展方式、一种语言的地位对于它的同质性的影响，同时我们也没有忽略方言学家与克里奥尔语（混成语）专家的贡献，因为克里奥尔语的形成与法语的形成多有相似之处。在对从拉丁语向法语的演变中所发生的变化的描述中，我们力图重新看待语言史研究者们所熟知的一些演变，这既是从新语法学派、语文学家和结构主义历时语言学家的贡献出发，又是从一些最新的概念出发，尤其是从话语语言学和语法化理论的新概念出发，乃至，更加谨慎地，是从一些对于语言起源的大胆假设出发。在这个意义上，这册导论同样可以被看作是法语的一部"分门别类"的历史。

本书设计为三个部分。第一部分"法语与历史"论述人们通常称作语言的"外部历史"的内容：哪些历史事件、哪些政策决定造就了法语？此外还有，哪种法语是由这些事件和这些政策决定造就的，是国王的语言，还是民众的语言？是被认为高贵的方言口语，还是从一开始就成为书面语的语言？第二部分"法语与语言变化"尝试通过列举法语史上的例子来回答关于语言演变的问题。这一部分同样论及曾经影响了法语的几个重大变化：词汇变化、名词和动词在语义和句法上的变化、正字法的确立。最后，第三部分"历时语言学研究"评注了不同时代的一些文献和文学文本，它们可以作为理论的例证，让我们更好地理解和感受语言在各个世纪历经的演变过程。

考虑到 2008 年以来出版的重要著作的成果，以及语言政策上的一些演进与变化，本书的当前版本有了增补和更新。参考书目增加了约 50 部著作。

我希望读者能在阅读本书后对理论思考产生兴趣，重新审视自己对语言规范的概念，认识到昨日的许多"错误"已经变成今日的规则：一种不发生演进的语言是死语言，想要固化一种语言，就是想要杀死它，一言以蔽之，爱一种语言，如同爱一个人，是想让它活下去。

这既非排斥，也非推崇语言变异，而是至少让人能够接受变异的存在。

米歇尔·佩雷

缩略语和符号

语音

在语音标注方面，考虑到让非专业读者可以读懂，我们尽可能使用法语的拼读来标注读音。这些标注用斜体字来表示。但是，有时必须使用国际音标（API）来标注读音，我们将国际音标放进双斜线"/ /"中间作为标记，比如一些完整的词的音标。例如，*pou* 的读音为 /pu/，其中包含的音素 ou 用国际音标标示为 /u/。我们可以在本书第 285 页看到国际音标的音素表。

缩略语

anc. fr. : ancient français 古法语

all. : allemand 德语

angl. : anglais 英语

esp. : espagnol 西班牙语

fr. mod. : français moderne 现代法语

fr. : français 法语

lat. : latin 拉丁语

neerl. : néerlandais 荷兰语

port. : portugais 葡萄牙语

roum. : roumain 罗马尼亚语

COD : complément d'objet direct 直接宾语

V : verbe 动词

* 星号在词前，表示该词是一种构拟的形态，而非有实证的，比如 *ex-magare。

> 大于号意思为"发展为"，比如 *mare* > *mer*，意即 mare 发展为 mer。

< 小于号意思为"源自于"，比如 *mer* < *mare*，意即 mer 源自于 mare。

第一部分
法语与历史

第一章　语言的起源与系属分类

诸语言的亲属关系
印欧语
罗曼语

一、诸语言的亲属关系

1. 追寻起源

　　诸语言的源头是什么？人类语言是在地球上一个单一地点出现，然后随着人的迁移扩散开来，还是有着几个分散的发源地呢？存在着一个，还是多个**原始语**（langue mère）[1]？这些原始语过于古老，以至于文字未能见证其存在，那么有可能通过某种方式来了解原始语吗？

　　对于这些长久以来让人类遐想的问题，19 世纪末的那些致力于比较诸语言之间的一致性与差异性的语言学家做出了回答。他们的方式是将世界上诸语言合并成一些语系，每个语系代表着一个拥有共同起源的语群。这些语系（或者语族）中，得到最完善界定的有印欧语系（在印欧语系中集中了欧洲大多数的现存语言）、闪米特语族（其中两个主要代表是阿拉伯语与希伯来语）、芬兰-乌戈尔语族（芬兰语与匈

1　黑体的词在第 301—308 页的名词释义中有定义。——编者原注

牙利语）。最后这个语族本身属于一个有可能存在的乌拉尔-阿尔泰语系，后者还包含土耳其语和蒙古语。对非洲、亚洲、美洲印第安人和波利尼西亚诸语系的定义没有那么确定（参见本书第 275 页资料 2）。依据可得到的文献的丰富程度而言，尤其依据是否存在文字来证明一些灭亡语言（死语言）或者一些现代语言（活语言）的古老状态而言，这些语系划分对于某些语系来说是确定的，对于别的一些语系则仍有争议。

16 **2. 早期亲属关系认定的错误**

对语言之间的亲属关系很早就有人做出猜测，但其方法通常是错误的。这些猜测是通过观察词汇的相似处而得出的，这也是最容易观察到的东西。比如，柏拉图在《克拉底鲁》（*Cratyle*）中，认为自己发现了希腊语向弗里吉亚语借用的词汇；同样地，稍后时代，一些生活在罗马的希腊语法学家依据希腊语和拉丁语的亲属词和数词的相似性，提出在这两种语言之间也有亲子关系。这些直觉并不完全错误，因为我们现在知道这些受到人们观察的语言的确是有亲属关系的。然而，不妨说它们是堂姐妹，而非像古人认为的那样是母女。

后来，随着天主教的扩张，曾有许多哲学家和语言学家支持这样的看法，认为世界上所有语言，包括法语，均源于希伯来语（比如说埃蒂安·吉夏尔（Estienne Guichard）:《希伯来语、迦勒底语、叙利亚语、希腊语、拉丁语、法语、意大利语、西班牙语、德语、弗拉芒语、英语等语言的词源一致，书中证明所有语言均源出于希伯来语》[*L'Harmonie étymologique des langues Hébraïque, Chaldaïque, Syriaque, Grecque, Latine, Française, Italienne, Espagnole, Allemande, Flamande, Anglaise, etc. où se démontre que toutes les langues sont descendues de l'hébraïque*, 1606〕）。从中，我们看出《圣经》中记载的巴别塔神话的影响：希伯来语是人类的原始语，然而人类想要与上帝比肩的傲慢造成了向着诸语言的分化。这是教会诸位圣师的观点，在 17 世纪末仍旧足够强大，以至于需要莱布尼茨来加以驳斥。

研究语言起源的一种古怪方式

　　诸语言起源问题很早就被人提出来。比如，依据希罗多德的说法，一位埃及君主想知道人的原始语言是埃及语还是弗里吉亚语，他让人把两个孩子从一出生就禁闭起来，禁止人们跟他们讲话。通过观察孩子们最初的含混不清的话，他们认为发现了其中一个说过 *becus* 这个词，在埃及语里的意思是"面包"。所以，他们以此得出结论，认为埃及语是所有语言的母亲，这让那位君王喜出望外。

---

3. 中世纪：亲属关系得到辨识

　　然而，早在中世纪，在邻近的语言之间就认真进行了亲属关系的比对，一些学者开始隐约看出这些语言之间的亲属关系的存在。

　　比如，在中东地区，早在 10 世纪，一些犹太和阿拉伯语法学家就注意到希伯来语与阿拉伯语之间的相似性，他们隐约看出一个语族的存在，后来人们称之为闪米特语族。

　　在欧洲，某些语言的拉丁语源头在 14 世纪初就被但丁辨识出来（《俗语论》，*De vulgari eloquentia*）。这些亲属语言，但丁用它们说"是"的方式来指称它们：说"*si*"的语言（意大利语），说"*oïl*"（即现代法语的 oui——译者注）的语言（法语）和说"*oc*"的语言（奥克语）。他将南欧的这些出自拉丁语的语言与北欧的语言对立起来，他将北欧的语言称为说"*yo*"（是）的语言。后来，许多研究者对于法语的起源提出了一些站得住脚的假设，比如 16 世纪 H. 埃蒂安（H. Estienne）的《论错误地受到怀疑的正确拉丁语》（*De latinitate falso suspecta*），17 世纪梅纳热（Ménage）的《法语的起源》（*Origines de la langue française*）。

最后，早在 13 世纪人们对于其他一些亲属关系也有所推测：罗杰·培根（Roger Bacon）提出在古希腊语与现代诸希腊语方言之间存在亲属关系，康布里亚（威尔士）的杰拉德（Giraud）提出起源于凯尔特语的几种语言之间有亲属关系。

4. 重要的一步：梵语的发现

a. 对相似性的观察

后来，主要是在 18 世纪，随着重大的探险旅行，随着传教活动的发展以及在遥远地区设立商行，人们对世界上诸语言的认识才足够丰富起来，这让人们能够严肃地提出诸语言的差异问题以及它们的亲属关系的问题。早在 16 世纪末，一些旅行者就注意到印度诸语言与希腊语、拉丁语、意大利语之间的相似，以及波斯语、拉丁语、希腊语和日耳曼诸语言之间的相似。在 17 世纪首次提出了对于罗曼诸语和日耳曼语，以及波斯和印地语的印欧语源头的假设。在 18 世纪，几位博学的传教士学习了梵语（印度的宗教语言，如同拉丁语和希腊语，它的年代在公元前 1000 年），他们关注到这种语言与欧洲诸语言的相似。这些研究的结果是英国人威廉·琼斯在 1787 年辨识出一个语系的存在，它集合了梵语、拉丁语、希腊语、日耳曼诸语、凯尔特诸语和波斯语：

> 梵语，尽管它非常古老，但它的结构让人惊叹，比希腊语更完善，比拉丁语更丰富，而且比这两者都更加精致；然而，在动词的

词根和语法形态上，我们从梵语中辨识出与这两种语言更多的相似性，我们无法认为这相似性是出于偶然的。相似性如此之大，语文学家在审视这三种语言时无法不认为它们出自于一个共同的源头，虽然这个源头语言可能已经不再存在。虽然可能没有那么有说服力，但我们有与此类似的理由来推测，哥特语和凯尔特语，虽然它们与某个非常不同的语言发生过混合，但它们仍旧与梵语有过一个相同的源头；我们或许可以将波斯语加入这个语系……

> W. 琼斯：《论印度诸语，第三次演讲》，1788 年，引文根据 B. 塞尔让《印欧民族》[W. Jones, *On the Hindus. Third discourse*, 1788, cité d'après B. Sergent, *Les Indo-Européens, op. cit.*, p. 26]

b. 新的学术方法

人们过去认为梵语保留了比拉丁语和希腊语更加古老的形态变化和辅音系统，由于对梵语了解的深入，人们提出存在一个称为印欧语系的语系。实际上，只有通过仔细观察诸语言之间的有规律的对应关系，语言的亲属关系才得以建立起来，因为我们不能依据词汇的简单近似，这些相似是不能说明问题的，可能是出于偶然：如 *bad* 在英文和波斯语里的意思是"坏的"，而这两个词的历史表明它们的词源是完全不同的。近似同样可能是借用造成的，是在两个语言曾经接触的情况下：并不因为法语词 *algèbre*（代数学）、*alchimie*（炼金术）、*zéro*（零）和 *zénith*（天顶）来自阿拉伯语，这两种语言就有亲属关系。

因此，学者们发明了一种方法来弄清一些相距甚远的语言之间的惊人相似，由此，最初的观察者们得出了一些令人振奋的发现，在 19 世纪的时候最终变成一门新的学科，即比较语法。在 19 世纪中叶，比较语法的支持者们被称为新语法学派。

5. 比较语法

a. 比较语言学的开端

虽然曾有过一些先驱，但我们可以将弗兰茨·葆朴（Franz Bopp）的著作《比较语法》（*Vergleichende Grammatik*, 1833—1849）看作奠基之作，这一著作将梵语、希腊语、拉丁语、波斯语和日耳曼语的动词变位进行了比对，希望找出所有这些语言的一种"原始状态"。比如，下图中是法语动词 *être*（是）在包括梵语在内的不同印欧语中的两个变位形态：

法语	梵语	希腊语	拉丁语	凯尔特语	日耳曼语	斯拉夫语
il est 他是	asti	esti	est	is	ist	jestù
ils sont 他们是	santi	eisi	sunt	it	sind	sotu

b. 语音"规则"

继葆朴之后，研究关注于有亲属关系的语言之间某些稳定的语音对应关系：比如，在观察到"百"在罗曼诸语中为 *centum*（发音 /kentum/）、*cent*、*cien*、*cento*、*cem*、*tscien*、*sutä*，在希腊语中为 *he-katon*，在日耳曼诸语中为 *hund*、*hundred*、*hundert*、*hundra* 等，在凯尔特诸语中为 *kant*、*céad*、*cant*，在所有斯拉夫语中均为 *sto*，在立陶宛诸语中为 *simt*、*sinta*，在伊朗诸语中为 *sad*、*sed*、*södö*、*sal*，在印度诸语中为 *ha*、*shô*、*so*、*sath*、*sembor*。将这些信息与其他同类观察比照之后，我们可以立论，与拉丁语词首 /k/ 对应的是日耳曼语的 /h/（如拉丁语中 *centum*"百"、*cornu*"角"，对应英语的 *hundred*"百"、*horn*"角"，德语的 *Hundert*"百"、*Horn*"角"），但在斯拉夫诸语、伊朗语和印度语中对应为 /s/。同样，我们可以立论，与拉丁语词首 /p/ 对应的是日耳曼语的 /f/（如拉丁语中 *pedem*"脚"、*piscem*"鱼"、*patrem*"父"，

对应英语的 *foot* "脚"、*fish* "鱼"、*father* "父"，德语的 *Fuss* "脚"、*Fisch* "鱼"、*Vater* "父"——发音 /fater/），与拉丁语 /f/ 对应的是日耳曼语的 /b/（如拉丁语的 *fratrem* "兄"，对应英语的 *brother*，德语的 *Bruder*），凡此种种。这些对应关系，其规律性很快就被人看出，由此产生了语音规律的概念：新语法学派认为，在某个特定年代，当某个音素经历一个语言变化，这个变化会在同一个语言共同体的所有成员身上体现，会在包含着这个音素的毫无例外的所有词中体现。如果某些词看起来逃脱了这些规则，那么它们的演变历史应当会有别的解释：通常涉及向其他语言的借用，或者由类推作用造成的改变。

比较语言学家是如何操作的

从古埃及时代以来，对于语言亲属关系的思考有了很大进步。比如，比较语法学家首先看出闪米特语的亲属关系：比如，他们将意为"脑、思想"的拉丁语 *cerebrum* 与同样意思的希腊语 *kara* 和德语 *Hirn* 进行对比；同样，他们认为拉丁语中表示"采摘"意义的 *carpere* 可以同古高地德语 *Herbist* "收获葡萄、秋天"和德语中相同意义的 *herbst* 及英语中的 *havest* "丰收、收获"进行对比。一旦此类的几种对应关系确立起来（参看前文的"百"：拉丁语 *centum*，希腊语 *he-katon*，日耳曼语 *hund*），他们便可以轻松地看出日耳曼语 /h/ 音对应于拉丁语和希腊语的 /k/ 音，如果这一对应关系由许多例子证实，那么他们便能够确立一个语音演变规则。

二、印欧语

然而，比较语法学家走得更远，从刚刚得到证实的语系出发，他们尝试重新构建一种原始语，称之为**原始**印欧语（**proto**-indo-euro-péen），它的各后代语言在一些未确定的时代与它脱离。在此，我们进行三点区分：印欧语系、作为语言的原始印欧语和原始印欧人即唯一或者多个原始印欧民族。

1. 印欧诸语

人们所称的印欧诸语之间的亲属关系是不可否认的。印欧语系本身分成几个语族（参见下文图和本书第 282 页资料 3），除了几种灭绝语言（它们的发现与构拟曾是激动人心的学术探索，比如吐火罗语和赫梯语）外，它包括庞大的印度-伊朗语族，这个语族汇集西亚诸语，比如吉卜赛语；还包括欧洲的亚美尼亚语、阿尔巴尼亚语、希腊语族（古希腊语属于此语族）、波罗的语族、斯拉夫语族、凯尔特语族（高卢语属于此语族）、日耳曼语族和意大利语族（拉丁语属于此语族）。所以，我们可以看出印欧语系诸语言的地理延展，覆盖印度、小亚细亚的一部分和几乎欧洲全境。欧洲主要的非印欧语是芬兰语、拉普语（或萨米语）和匈牙利语（芬兰-乌戈尔语族）、土耳其语（乌拉尔-阿尔泰语系）、巴斯克语（高加索语系？）。欧洲其余地方也说一些同样古老的语言。

相反地，试图推测这些语言分裂的相对时期，人们建立的谱系图现在仍只是假设，因为真正的时期是无法确定的。而且，最有争议的正是人们设想的这些语言相互分离的方式本身。下面是奥古斯特·施莱谢尔（August Schleicher，或译施莱赫尔）于 1862 年建立的树状图（见下页图）：

当前，一些语言学家在信息科学家的帮助下，继续在这一领域努力，他们对现有的资料进行有系统的对比，但是这些谱系模型并不总是被人们接受，它们与达尔文对动物进化提出的模型相似，而达尔文正是新语

奥古斯特·施莱谢尔的谱系图

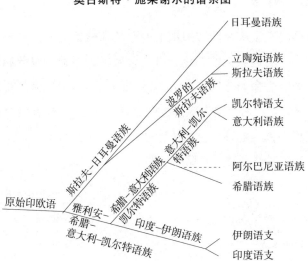

法学派的同时代人。人们指责他们假设出一种相对统一的起源语言，一些突然的分离现象（一些部族因远征而离开），而很少考虑到语言和平借用的可能（易货贸易、新技术的传播，比如农业、铜、青铜、马匹）和语言因接触而造成的变异，就如同伦纳德·布龙菲尔德所指出的：　　21

　　这等于是假设两件事：第一，亲属族群在语言方面是完全均质的，第二，这个族群突然分裂为两个或者更多子族群，它们随后失去了任何接触……。最早研究印欧语的那些人，他们没有意识到树状谱系范式仅仅是他们的研究方法所造成的一个后果：他们将那些原始语的均质性以及它们突然和彻底的分离看作历史事实。

L. 布龙菲尔德：《语言论》，1935 年，引文根据 C. 伦弗鲁《印欧民族的谜题：考古与语言》[L. Bloomfield, *Language*, 1935, cité d'après C. Renfrew. *L'énigme des Indo-Européens: archéologie et langage, op. cit.*, pp. 129−130]

2. 原始印欧语

比较语法学家认为能够构拟出的原始印欧语应当是一种语言，在这种语言中，名词有格的变化，有三种数，即单数、双数和复数，有两个性，即有生命的（后来分为阳性和阴性）与无生命的（后来成为中性）。动词具有两个语态，即主动态和被动态，具有三个语式，即陈述式、虚拟式、祈求式（比如诸多形式的命令式）；就时态而言，过去时与将来时似乎是更晚期的发明。

――――――――――――――――――――――――――――――― 印欧语中数的构拟

1：*sem- 和 *oy-no/*oy-kʷo	6：*s(w)eks
2：*dwo(u)	7：*septm
3：*tréyes	8：*okto(u)
4：*kʷetwores	9：*néwn
5：*pénkʷe	10：*dékm

注：标 *（星号）表示这种形态并未得到实证，是构拟的。

19 世纪末，人们从几块骨头残片出发来复原动物，通过比较不同稿本的异文来构拟原始手稿，通过一些文物和过去的语言来构拟一些文明，在这样的认识论背景下，那些主要的印欧语研究者认为可以用原始印欧语来写出一些句子，乃至一些寓言（如同 A. 施莱谢尔所做的那样）；后来，随着这种语言的语音系统研究的进展，那些词根开始与一些代数方程相似起来，它们不再旨在复原某种发音，而是指示在一个语音系统中所处的位置。

22　　不管怎样，人们可能疑惑，语言学家构拟出来的这种原始印欧语是否真的存在过。这些部落的语言并无文字，所涉及的并非一种有实证的语言，而是一种通过假设来构拟的语言：实际上，真正应该探讨的并非一种印欧语，而是一些印欧语，是一些比较接近的方言，是由一些部落说的方言，它们在现今那些后代语言所占据的地理范围内的扩张形式如何，这仍旧是有待研究的问题。

3. 原始印欧民族

这些部落来自何处？推测中的扩散中心的位置，这又是一个有争议的问题，甚至我们饶有兴味地看到，研究者提出的位置往往与他们本人的籍贯地有关，这些命题中最臭名昭著的是认为扩散中心来自于德国北部和斯堪的纳维亚半岛的日耳曼人，因为这个命题曾经被纳粹意识形态采用，它是依据一种印欧人种至高无上的观点（印欧人被认为是金色头发，蓝色眼睛，被他们不太合乎逻辑地称作雅利安人，这个词来自于印度人的古老名称：*Arya*"高贵的"）。但是，同样有人认为扩散中心位于亚洲的中亚地区或者哈萨克斯坦；位于乌克兰的喀尔巴阡山脉北部，波兰和立陶宛附近；最后还有中东，尤其是安纳托利亚（土耳其）。

最新的假设：安纳托利亚、巴尔干以及农业的传播

英国考古学家科林·伦弗鲁用一些迁移部落的入侵来质疑这种扩散理论，他认为，最初的那些印欧语是在公元前7000年前后在安纳托利亚产生的，在公元前6500年到公元前5500年间随着谷物种植传播到希腊，继而传到巴尔干和中欧，传到德国和波兰。此后不久，在另一边，在地中海沿岸的整个北部沿线传播，约公元前4500年，传播到西欧的大部分地区。他认为，农业对生活条件的改善，造成人口的扩张，人口扩张慢慢吞并了欧洲其余地方

更加零散的那些民族（他谈到"前进的波浪"，每一代人前进20公里）。

　　而在最近，科林·伦弗鲁被某些考古学家的研究说服，他修正了扩散中心的位置，如今大家不再把中心确定在小亚细亚（安纳托利亚），而是确定在欧洲，位于巴尔干–多瑙河地区。

　　伦弗鲁的理论很有吸引力，他将印欧人的扩张时间提前了两千年，重新质疑了那些语言学上的预设命题（参见布龙菲尔德《语言论》，本书第15页），而整个印欧学的研究都建立在这些预设之上，他的理论开始被人们普遍接受。

23　　　当前仍旧占据主导地位的命题部分地依据玛利亚·金布塔斯（Marija Gimbutas）关于所谓"坟冢"（Kourganes）文明的新石器时期坟冢文化扩张的考古学著作。坟冢的名称来自俄罗斯人对那些大坟冢的称呼：这一坟冢文化被认定为属于印欧人。人们通常认为印欧人曾有双扩散中心：欧洲多瑙河地区，即现今的乌克兰，它位于黑海北部，可能是向南部与东部扩张的起点，而俄罗斯南部的欧亚草原，那里的游牧人可能是印度–伊朗民族的源头。人们认为印欧人的部落是一些半游牧的骑马民族，他们在公元前4000或公元前3000年启程（正好在青铜时代开始前，但在他们到来之前，欧洲当时已经有人类），他们征服了周边的民族，这些人渐渐采用了印欧人的文明和语言。在欧洲，巴斯克语幸存了下来，而伊比利亚语、苏格兰北部的皮克特语和意大利的伊特鲁里亚语，这些我们保留下某些痕迹的灭绝语言，它们是印欧人到来之前的那些民族的语言遗迹。

—— 在语言史上还可以上溯到更远吗?

一些俄国语言学家认为巴斯克语可以同高加索北部地区的语言牵连起来,他们提出存在一种原始北高加索语,在印欧语之前,它曾经扩散到欧洲。

另外两位研究者,V. 伊里奇–斯维提奇(V. Illich-Svitych)和 A. 杜尔戈波尔斯基(A. Dolgopolsky),他们认为能够证明存在一个语系,它集合了印欧语系、亚非语系、达罗毗荼语系、阿尔泰语系和乌拉尔语系。他们称这个语系为诺斯特拉语系(Nostratique,或译超语系),他们认为诺斯特拉语系是由 15000 年前中东地区说的一种语言衍生而来,他们称这种语言为原始诺斯特拉语。

最后,语言学家约瑟·格林伯格(Joseph Greenberg)和梅里特·鲁伦(Merrit Rulhen)走得更远,他们将这个超语系与美洲印第安人语言和爱斯基摩—阿留申语联系起来: *mlk* 的意思是"乳汁""前胸""胸脯"或"挤奶", *tik* 的意思是"指头"或"一", *aq^{w}a* 的意思是"水",一些这样的词根复现于所有语言。这些研究证实智人(homo sapiens)是从东非的一个单一中心起源的理论(被人戏称为"走出非洲"的假设)。

不管这些假设多么激动人心,所有假设均仍旧必须谨慎看待。

三、罗曼语

24

1. 罗曼语区域

在印欧诸语中,意大利语族中的一种小语言,拉丁语,获得了独特的机遇。由于罗马城居民的征服者天性和罗马帝国的形成,受到被征服民族的语言（这种情况称为**底层** [substrat]）的感染错合，拉丁语成为一个语族的源头，即罗曼语族，其中主要有意大利语、法语、西班牙语、葡萄牙语和罗马尼亚语。我们用 *Romania*（罗曼语区域，罗马帝国统治区）来称呼这些语言所覆盖的地区。

　　很容易看出这些罗曼语的日常词汇之间的相似性：

拉丁语	法语	西班牙语	意大利语	葡萄牙语	罗马尼亚语
facere 做	faire	hacer	fare	fazer	face
schola 学校	école	escuela	scola	escola	scoala
filia 女儿	fille	hija	figlia	filha	fiica
plenus 满	plein	lleno	pieno	cheio	plin
computare 计算	compter	cuentar	contar	contar	conta
plorare 哭	pleurer	llorar	plorar	chorar	plinge

　　由此，我们可以注意到某些规律性：比如拉丁语、罗马尼亚语和法语中的 *pl*，对应西班牙语的 *ll* 和葡萄牙语的 *ch*。

　　正如我们在下一章将会看到的，法语是一种发源自罗马殖民地居民所使用的拉丁语的语言，这些殖民地居民原本是一个高卢民族，说一种源自凯尔特语的语言。这一高卢–罗马民族随后遭受了日耳曼人的入侵，而日耳曼人的入侵同样影响了法语。

2. 印欧语系和法语的形成

　　如果我们观看下面的图（这是个非常简化的图，目的只是将在法语形成过程中曾发生作用的影响因素加以视觉体现），我们便可以有几点发现：

印欧语系的主要语族和法语的形成

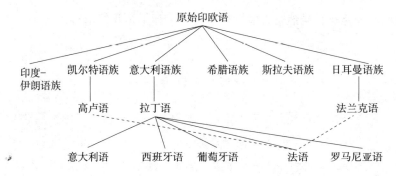

1）在大印欧语系内部，语言又集合为语族：比如拉丁语和希腊语、古斯拉夫语、法兰克语，各自属于不同的语族。拉丁语属于意大利语族，希腊语属于希腊语族，古斯拉夫语属于斯拉夫语族，法兰克语属于日耳曼语族。

2）与法语亲属关系最近的语言是意大利语、西班牙语、葡萄牙语、罗马尼亚语：我们称之为罗曼语，所有罗曼语均出自于拉丁语。

3）以某种方式对法语的形成有过贡献的语言是：高卢语、日耳曼诸语、拉丁语，它们均属于印欧语系，但属于不同语族。

我们还可以注意，在法国，人们说的一些地区性语言同样来自不同语族：除了非印欧语系的巴斯克语，还有属于凯尔特语族的布列塔尼语（大概是由在5世纪至6世纪那些逃离撒克逊人侵略的大不列颠岛的布列塔尼人重新引入法国的），有属于日耳曼语族的阿尔萨斯语和洛林语，而瓦隆语、奥克语和加泰罗尼亚语则出自罗曼语族。

对于比较语法学家来说，法语曾是一种优先研究的语言：与许多非罗曼语所经历的相反，从拉丁语发展到现代法语的历程中，书面的证据从未缺乏，演变过程有很好的实证。此外，关于以之为源头而又分化为各罗曼语的那种语言（即指拉丁语），以及有关这些分化的原因，我们拥有所有我们想要的证据，而拉丁语与日耳曼语族和斯拉夫语族的分化点，虽然是曾经发生过的事，却仍是我们未知的。

26   ◆ 综 述 ◆

　　世界上的语言可以合并为语系。在这些语系中，印欧语系集中了几乎全部欧洲语言：法语是印欧语系的一种语言。但是，印欧语系同样分为不同语族，其中之一是罗曼语族。罗曼语族集中了源自拉丁语的语言，法语也是一种罗曼语。最后，两种不属于罗曼语族但属于印欧语系的语言，高卢语（凯尔特语族）和法兰克语（日耳曼语族），同样在法语的形成过程中起过作用。

──────────────── 欲了解更多，请参阅

J. 佩罗：《语言学》[J. Perrot, *La Linguistique*, Paris, PUF, coll. « Que sais-je ? », 1967]
这一小篇幅的普及读物对比较语言学的历史与方法给出了有益的归纳。

C. 伦弗鲁：《印欧民族的谜题：考古与语言》[C. Renfrew, *L'énigme des Indo-Européens: archéologie et langage*, Flammarion, 1990 (éd. anglaise, 1987)]
著作提出有关从安纳托利亚发动的、人口波浪造成扩张的假设。内容庞杂，但引人入胜。

B. 塞尔让：《印欧民族：历史、语言、神话》[B. Sergent, *Les Indo-Européens: histoire, langues, mythes*, Paris, Payot, 1995, 536 pages]
包含关于印欧民族所必知的全部内容，语言学仅占著作的一小部分。第一章提供了印欧学研究的非常全面的总结，第三章概要描述了原始印欧语。

第二章　法语的形成：高卢人、罗马人与 日耳曼人

一、法语的史前史：在高卢人之前的时代

1. 新石器时代的居民

对于在约公元前 500 年高卢人定居之前曾占据法国领土的那些人种，我们知之甚少。考古发掘发现了许多骨殖，证明这片土地曾经有人居住：约公元前 10000 年，身材矮小的被叫作"马格德林人"（magdalénien）的人种似乎曾居住在韦泽尔河谷（多尔多涅地区的一些岩洞，其中最著名的是拉斯科洞窟）。随后，由于气候变化，出现人口迁徙，这些迁徙的情况不详。约公元前 4000 或公元前 3000 年，建筑巨石阵、支石墓和立石的文明发展起来，这些巨石首先出现于法国领土（碳–14 断代显示巨石文化是在布列塔尼诞生的），随后扩张到

西班牙、英国、丹麦和直到阿比西尼亚的地中海沿岸。

虽然我们知道这些最早的居民是存在的，他们在旧石器和新石器时代的洞穴岩壁上留下了图画，他们留下了立石，但我们对他们的语言（一种或多种）一无所知，我们猜测是先印欧语（pré-indo-euro-péen）。

2. 利古里亚人和伊比利亚人

我们所知的最早居民的名字是利古里亚人和伊比利亚人，利古里亚人占据法国领土的西南部（罗讷河盆地、弗朗什-孔泰地区）、瑞士和意大利北部山区，而伊比利亚人则从西班牙一直北进到卢瓦尔河谷地区，那大约是在公元前 600 年。

a. 利古里亚人

如今，大家认为利古里亚人很可能说一种印欧语系的语言（甚至可能是意大利-凯尔特语族的语言），这一语言的某些词传递到普罗旺斯语、萨瓦语，并通过借用进入法语（比如，以利古里亚语后缀 -anque 为基础，从普罗旺斯语借用的 calanque "小海湾" 一词和从阿尔卑斯山区来的 avalanche "雪崩" 一词；还有高卢-罗马时期以 -ascus 结尾的地名，Tarascon "塔拉斯孔" 地名便由此而来，或者以 -iscus、-oscus 结尾的地名，比如 Manosque "玛诺斯克"）。

b. 伊比利亚人

伊比利亚人说一种不属于印欧语系的语言，这在比较晚些时候才由一些铭文证实，但铭文的意思不为我们所知。伊比利亚人早在公元前 6000 年便出现于西欧。他们留给我们的语言中的词更少，因为能够列举出的那些词都从日常词汇中消失了，比如 artigue "开垦的田地"。阿基坦语是一种伊比利亚语，它是巴斯克语的祖先，如今某些研究者则将巴斯克语看作一种高加索语系的语言（这是一种有争议的假设）。

3. 希腊殖民者

同样在约公元前 600 年，一些弗凯亚人（小亚细亚的希腊人）在地中海沿岸设立了一些贸易站（尼斯、昂蒂布、伊埃尔、勒布吕斯克、马赛、昂特蒙、阿尔勒、圣吉莱、阿格德、安普利亚斯）。这些地名尤其见证了他们的行迹：*Massilia* 变成 *Marseille*（马赛）；*Heracles Monoikos* "孤独的赫拉克勒斯" 变成 *Monaco*（摩纳哥），因为这位希腊半神英雄曾在那里有一座神庙；(*Théa*)*Nikaia* "胜利女神" 变成 *Nice*（尼斯）；*Antipolis* "对面的城" 成为 *Antibes*（昂蒂布）；*Leukas* "白色的" 成为 *Leucate*（勒加特）；*Agathê tukhê* "好运" 成为 *Agde*（阿格德）；*Aphrodisias* 后来被拉丁化为 *Portus Veneris* "维纳斯港"，*Venus* 是爱神 *Aphrodite*（阿佛洛狄忒）的拉丁词，后来成为 *Port-Vendres*（旺德尔港）。但是，希腊人与当地人的交往很少，几乎仅有贸易往来，因此希腊语未成为这个地区的语言，虽然一些希腊语词汇保留了下来，尤其是在普罗旺斯语中。后来，在公元前 159—公元前 120 年，希腊人受到高卢人进攻的威胁，他们向罗马人求援，罗马人是他们的盟友。这是罗马人对高卢的第一次殖民：被征服的地区得到了 *provincia romana*（罗马行省）的称号，就是今日的 *Provence*（普罗旺斯）。

法语包含有相当数量的希腊语词汇，但那是更晚的时代引进的，常常是由于学者的借用。我们举出一些这个时代引入，并且从普罗旺斯语进入法语的词，比如 *ganse*（绦带）、*dôme*（穹顶，希腊语的"房子"）、*enter*（嫁接）、*biais*（歪斜）、*trèfle*（三叶草）。

29 # 二、高卢人

1. 凯尔特人的入侵

凯尔特人的入侵发生在大约公元前 500 年，但在此之前大概已经进行了一些渗透。凯尔特人来自相当于现今巴伐利亚和波西米亚的地区，他们三千年前在那里的存在得到了证实。他们逐渐占领西欧的大部，一直到达欧洲尽头、后来成为法兰西的这个大半岛地区，凯尔特人随后从意大利北方到达多瑙河，甚至于公元前 3 世纪到达小亚细亚。我们对凯尔特人的认知是通过一些不同的名称：英国领土上的布立吞人（布列塔尼人），法国领土上的高卢人，伊比利亚半岛北部的凯尔特伊比利亚人，凯尔特民族在伊比利亚半岛与伊比利亚人、小亚细亚的加拉太人融合。

确定性与不确定性

依据较新的假设，即对于印欧民族的农业扩张的假设（C. 伦弗鲁，参见本书第一章第 17 页的框内内容），早在公元前 6000 年在法国南部和公元前 5000 年在法国北部的新石器时代的居民已经是印欧民族。所以，并不能确定凯尔特人是带着人们后来认为属于他们的文化和语言到达西欧的：依据 C. 伦弗鲁的说法，是在同已经生活于此的那些民族的接触之下，凯尔特人的文化和语言才得以确立的。人们可能提出如此不同的年代断定，这说明了我们对于这些史前民族的认识是多么薄弱——尤其是对于他们的语言的认识，因为确切而言，我们没有任何有文字记录的史迹。

高卢人，在人们开始对他们有所了解的时代，拥有一种分裂成诸多方言的语言，但这些方言呈现出一定的统一性，他们的风俗与宗教同样如此，他们的宗教由德鲁伊教祭司履行神职。在罗马人征服高卢的时代，依据恺撒的说法，外高卢（Gaule Transalpine）分为三部分（三部分本身又极度分裂，因为当时计有约 330 个小"王"）：阿基坦人的高卢，从加隆河到比利牛斯山，其语言与巴斯克语相近，即一种非印欧语系的语言；贝尔盖人（比利时人）的高卢，从莱茵河到塞纳河和马恩河；凯尔特人的高卢，从塞纳河和马恩河一直到加隆河。在这些领土上，他们说一些具有方言差别的语言，但人们可能会有疑问，在那些凯尔特语地区是否所有人都说高卢语：在约 550 年前被征服的那些民族中，仍有一些群体在说自己的语言吗？还是说这些民族已经完全遭到同化了？

在罗马征服之后，一些证据指出，依据地点与环境的不同，高卢 30 语存留下来，直到公元 3 世纪和 4 世纪，乃至 5 世纪，在某些山区甚至到更晚。所以，虽然高卢人采用了拉丁语，即他们的殖民者的语言，但两种语言的接触结果改变了这些凯尔特语地区的人们的口头拉丁语，这是很正常的。

2. 高卢语在法语中的遗迹

我们将处于被支配地位的语言称为**底层**（substrat），它作为底层影响着占支配地位的语言，而占支配地位的语言在逐渐代替它。人们普遍认为，由于受这种高卢语的底层影响，出现了一个重要的语音变化即拉丁语 /u/ 音（发音如法语的 *ou*）向 /y/ 音（发音如法语的 *u*）过渡，但这一变化发生得非常晚，是在 7 世纪，所以高卢语的影响受到了质疑。一些辅音的腭化和词尾的 s 保持发音，大概是受凯尔特语的发音影响。高卢人还使用一种拉丁语未有的，但在凯尔特语言中广泛存在的计数法，即以 20 来计数，这种计数法直到 17 世纪还有存留（*trois-vingts*［3 个 20 即 60］，*six-vingts*［6 个 20 即 120］，*quinze-vingts*［15 个 20 即 300］，*quatre-vingts*［4 个 20 即 80］）。而且，高卢语在法语词汇中留下许多遗迹。除了地名——尤其南方以 -ac 结尾的地名和北方以 -y 和 -ay 结尾的地名——之外，我们找到与田间劳作有关的许多农事词汇：*sillon*（犁沟），*glaner*（拾荒），*javelle*（晒谷的条堆），*soc*（犁铧），*charrue*（犁），*ruche*（蜂巢）；一些与土地形态有关的词：*marne*（泥灰土），*grève*（沙岸），*lande*（荒原），*boue*（泥浆），*bourbier*（泥坑），*galet*（卵石），*quai*（河沿），*talus*（斜坡）；一些家务活动词汇（**母语**［langue maternelle］岂不正是母亲的语言？），其中最出色的例子就是动词 *bercer*（摇摇篮）；一些动植物名称：*bouleau*（桦树），*bruyère*（欧石南），*if*（紫杉），*chêne*（橡树，是德鲁伊祭司们的圣树），*mouton*（绵羊），*saumon*（鲑鱼），*lotte*（江鳕），*alouette*（云雀），*bouc*（公山羊）；几个古代度量衡的词汇：*arpent*（1 阿庞 = 20 到 50 公亩），*boisseau*（1 斗 ≈ 12.5 升），*lieue*（1 古法里 ≈ 4 公里），*pièce*（布、土地、金属的匹数和块数）。某些词汇反映了高卢人在技术上的优势：*cervoise*（高卢人的啤酒），*brasser*（制备啤酒麦芽汁），*brasserie*（啤酒作坊），*tonneau*（葡萄酒木桶，罗马人是使用双耳尖底瓮的）；*char*（车），*charpente*（房屋构架），*benne*（吊桶），*jante*（轮辋，高卢人是出色的车辆制造者：他们使用的四轮大车被罗马人借鉴）。这些词中的一些进入拉丁语，传播到整个罗马帝国，比如 *char*（*carrus* "车"）一词，*chemise*（*camisia* "衬衫"）和 *braies*（*braca* "长裤"，这个词是现代法语 *braguette* "裤前门襟" 的词源），高卢人的衬衫与长裤逐渐被罗马人采用。

除了一些地名、神祇和人名等专有名词之外，高卢语残留下来的遗迹很少，因为那些德鲁伊教祭司认为文字是一种死去的话语，他们偏重口头传授：现存的遗迹只有高卢南部翻译成希腊语的一些内容，一些咒语的铭文，它们的意思不太为人们理解，年代可以断定为公元前 200 年到公元 200 年之间。

我们还有一些来自罗马人自己对于这种语言的见证：罗马人说他们所采用的 *alauda*（云雀）这一形态（我们现代法语的 *alouette* 从此而来）是来自高卢语。普林尼（Pline）指出 *braces* 这个词（在此基础上形成动词 *brasser* "制备啤酒麦芽汁"）在高卢语中指双粒小麦，一种原始粮食作物。

在另外一些情况下，如果一个词的三个条件齐全，人们就推测它是来源自高卢语：这个词很早就在语言中有实证（有时早在后期拉丁语中就有），而它在古典拉丁语中却不存在，而与之或多或少近似的一些形态存在于其他凯尔特语中（爱尔兰语、威尔士语、盖尔语）。

三、罗马的殖民

1. 拉丁语在高卢得到采用

罗马人对高卢的征服发生于约公元前 50 年（确切说是在公元前59—公元前 51 年），这次征服之前一百年已有罗马对普罗旺斯的征服和对纳博讷地区的大规模殖民。随后在高卢全境建立起高卢-罗马文明，这一文明大约持续到公元 5 世纪或 6 世纪。虽然高卢仍旧是一个罗马人殖民迁入较少的区域，而且语言的罗马化从来不是强制的，但拉丁语逐渐得到采用。这既是出于实际原因（与占统治地位的民族交流），也是由于罗马人在文化和政治上的优势和高卢人精英的罗马化的愿望：罗马人将公民权赋予某些高卢贵族成员，在奥顿、马赛、波尔多、里昂和特里尔、普瓦捷、图卢兹、兰斯等所有重要城市建立高等教育机构，培养年轻的贵族子弟。因此，拉丁语成为高卢-罗马领土的**官方语言**（langue officielle），而高卢语仍旧是被殖民民族的**母语**（langue maternelle）。

2. 一种日常的拉丁语

然而，人们在高卢说的拉丁语是一种比古典拉丁语更晚的拉丁语，它同样是一种非书面语的语言，是大多数人沟通的工具，具有一些简化形态和一些通俗的、比喻性的乃至俚语的形态。在这一问题上，将法语与拉丁语传统更久远的西班牙语进行比较更有参考价值。

32

> **"完全吃掉"**（manger complètement）还是
> **"细细嚼"**（jouer des mandibules）？
>
> 由于两个原因，拉丁语 edere（吃）处于弱势：一方面，因为这个词的形态变得几乎没有实体，随后因为这个词的一些形式从语音的角度看几乎与 esse（是）这个词的形式完全重合。不足为奇，后期的拉丁语尝试为它找到一个替换词。要表达这个意思，拉丁语还有动词 comedere（完全吃掉）、manducare（咀嚼）（或者它的简单形式 mandere）和 papare（吃，喂）。在这些动词中，显然 comedere 看起来是最不粗俗的，何况它与 edere 也有关系。然而，在西班牙语和葡萄牙语中沿用 comedere 时，其他罗曼语族语言，法语、意大利语和罗马尼亚语却选用了 manducare。从各方面看，这种情况与我们所知的伊比利亚半岛拉丁语明显更加考究和保守的特点相符，罗马帝国所传播的一些创新用法在伊比利亚拉丁语看来显得过于平民化了。
>
> W. 冯·瓦特堡：《法语的演变与结构》[W. von Wartburg, *Évolution et structure de la langue française, op. cit.*, pp. 176-177]

同样地，*edere* 在西班牙也变得过时，它让位给 *comedere*（以后变成西班牙语 *comer*），在高卢则让位给 *manducare*（以后变成法语 *manger*）。同样，意思为"说话"的 *loqui* 的动词变位不被人们理解，因为它的词形被动而词义主动。在西班牙，它被 *fabulare*（"闲聊，讲故事"，后变成西班牙语 *hablar*）代替，这个形式是在拉丁语 *fabulari* "闲聊，讲故事"基础上构成的；但是在高卢，它却被 *parabolare*（后变成法语 *parler*）代替，这是更具比喻性的用法，来自于教会，意即"讲述寓言"。最后，当两个拉丁词并存时，法语继承了其中更有表现力的词：比如 *fervere*（成为西班牙语的 *hervir*）和 *bullire*（成为法语的 *bouillir*），确切意思是"冒泡，沸腾"。

然而，应该注意到有两种现象存在：

一方面，选择比喻性的、俚语的和玩笑的词，比如 *tête*（头），对应拉丁语 *testa*（陶器）（请参照如今法语 *en avoir ras le bol* "受够了"中的 *bol* "碗"的用法），它与 *chef*（"头；首领"，如 *couvre-chef* "帽子，遮盖头的东西"）并存，后者来自古典拉丁语的 *caput*（头）；*jambe*（"腿"，拉丁语 *gamba* "马腿"）与古典拉丁语的 *crus*（腿）并存；*spatha* 变成法语词 *épée*（剑），它最初指织工使用的一种当作刮刀的木条。

另一方面，在数个世纪中，拉丁语的整体演变导致在后期拉丁语的标准语中涌现出一些被看作属于通俗的用法，属于这种情况的一些形态可以在几乎整个罗马帝国看到，比如小称词（指小词）的普及：*auris*（耳朵）被 *auricula*（"耳垂"，罗马尼亚语 *ureche*，意大利语 *orecchio*，西班牙语 *oreja*，法语 *oreille*）代替，*agnus*（羊羔）被 *agnellus*（"小羊羔"，法语 *agneau*）代替；或者用一些简单形式来替代那些变位很难的动词，比如 *ferre* 被 *portare*（后变成

porter"担负；持有"）代替；或者用一些更加丰满的形式（参见本书第 130 页）来代替那些词干非常短的动词，比如 *ire*（去）被 *ambulare*（后来变成 *aller*"去"，*nous allons*"我们去"）和 *vadere*（*je vais*"我去"）代替。变格的消失，冠词的发明，在句子中使用介词来取代拉丁语中通过给名词词干增加后缀（即变格法）来表达词 33 的功能，动词的助动词的扩张，新的将来时形式的出现，这些同样是后期拉丁语的特点。某些语音演变，尤其是由于长元音与短元音之间的对立消失而导致的古典拉丁语的元音系统所发生的整体转变，这些都从一些罗曼语的铭文中找到了广泛的证明（墓碑和许愿文字，参见本书第 223 页）。

四、日耳曼人的入侵

1. 高卢—罗马文明的终结

罗马统治的高卢首先经历了一个繁荣和稳定的阶段，但是早在安敦尼王朝（96—192 年）的那个时代末期，社会生活遭遇了某种瓦解，而自 3 世纪初，日耳曼人的入侵便让瓦解加剧。一些城市整个沦为废墟。275 年，蛮族的一次全面入侵让高卢陷入一个黑暗时期。自耕农经济被那些大的地产拥有者吞并：农奴制出现。所以，*vassal*（附庸）这个词（其指小词 *vassalitum，正是现代法语 *valet*"侍从"的词源）是一个高卢词源而非日耳曼词源的词。

关于蛮族对于罗马帝国的威胁，我们可以记住两个重要时间：212 年，卡拉卡拉敕令（安东尼努斯敕令）赋予罗马帝国的所有自由人公民权，故而包括了已经完全同化的高卢贵族，他们自己继而成为一种同化力量；313 年，君士坦丁大帝承认基督教为罗马帝国国教。这一行动在语言上造成深远影响，因为罗马帝国衰亡后的蛮族时期，文化的一致性仅仅借助于基督教来维系。基督教从 3 世纪开始发展起来，到了 4 世纪，大多数城市居民均皈依基督教（至少有 34 名主教），修道院建立起来了，它们是文化和文明的中心。然而，这一宗教的官方语言是拉丁语，故而，伴随着乡村的传教，伴随着异教的古老传统、节日、崇拜地点和超自然民俗传说被基督教化，拉丁语继续扩张着。

3—6 世纪发生了勃艮第人、西哥特人、撒克逊人的入侵。他们涌向这片国土，加以瓜分，直到法兰克人入侵而来。

多次入侵 34

257 年：阿拉曼人和法兰克人一直侵入到意大利和西班牙

275 年：对高卢全境的入侵

286 年：对比利时高卢的第一次入侵

297—301 年：阿拉曼人对塞广尼人地区的入侵

341—342 年：撒利克法兰克人在埃斯科河（斯海尔德河）与默兹河
          （马斯河）之间的地区定居

407 年：大入侵（阿兰人、苏维汇人、汪达尔人、勃艮第人、法兰克人）

410 年：第一次攻占罗马城，那是由西哥特人阿拉里克攻占的

412 年：西哥特人占领法国南部

451 年：蒙古人汹涌而来：匈人

476 年：罗马城被奥多亚塞攻占，罗马皇帝遭废黜，西罗马帝国的终结

2. 法兰克人

克洛维是撒利克法兰克人，他的族人曾占据现今比利时的领土。486 年，克洛维占领高卢-罗马王国，507 年击败西哥特人，他的后代于 534 年将勃艮第人的王国与法兰克人的王国统一起来。他皈依了基督教（496 年），甚至接受了罗马执政官的头衔，这一头衔是由一位来自拜占庭（东罗马帝国）的使节授予他的：这种同化部分地解释了为何被统治民族的语言得到日耳曼入侵者的采用，以至于入侵者在经过几个世纪使用双语交流之后，放弃了自身的语言，即法兰克语。

我们实际看到，与罗马人殖民时所发生的事情相反，被统治者的语言即拉丁语保持为官方语言。克洛维的皈依（或许出于一些政治原因，因为他借此与基督教主教们达成一致来支持他想要进行的与西哥特人的斗争，西哥特人奉行一种背离正统的基督教派别，即阿里乌斯派）在法兰克语的逐渐消失中起过重要作用。确实，通过皈依基督教，法兰克人获得了高卢-罗马居民的支持，同时他们也接受了拉丁语为宗教语言。

采用拉丁语还有其他原因，一些文化层面的原因，因为古老的拉丁文明虽然被打败，但仍旧比统治者的文明更高级。尽管当时存在着混乱情况，但拉丁文明在勃艮第人和西哥特人的王国中或多或少得到了保留，罗马帝国的行政机构几乎原封不动地存留下来；在法兰克人的统治下，高卢-罗马居民保存了他们全部或部分财产，学校和图书馆仍旧存在，人们在那里继续阅读和学习拉丁语。两个民族共同生活，最终相互融合，这更是因为入侵之前法兰克少数族群早就生活在当地。法兰克人采用了罗马的文化和宗教，他们的行政机构仿照罗马的行政机构，他们的法律（比如撒利克法）是用拉丁语起草的。人们推测，在一段漫长的时期（直到约 900 年：查理大帝仍旧非常依赖日耳曼语），在这些被征服区域建立起一种法兰克语和拉丁语的双语机制，这既存在于法兰克人中，也存在于某些高卢-罗马居民中。

克洛维即位时的高卢占领者

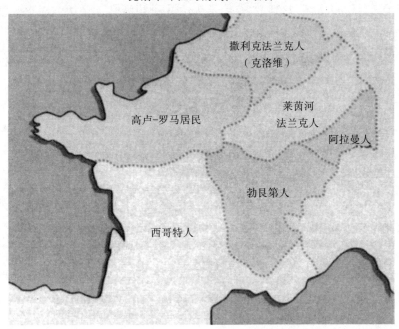

3. 日耳曼语对法语的影响

法兰克人对他们部分地加以采用的这一语言的影响重大——一种语言虽然被通常占统治地位的少数人所说，但它却让一个国家的**多数族群的语言**（langue majoritaire）发生演变，我们将此作用称为**语言表层**（superstrat）。因此，在法语词汇中我们有 600 多个词是源于法兰克语的。法兰克人和高卢-罗马人的两个贵族阶层的共存，解释了战争与行政词汇中的双语特征：*épée*（剑）是高卢-罗马词，但 *brand*（"剑"，以此为基础形成现代法语 *brandir*"挥剑；挥舞"）是法兰克语；*roi*（王）、*duc*（公爵）、*comte*（伯爵）是高卢-罗马词，但 *marquis*（侯爵）、*baron*（男爵）、*chambellan*（侍从）、*maréchal*（饲马官）、*sénéchal*（宫廷总管）、*échanson*（司酒官）是法兰克语。法兰克语词源的其他词汇涉及：

36　　　　——乡村生活：*gerbe*（捆；束）、*blé*（麦）、*jardin*（园子）、*haie*（树篱）、*aulne*（桤木）、*houx*（冬青）、*caille*（鹌鹑）、*cresson*（西洋菜）、*crapaud*（蟾蜍）、*chouette*（猫头鹰）、*troène*（女贞）、*frêne*（梣）、*tilleul*（椴）、*saule*（柳）、*bois*（木）、*forêt*（森林）、*troupeau*（畜群）、*épervier*（雀鹰）、*mésange*（山雀）、*hanneton*（金龟子），法兰克人更多是务农和狩猎的，而非城镇居民；

　　　　——身体的部分：*échine*（脊柱）、*flanc*（肋）、*téton*（乳房）；或者服饰：*écharpe*（围巾）、*froc*（修士头巾；裤子）、*poche*（口袋）、*gant*（手套）、*feutre*（毛毡）；

　　　　——感情或特征，这常常与骑士道有关：*félon*（不忠）、*orgueil*（骄傲）、*haïr*（憎恨）、*honte*（耻辱）、*honnir*（羞辱）、*hardi*（大胆）、*laid*（丑陋）；

　　　　——武装：*épieu*（长矛）、*flèche*（箭）、*fourreau*（鞘）、*hache*（斧）、*heaume*（盔）、*haubert*（锁子甲）等，随着军事技术的演进，这些词通常在现代法语中消失；以及战争：*guerre*（战争）、*guet*（警戒）、*trève*（停战）；

　　　　——颜色：*blanc*（白）、*bleu*（蓝）、*gris*（灰）、*blond*（金黄）、*brun*（棕）。

花（fleur）与麦（blé），一种亲缘关系

法语中一些拉丁词源与日耳曼词源的词并存，这导致一些奇特的语言现象。比如，大家知道源自拉丁语 *florem* 的 *fleur*（花）和源自日耳曼语 **blat* "土地出产" 的 *blé*（麦）是有亲缘关系的吗？两个词实际上可上溯到同一印欧语词根 **bhle*，意思是 "花，叶"。

法兰克人还为我们带来了所谓 "嘘音" *h* 和某些后缀如 -*ard*（ *vieillard* "老人"）、-*aud*（ *badaud* "看热闹的"）、-*an*（ *paysan* "农民"），及前缀如 *mé(s)*-（ *mésestimer* "蔑视"，*mésalliance* "不般配"）。或许还有古法语的双指示词的系统，以及将动词放在句子第二个位置上的节奏倾向，还有一些在现代法语中已经消失的句法学和语义学现象（参见本书第 180—181 页）。

4. 语音的演变

但是更重要的是，大多数人口的双重语言制导致了一次剧烈的语言演进，这使得法语成为一种与拉丁语发音差别更大的语言，差距超过奥克语、意大利语和西班牙语。法兰克人殖民的区域——即法国北部，那里经历了一次法兰克人的重大迁移——确定了奥伊语（oïl）区域相对于北方的日耳曼语（与比利时共有的边界）和相对于南方的奥克语（oc）的位置。法兰克人的入侵赋予高卢–罗曼语这种独特的发音形式，它最终发展为法语。

下图比较了拉丁语、普罗旺斯语和法语的形式，显示出日耳曼语使用者所说的语言与拉丁语有多么遥远，而普罗旺斯语却与拉丁语何等接近。

拉丁语、普罗旺斯语和法语形式的比较

拉丁语	奥克语 （普罗旺斯语）	奥伊语（古法语）	现代法语
cantare 唱	cantar	chanter	chanter
cor 心	cor	cuer	cœur
mel 蜜	mel	miel	miel
flore 花	flor	flour	fleur
tela 帆布	tela	teile	toile
maturu 熟	madur	meür	mûr
pacare 支付	pagar	paier	payer
sapa 汁液	saba	seve	sève

由此，我们可以看出词尾的 *a* 在普罗旺斯语中保留下来，但在古法语中变成 *e*，在现代法语中完全不再发音；有重音的元音在奥伊语中发生巨大演变；元音之间的辅音 *t*、*c*、*p* 在普罗旺斯语中浊音化，变成 *d*、*g*、*b*，而在奥伊语中，*c* 演变为 /j/（法语中写作 *y*），*p* 演变为 *v*，而 *t* 甚至消失了（见本书第 116—117 页框内内容）。

5. 中世纪日耳曼人的最后一次入侵

日耳曼人的最后一次入侵发生于法兰克人入侵后很久的时候，因为入侵发生在查理大帝后代的统治时期，即 9—10 世纪：这次是维京人的入侵，他们是一些来自斯堪的纳维亚的海盗，他们肆虐于北部甚至西部的海岸地区。他们也说一种印欧语系的语言，古北欧语（古冰岛语、古诺尔斯语）。

911 年，"单纯的"查理最终将自己领土的一部分让给他们，因此这片领土成为诺曼底，在 60 年的时间里，入侵者们皈依基督教，被完全罗马化了。

维京人是航海者，这与法兰克人的情况不同，他们给我们留下一些通常与海洋有关的词：*agrès*（索具）、*carlingue*（内龙骨）、*cingler*（航行）、*crabe*（蟹）、*crique*（小海湾）、*duvet*（绒羽）、*étrave*（艏柱）、*flâner*（游荡）、*garer*（"停放"，最初的意思是"停泊"）、*girouette*（风标）、*guichet*（小窗）、*hauban*（侧支索）、*homard*（龙虾）、*hune*（桅楼）、*joli*（"漂亮的"，或许源自一个北欧节日名称 *jôl*，即初冬的异教节日）、*quille*（龙骨）、*marsouin*（鼠海豚）、*ris*（缩帆）、*turbot*（大菱鲆）、*varech*（海藻），或许还有 *vague*（浪）。

这些维京人安定下来，他们对于法语在中世纪的国际传播同样有着重要作用：是他们的后代诺曼人征服了英国，还在意大利南部和西西里岛建立起一个诺曼人王国。

◆ 综　述 ◆

法语的源头语是拉丁语，那是一种民众拉丁语（通俗拉丁语），而且已经与古典拉丁语非常不同。但是，这种拉丁语，除去自然的侵蚀，曾两次经历了与两种语言接触造成的语言干预，经历了促使语言以特殊方式演进的一些双语状态：法语源自发生了演变的而且曾经受到过高卢语语言底层和日耳曼语语言表层影响的拉丁语。

高卢人之前的居民对于高卢-罗马时期的拉丁语没有显著影响，所以对于法语的影响不大。

———————————— **欲了解更多，请参阅**

J. 埃尔曼:《民众拉丁语》[J. Herman, *Le Latin vulgaire*, Paris, PUF, coll. « Que sais-je ? », 1967]
后期拉丁语在罗马帝国的主要演变。对拉丁语有简单了解的，阅读更便捷。

W. 冯·瓦特堡:《法语的演变与结构》[W. von Wartburg, *Évolution et structure de la langue française*, Berne, Franke, 1946]
阅读简单明了，虽然内容有些陈旧。头两章关于曾经在高卢领土上生活过的各种民族在语言上的作用。

A. 雷、F. 迪瓦尔、G. 西乌费:《法语千年：一种激情的历史》[A. Rey, F. Duval, G. Siouffi, *Mille ans de langue française, histoire d'une passion*, Perrin, 2007]
在第一章《法语的源头》中，可以找到对各地区迥然不同的高卢罗马化过程的细致分析。

第三章　古法语：一种语言的诞生

墨洛温王朝的"野蛮"
加洛林王朝的文艺复兴
一个民族及其语言
古法语

一、墨洛温王朝的"野蛮"

1. 一个蒙昧的时期

公元 4—5 世纪，拉丁文明或多或少得以维持，之后的两个世纪却不同了，一位法语史研究者称这是"野蛮与黑暗的时期"，另一位称之为"沉沉黑夜"，虽然今日的专家开始承认并非所有社会组织和所有文化都完全消失了。但是，王国被各位墨洛温王朝国王的儿子们剖分瓦解，被内部斗争撕裂。领土的支离破碎和强大中央权力的缺乏助长了许多方言的形成。

2. 日耳曼语的主导地位

政治上占统治地位的是拥有日耳曼血统的少数人，他们或多或少是讲双语的。作为克洛维的后裔，墨洛温王朝的母语是日耳曼语，后

来身为查理大帝后裔的加洛林王朝也一样。查理大帝自己是日耳曼语
者，非常看重本族语，据说他曾让人誊写一些日耳曼人的古老战歌，
让人为这种被称作条顿语的语言撰写过一部语法。依据勒内·巴利巴
尔（Renée Balibar）的看法，在查理大帝的时代，在诸日耳曼语和持
罗曼语的居民的语言之间存在着重大的地位差别。日耳曼语是"领主
40 的语言"，受到重视，而罗曼语是"农奴和战败者的语言"，是"农村
的语言"（sermo rusticus）。

3. 拉丁语文化的消失

高卢-罗马时代的公共学校在 6—7 世纪之间消失了。教会自身
不再行使保存文明与语言的职能：教士变得几乎与他所面对的群众一
样无知。主教与僧侣们曾经维持学校，在那里培养教士，但是人们如
今在那里几乎只能学习一些祈祷文和一些宗教仪式用语。一些文人却
远胜于此，他们能够阅读宗教著作，但当他们写作时，他们常倾向使
用一种非书面的、接近民众的语言来表达，他们称之为"简单""谦
卑""无文化的"语言（simplex, humilis, incultus sermo）。那个时代
为了向信徒宣教而写的可当众朗读的、流传到今日的那些圣徒传使用
的正是这种语言。在米歇尔·巴尼亚尔（Michel Banniard）看来，这
种以非常接近俗语的方式宣讲的简化拉丁语，似乎能被它所面向的听
众们听懂，对于讲奥伊语的听众，这种宣讲一直持续到 750—780 年，
对于讲奥克语的听众，一直到约 800—850 年，如我们此前看到的，
奥克语更加接近拉丁语，而**主动语言能力**（compétence active），即民
众使用这种已经退化的拉丁语进行表达的能力，在大约一个半世纪以
来（约公元 600 年）就已经失去了。

至于当时的书吏与公证人，虽然他们仍然自认为在使用拉丁文进

行表达，但他们誊抄的那些例行程式使用的是一种几乎无法理解的行话。

二、加洛林王朝的文艺复兴

1. 阿尔昆与拉丁语的传授

随着查理大帝重建西罗马帝国，一种传播文明的意愿与拉丁文学的复兴却矛盾地创造出了一种新的书面语，这种语言后来成为法语。查理大帝重新建立了一个西方帝国，包括法国（布列塔尼半岛除外）、德国和意大利大部（直到比罗马稍南的地方）领土，他治理并有效统治着这片广阔的空间：他尝试重新给予民众他们已经丧失的文明，尝试在他的全部领土上重新建立一种所有人共同的官方语言。他从英国（约克郡）请来僧侣阿尔昆（Alcuin）来建立一种对僧侣的以拉丁语进行的教育，因为僧侣们那时已经不再能理解《圣经》的拉丁通俗语版"武加大本"（*Vulgate*，这是约公元 400 年圣哲罗姆给拉丁文版《圣经》起的名字）。在他的建议下，皇帝建立起一种三个层级的教育。在高层，亚琛（法文作 Aix-la-Chapelle）的王宫学校培养知识精英；在中层，一些主教区和修道院学校，包括由阿尔昆领导的图尔的圣马丁修道院，培养青少年；在乡村，儿童的算术和语法启蒙本应由神甫进行，但这种最初级的教育却未能持久建立起来。 41

此时，那些重新学会了古典拉丁语的新文士便开始嘲笑他们之前的墨洛温朝代的拉丁语的粗陋。但是，墨洛温王朝的书吏们使用的充斥通俗词汇的简化拉丁语当时仍旧是可以为民众理解的，而加洛林王朝文士们却意识到人们的口语已经发生很大演变，以至于让未曾学习过古典拉丁语的人来理解一段纯正拉丁语是不可能的——由此产生了一种新的情况，即**双层语言或双重语体**（diglossie），文人的语言充当着文化语言，社会语言学家称为"上层语言"，而俗语和口语被认为是"下层语言"。

─────────────────── **发音的改革**

依据罗杰·赖特（Roger Wright，《后期拉丁语与早期罗曼语》[*Late Latin and Early Romance*, 1982]）的看法，加洛林王朝时期书面拉丁语的发音改革尤其导致了拉丁语的危机。之前，书面拉丁语的发音实际上仿效了民众拉丁语（通俗拉丁语）的演变，结果是书面语的发音在帝国的各个地区并不是统一的。加洛林王朝改革的最初目的是将帝国的官方语言一致化，因此是对拉丁语读法的一次修正，它按照当时在英国保持着的拉丁语发音，将拉丁语的读法恢复。恢复的读音不向那些本土的发音做出让步，而是让书面语的每个字母都发音。

因此，这样发音的拉丁语当然不被大众理解了。

2. 图尔主教公会

813 年，一些主教在图尔举行了一次地区主教公会，他们做出决定，要求神甫们不使用民众的母语来做圣事，——我们后文会看到，教会用了近二十个世纪才接受民众的母语！——而是用"条顿"（日耳曼语）语，或用后来变成法语的"乡土的罗马语言"来讲道，来解释上帝的话；这些是当时信徒们唯一能听懂的语言。这年也是首次正式承认"罗曼"语的年份，被看作是法语诞生的日子；的确，教士们开始将这种俗语用文字加以记录，即加以确立和固化、加以标准化，这种语言最终取代了拉丁语，不过在当时，教士们仍然使用拉丁语来撰写他们认为一切"严肃"的东西：历史、神学、哲学、教育文本。

3. 母语与官方语言

多亏了人们所说的加洛林王朝的复兴，"法语对自身取得了意识"（瓦特堡：《法语的演变与结构》，第 69 页）。在恺撒的拉丁语与 10 世纪的口头拉丁语之间并非没有延续性，也就是说从那位入侵高卢的罗马军官和采用了胜利者的语言的高卢人，一直到查理大帝同时代的农民，人们说的始终是"同一种语言"。它随着时间而受到侵蚀，受到别国语言者的影响，他们将自己的语言习惯引入拉丁语中，它分化为不同方言，也因新的词汇而变得丰富，它将自己的结构加以简化，又再次复杂化。但是，正是向拉丁语的古典源头的回归，让受过教育的精英们意识到存在着两种语言：

——文化语言（或"上层语言"）——拉丁语——被当时的知识分子—教士，文职人员们使用；这种语言仅用于行政、信仰和教育，可以被介定为**官方语言**；

——**母语**使用于日常生活的交流中（"下层语言"）。这种母语——我们避免使用*法语*这个词，当时这个概念尚不存在——语言史研究者称之为**本地话**（langue vernaculaire）。当时的拉丁语文本则谈到"rustica romana lingua"（乡土的罗马语言），后来的法语文本称"罗曼语"（roman）。"罗曼语"可以指称各种罗曼语，而"当地话"则介定专用于俗语交流的语言，从人们开始书写这种语言时起，情况便不再是俗语交流，为了避免混淆，我们在此，从《斯特拉斯堡誓言》

开始，便使用**原始法语**（proto-français）。

但我们应记得，那些母语是日耳曼语的人在当时不算稀少，特别是在古高卢领土的东北部。

三、一个民族及其语言

斯特拉斯堡，一个语言共同体的诞生

已知的最早的完全用原始法语书写的文本是《斯特拉斯堡誓言》（842 年）的法语部分，这份最早的文献具有双重意义，因为这些誓言同样是法兰西民族的开国文本。

43　　目前法国的领土，直到这个时代之前，实际上从未有过真正的国家统一，要么支离破碎为一系列的高卢小王国，要么属于某个帝国，罗马帝国、法兰克帝国或日耳曼帝国。在 3 世纪后半叶，曾经有过建立一个高卢帝国的企图，那是为了抵抗日耳曼人入侵，但是这个帝国是短命的。在查理大帝时代，法国的领土仅为他的日耳曼帝国的一部分，在查理的儿子"虔诚者"路易在世时同样如此。但是，在继承"虔诚者"路易的时候，他的三个儿子洛泰尔、路易和查理之间爆发了战争，他们各自要求一片同等富饶的国土。为了结束他们的纷争，谈判者们想到将帝国分成三条平行地带：在西部，未来的法国被分给"秃头"查理；在东部，路易（后来被称作"日耳曼人"）得到了后来成为德国的国土；中间地区被分给洛泰尔，这个地区得到了洛林王国（Lotharingie）的名称，这次对帝国的分割由 843 年的《凡尔登条约》确立。此前一年，在经过了多次联盟的反复之后，路易和查理联手对

付洛泰尔，他们决心让他接受分割方案，他们相互庄严许诺互助，各自用对方的语言宣誓，即路易用"罗曼语"，而查理用"条顿语"。随后，他们的军队也进行宣誓，各自使用自己的语言。这些立誓的文本（参见本书第 225 页）通过一部用拉丁语写作的著作流传到我们手中，即尼塔尔（Nithard）撰写的《关于"虔诚者"路易之子的纠纷》。尼塔尔是一位僧侣，是这几位王子的亲属。

用本地语言和原始法语写作的最早文献

这个时代保留至今的最早文献是：

——《赖兴瑙释词表》（8 世纪），在赖兴瑙修道院找到的约 1300 个词的释义，将"武加大"拉丁俗语版《圣经》中难懂的词翻译成当地语言。这并非一个通撰的文本，而是一个词汇表，对于我们非常珍贵，因为它证明了许多古典拉丁语词汇的消亡。比如，*singulariter*（个体地；单独地）被释读为 *solamente*（仅仅），*res*（物；事实；情况）被释读为 *causa*（事物），*vespertiliones*（蝙蝠）被释读为 *calvas sorices*（秃老鼠，即蝙蝠），*oves*（羊；羊毛）被释读为 *berbices*（母羊），*gecor* 被释读为 *ficatus*（肝）；

——《斯特拉斯堡誓言》，842 年，由查理大帝的两个孙子分别用"条顿语"和"罗曼语"宣誓。这是最早的原始法语的官方文字；

——《圣女欧拉利亚的颂歌》（882 年），圣女生平的颂歌，颂扬一位为基督教殉难的处女；

——《关于约拿的布道文》（据认为年代在 938—952 年）一半用拉丁语一半用当地语言撰写。

44

《凡尔登条约》（843 年）

作为中间的缓冲地带的洛林王国后来消失了，
这个王国一部分说日耳曼语，一部分说罗曼语

为了解释人们给予这些誓言的重视，以及在用最考究的拉丁语撰写
的一篇博学文本中令人吃惊地引用被看作庸俗语言的文字，勒内·巴利
巴尔（《法语的形成》[L'Institution du français]）提出假设，认为那些进
行谈判的高级教士的关键问题是为三分王国提供正当理由。这三个王国
只有很少的自然边界，分割的正当性是由语言的差别来提供的，即那些
用日耳曼语来服从命令的臣属与那些用罗曼语来服从命令的臣属之间的
差别，誓言的庄严性由此而来，誓言是由教士们谨严地进行撰写的。巴
利巴尔认为，这些话语的目的（参见本书第47页）是"首先构成两个
民族（populi）的战士群体（plebs），他们由两种官方语言区分开来，

两种语言是平等的，因为它们相对于潜在的拉丁语来说是对称的"。

　　然而，在150年后，经历了一次王朝更迭，法国的国王们才不再 45
使用日耳曼语：据说首位不说日耳曼语的法国国王是于格·卡佩，他
是卡佩王朝的创立者，于10世纪末登上王位（957年。此处原书有误，
应为987年——译者注）。

法兰西之名

　　——公元7世纪出现法兰西（Francia）之名，指法兰克人发源的日
耳曼语地区（从美因茨到北海）。

　　——从7世纪起，这个名称开始取代高卢（Gallia）的名称（比如
《赖兴瑙释词表》中）来指称"高卢北部"。

　　——9世纪，在查理大帝统治下，这个词指查理大帝帝国的全境。

　　——9世纪末，在《斯特拉斯堡誓言》和《凡尔登条约》的时代，
人们区分三个"法兰西"：东法兰西（落入"日耳曼人"路易手中），
中法兰西（落入洛泰尔手中），西法兰西，即"秃头"查理的王国。

　　——随后，只有西法兰西，即"秃头"查理的法兰西，此后保留
"法兰西"的名称。

　　——最后，"法兰西"的名称后来仅用于"法兰西公国"（847年由
"秃头"查理建立），是卡佩王朝的封地。法兰西的名称随着卡佩王
朝及之后的瓦卢瓦王朝的国王们的王权的扩张而扩张。

四、古法语

　　文士们都接受了拉丁语的教育，他们开始将自己的俗语用文字记
录，或者更准确地说，将他们的俗语提升到书面语的地位。但他们经

常要面对一些语音标音法的问题，甚至词语的识别问题（参见本书第205—206页和224—225页）和一些词汇问题，因为俗语很少用作抽象表达，仅仅提供非常少的词汇来表达感情或表达话语的细微差别。但是，在两个世纪时间内（流传至今的《罗兰之歌》正好比《圣女欧拉利亚的颂歌》晚两个世纪），产生了一种已经成为经典的语言，即古法语。

古法语

46

下面是一个经典古法语的例子，12 世纪散文体的文本：

Dame, saluz vos mande la plus sage pucele qui orendroit (à présent) *vive et la plus belle que ge saiche au mien escient. Et si vos mande que vos gardez cest escu por amor de li et d'autrui que vos plus amez. Et si vos mande que ele est la pucele o monde qui plus set de voz pensez et plus s'i acorde, que ele aimme ce que vos amez.*

现代法语: Dame, la plus savante demoiselle actuellement vivante et, à mon avis, la plus belle que je connaisse, vous salue et vous demande de garder cet écu pour l'amour d'elle et pour celui d'un autre que vous aimez entre tous. Elle vous fait savoir qu'elle est la demoiselle qui connaît le mieux vos pensées et s'y accorde le mieux du monde, car elle aime ce que vous aimez.

夫人，那位现世最博学的少女，也是我认为自己所识的最美的少女，她向您致意，出于您对她和另一个您所喜爱的人的爱，请您保留这副盾牌。她想告诉您，她就是那位最清楚您的想法的少女，也是世上最与您同心的，因为她爱您所爱。

《湖骑士兰斯洛特》，E. 肯尼迪校勘，M.-L. 舍纳里前序 [*Lancelot du Lac*, éd. E. Kennedy, présenté par M.-L. Chênerie, Paris, Le Livre de poche, coll. « Lettres gothiques », II, pp. 150–151]

1.古法语的几个特点

如前文框内内容所显示的，经典的古法语，即流传至今的 12 世纪和 13 世纪的**约定俗成的书写符号系统**（scripta）更接近现代法语，而非古典拉丁语。

a.古法语与古典拉丁语

古法语从古典拉丁语保留下的最重要的遗迹是一个小的变格（参见本书第 170—171 页），对于阳性的名称和形容词，这一变格法仍然用于从所有其他功能（宾格单数 *le bon roi*，复数 *les bons rois*）中区分出主语功能（单数的 *li bons rois* "好国王"，复数的 *li bon roi*）。

作为原始语的拉丁语的另一个遗迹是，在某些限定的情况下可以如同拉丁语中一样，不使用冠词和人称代词。

最后，拉丁语不使用介词就能指示词的功能的能力，仅仅有一个微小残留，即能够在有限情况下用一种直接的结构来标志所属：*l'hôtel-Dieu*（主宫医院）。

从形态（词法）的角度看，最重要的遗存是存在一类没有性的变化的形容词，几个不规则的简单过去时，动词 *être*（是）的将来时和未完成过去时这两种古老形态和十来个不借助副词来表达它们的更高的比较级和最高级的形容词，比如 *meillor* "更好；最好"（现代法语 *meilleur* "更好"），而非 *le plus bon*。

b.古法语与现代法语

正字法（拼写法）的区别反映出语音系统与我们现在有较大差别，但虽然有正字法造成的表面上的差距，古法语在结构上看是与现代法语非常接近的。古法语的名词通常在前面有冠词，主语和宾语之外的其他功能是由介词标定的，人称代词通常在动词前，许多时态以及所有的被动态是借助于助动词 *être* 和 *avoir* 完成的。词序不再是拉丁语的词序，因为古法语词序更加严格，通常将动词放在第二个位置，与日耳曼语相同，但是主语的倒装很常见，倒装是由句首出现状语或副词造成：词序已经有指示功能的作用。在句子的下一级的意群中，被限定语通常在限定语之前，这与拉丁语相反：人们说 *la maison Dieu*（教堂），甚至 *la maison de Dieu*，而拉丁语说 *Dei domus*（= [la] *Dieu maison*）。

从形态的角度看，动词变位遭遇了巨大的改变，一些时态完全被重写，比如将来时，另一些时态则被拼凑着创造出来，比如条件式和复合过去时；动词呈现出一些词干交替现象（或元音交替），如 *tu meurs*（你会死去），*nous mourons*（我们会死去）或者 *je vais*（我去），*nous allons*（我们去），*vous irez*（你们将去），这些交替现象在现代法语中仍然比拉丁语中更多。名词变格几乎完全被抛弃，因为拉丁语有6个格，而古法语却只有2个。鉴于多数阴性词都没有格变化，所以对于许多词来说，只有复数是由一个词尾后缀表明的。

c. 古法语与语言变体

古法语与现代法语相比是一种更欠缺统一性的语言。尤其，在书面语中存在比较自由的方言形态的用法。缺乏统一性，可能涉及到词的语音结构（*canter* "唱" 或 *chanter*，*lousignol* "夜莺" 或 *rousignol*），而在词法中体现尤为显著，特别是动词的形态（比如 *aller* "去" 这样的动词，具有三个虚拟式现在时的形式：*voise*、*alge*、*aille*）和 "正字法"（orthographe）中，同一个词往往在同一页面中用不同方式书写，虽然书吏们并不是随便乱写。实际上，正字法（即正确拼写方式）的概念尚不存在。之所以我们在这里使用这个与时代相违的词，而不是使用中世纪专家们更愿意使用的书写法（graphie）这个词，是因为本书采用了历时语言学的角度，有必要对语言的演变从始至终保持用同一个概念。

◆ 综　述 ◆

　　法语诞生（得到承认）的两个年代：一个是 813 年，召开图尔主教公会，确认民众已经丧失运用拉丁语的能力，此后必须用民众的语言对他们说话；一个是 842 年，《斯特拉斯堡誓言》奠定了分割查理大帝帝国的基础，其中两个民族由一些不同的语言加以区分，一些是罗曼语，另一些是日耳曼语。继图尔主教公会之后，文士们开始尝试书面记录他们自己的母语；在斯特拉斯堡宣誓的时候，母语首次被用于奠基性的官方文书。

欲了解更多，请参阅 48

　　M. 巴尼亚尔：《从拉丁语到罗曼语》[M. Banniard, *Du latin aux langues romanes*, Paris, Nathan, coll. « 128 », 1997]

第一部分很有益，有关拉丁语的转变、改变的进程、向罗曼语的过渡过程。可轻松阅读。

　　R. 巴利巴尔：《作为政治建制的法语：论多语协同，从加洛林王朝到共和国》[R. Balibar, *L'Institution du français: essai sur le colinguisme, des carolingiens à la république*, Paris, PUF, 1985]

第一部分关于《斯特拉斯堡誓言》，关于誓言产生及高级教士们对法语的"发明"的形势背景。可轻松阅读。

　　R. L. 瓦格奈：《古法语》[R. L. Wagner, *L'Ancien français*, Paris, Larousse, 1974]

有好几部出色的古法语的语法书（比如 H. 博纳尔和 C. 雷尼埃的，C. 比里当的，R. 穆瓦涅的，P. 梅纳尔的，G. 雷诺·德·拉热和 G. 阿兹诺尔的），但是我们推荐的这一部，虽然有些陈旧，却提供了更加全面和更加容易让非专业读者理解的对古法语的描述。但读这一著作要求掌握必要的语言学知识。

第四章　法语成为官方语言

一、通向民族语的地位

1. 官方语言与多数族群语言

《斯特拉斯堡誓言》作为第一部官方文书，承认了"秃头"查理王国的本地语，但这种语言远未成为国家的**民族语**（langue nationale），一方面是因为口头和书面各种形式的语言交流中继续使用不属于日常生活的拉丁语，另一方面因为这片国土上没有一种所有居民共同使用的语言进行日常口头表达。我们可以这样认为，直到19世纪的30年代，法国一直处于**双层语言或双重语体**的状况，依据社会阶层不同而分为拉丁语和标准法语双层语言，或者标准法语和方言双层语言。

因此，法语的扩张既针对拉丁语，也针对方言，不必刻意将这两个进程割裂开来：给予一种语言以完全的官方地位，意味着让方言的单语现象在所有涉及信仰、行政、教育、科学的领域或是纯阅读的人中间消弱；而且从一种语言在一个有限的地理区域内被更广泛地用于日常交流之时起，它的地位便开始确立，它便开始借用多种地方土语的一些特征，并开始被加以规范化和固化——一言以蔽之，它开始进入一个**标准化**（standardisation）的进程。于是，语言变得更加适于相互理解，由此，它倾向于被一些并非以它为母语的个人采用为第二 50语言。

　　当前，我们可以看到这种进程正在某些非洲国家发生：在那里，我们看到某个多数族群的语言在抬升，比如塞内加尔的沃洛夫语，而法语在那里仍旧是**官方语言**。但是，相对于这些当代的情况，法语史的独特性在于，早在它成为多数族群的语言之前，法语就获得了它的官方语言的地位——它首先获得了行政语言的地位。

2. 拉丁语，官方语言

　　可以说，一种具有完全官方地位的语言就是一个民族用作行政语言和教育语言的语言。在政教未曾分离的政体中，比如法语起源时期的政体下，也可以将宗教祭礼的语言看作官方语言（请参照当今古典阿拉伯语在伊斯兰教国家的地位）。最后，人们还将这一概念扩展到文学与科学表达所用的语言，因为对于一种语言来说，表达复杂和抽象概念的能力会让它的地位提升。社会语言学家同样谈到"H 语言（上层）"，即专门用于高贵表达的语言，与专门用于日常交流的"B 语言（下层）"相对立。

　　然而，在法语史的肇始期，上层语言的功能是由拉丁语承担的，我们已经看到，面对高卢人的宗教信仰，拉丁语被确立为官方语言，并且尽管有法兰克人的日耳曼语的入侵，拉丁语仍保持为官方语言。

拉丁语是（高卢-罗马时代的，以及随后的法兰克人的）行政语言、基督教祭礼语言、教育语言，尤其是培养教士（文士）的语言，它还是残存的文学与科学领域的语言。

因此，虽然拉丁语作为官方语言的最初衰退可以从图尔主教公会（813 年）和《斯特拉斯堡誓言》（842 年）算起，但这些退步远未将原始法语完全变成官方语言，尽管大家可能想知道当时是谁在使用原始法语，它的作用是什么。

二、文学与科学中的法语

1. 一种法语文学的兴起

最早的圣徒生平或多或少具有虚构性，它们是用墨洛温王朝时代的已经变得贫乏的拉丁语写作的，但是图尔主教公会之后不久，教士们开始用当地语言写作一些宗教文本（人们称为《圣女欧拉利亚的颂歌》的残篇、《基督受难》、《圣莱热传》）。用文字来誊写一种直到此前都属于口语性的语言，这首先是服务于意识形态的目的，是为了感化大众。但很快便开始出现大量的使用古法语的虚构创作：早期撰写的史诗（《罗兰之歌》的年代在 1086 年）曾经大概是靠口头流传的，随后便是早期的"传奇"（roman），在之后一个世纪中叶，出现了称为"古典题材"的传奇，旨在将在此之前仅限于文士能理解的古老重要文本转写成当地语言，即罗曼语（roman），接着是称作"布列塔尼题材"的传奇，因为它们赋予亚瑟王的传说以重要地位，这是英吉利海峡对岸的一位有神话色彩的国王。与此并行发展起来一种典雅诗歌，这种诗歌受到奥克语的游吟诗人的诗歌的启发。最后，人们用古法语上演了最早的世俗戏剧。

然而，11—12 世纪同样经历了一次重要的拉丁语文学革命，不论是诗歌的（学生流浪诗人）、教学的、学术的，还是虚构创作的，不论是韵文还是散文体。比如，我们可以举出里尔的阿兰、沙蒂永的戈蒂埃和"掌堂神甫"安德烈，而后者则是宫廷典雅爱情的理论家。

用"罗曼语写作"还是"写小说"

roman（罗曼语）这个词最初指那种乡土的罗马语言，即与文士们的拉丁语相对立的母语。约在 12 世纪中叶，一些学者为了满足一些有见识的，但不懂得拉丁语的读者，准备将古典古代文学的那些重要的虚构文本加以改写，他们称将其"写成罗曼语（*roman*）"，即移译为当地语言。后来，另一些文士开始以自己的方式记录整理一些从口头文学和凯尔特民间故事中汲取的元素：他们同样说将其"写成 *roman*"，但 *roman* 这个词的意义开始改变，有人已经在谈到他们是从某个故事出发来写作一部"传奇"（*roman*，现代法语的"小说"，或许他们的意思是"从口头文学元素出发写成文学作品"）。这样一来，*roman* 这个词取得了我们现今知道的它的长篇的复杂的虚构作品的意义（文学史上我们称之为中世纪的骑士传奇——译者注）。

---

2. 散文体在法语中的普及

如果说在 12 世纪，虚构作品的写作仍然仅仅使用韵文，散文体则出现在非常少见的一些教育文本、一些关于宝石的论文（*Lapidaires*《宝石经》）或一些对已知或想象的动物的描写中（*Bestiaires*《动物故事》，更多见于 13 世纪）；散文体也用于翻译某些宗教文本。一直到

13 世纪才看到散文形式传播到历史写作和虚构写作。

法语首先主要以韵文的形式出现（当然，《斯特拉斯堡誓言》例外），对于最早的对口头语言的记录而言，这不足为奇，因为口头文学有很强的节奏性，书面语要花很长时间才从中解放出来。

3. 法语的非文学文本

在 13 世纪末，尤其是 14—15 世纪，一些用当地语写作的非文学文本真正开始出现，历史与编年史（维尔阿杜安、茹安维尔、弗鲁瓦萨尔、科米纳）、法律汇编如菲利普·德·博马努瓦的《博韦地区的习惯法》、技术文本如亨利·德·孟德维尔的《外科学》。外科医生安布鲁瓦兹·帕雷在 1554 年成为大学里首位不懂得拉丁语的博士。同样是在此时，开始了对古典古代重要文本的翻译，这尤其是在查理五世的影响下进行的：贝尔叙尔翻译了蒂托·李维，奥里斯姆翻译了亚里士多德（他的《天象论》在更早的时代被人翻译成法语）。人们还将《查士丁尼法典》翻译成了法语。

在这个时代还进行了重要的词汇创新工作，许多向拉丁语借用的书翰词（mots savants），如 *spéculation*（思辨）、*limitation*（限制）、*existence*（存在）、*evidence*（显著）、*attribution*（授予），进入法语。这些新词在最早的古典学学者笔下出现，他们由此将一些他们在自己所研究的文本中发现的一些概念和词汇移入了法语。

4. 对于法语的最早的思考

在 16 世纪，法语扩散的运动加速：外科教材（那时外科学尚不被看作一门高贵学科），还有医学教材：安布鲁瓦兹·帕雷（1517—1590 年）的所有著作均用法语撰写。人们还在继续翻译古典古代的重要著作：夏尔·埃蒂安翻译了泰伦提乌斯，于格·萨莱尔翻译了荷马史诗。随着古典文化的素养日益深厚，人们开始认为任何文类都不应该是法语的禁忌。这是杜·贝莱（Du Bellay）的《保卫和发扬法兰西语言》（*Défense et illustration de la langue française*）的一大主旨，这部作品并不如人们所认为的那样独树一帜，但是如同龙萨（Ronsard）在《法兰西亚德》（*Franciade*）的前言中所写的那样，这部作品旨在捍卫法语文学。

尤其是在 16 世纪，开始出现最早的对于法语的思考，伴随着一些语法学家的出现，比如雅克·杜布瓦（Jacques Dubois）、梅格雷（Meigret，提出正确与错误用法的规范思想，尝试对正字法进行改革，他早在这时就已经提出一种按照发音拼写的正字法）、拉缪（Ramuz）和埃蒂安兄弟（Les Estienne），埃蒂安兄弟出版了最早的词典（1532 年出版拉丁语—法语词典，1539 年出版法语—拉丁语词典）。但是，对法语进行的最早的语法描述要更早一些（13 世纪末）：这些语法描述是在英国出现的，旨在向英国人教学。这些语法中最著名的是帕尔斯格雷夫（Palsgrave）的《法语明解》（*Éclaircissement de la langue française*, 1530）。

5. 学术法语的国际视野

53

从 16 世纪开始，拉丁语不再被用于文学，但仍旧是国际语言，那些想让全欧洲的同行阅读自己的著作的科学家必须用拉丁语写作（可以说拉丁语拥有类似英语对于当前学术发表的地位）。因此，笛卡尔最初的著作是用拉丁语写作的，虽然《谈谈方法》（1637 年）是用法语写作的，但在七年之后仍给出了拉丁语译文。笛卡尔用下面的话解释了为何用法语来写作一部哲学著作：

之所以我写作是用法语，我祖国的语言，而非拉丁语，我的前辈的语言，是因为我预期那些仅仅运用他们纯粹的自然理性的人，比那些只相信古老书籍的人，能更好裁断我的观点。对于那些将理性与研习相结合的人，我只想让他们当我的裁判，我确信，他们不会那么偏向于拉丁语，以至于拒绝听我讲道理，因此我用俗语来解释自己的道理。

笛卡尔：《谈谈方法》[Descartes, *Discours de la méthode*, Paris, Vrin, 1966, pp. 144–145]

17 世纪末，植物学家朱西厄仍旧用拉丁语来写作他最重要的著作：《植物种志，依据所呈现自然花序》(*Genera plantarum secundum ordines naturales*, 1637)。但是，一些重要的科普著作用法语写成，由此大大丰富了学术术语：我们可以举出瑞欧莫的《昆虫的博物学》、丰特奈尔和他的《关于世界的多元性的对话》，特别是从 1751 年开始出版的《百科全书》(共 8 卷)。

18 世纪，只有少数几篇学术论著仍然在使用拉丁语。

三、行政中的法语

虽然拉丁语曾首先被看作法律所需要的普世而稳定的语言，但 13 世纪时司法调查的渐进发展最终导致人们在行政文书中转向法语。然而，依据塞尔日·吕西尼昂（Serge Lusignan）的研究，文士们，我们在前文证明他们既能用拉丁语，也能用法语撰文，"他们共同拥有一种比较整齐划一的法语"，以至于"王国行政管理的细密网格让国王的法语作为奥伊语地区的社会生活的规范语言确立起来……"（《中世纪国王们的语言》，第 92 页）。

在地方行政中，法语的飞跃是在 13 世纪最后三分之一世纪（用法
语写作的早期文书在 13 世纪初出现于北方的城市，最早的独特文献甚
至是在 12 世纪末）。在那些直接由王国权力机构发出的文书中，更加
正式的拉丁语直到 13 世纪末都是唯一使用的语言，法语最早的大举前
进是在查理四世统治时期（1322—1328 年），但进展不是持续的，这
取决于在位的国王们的语言政策，也取决于文书的性质。最后，从 14 ⁵⁴
世纪末开始，法语开始被王权的理论家们看作国王与法兰西的相互认
同的语言。

法语作为官方语言的胜利，后来在 1539 年 4 月 15 日由弗朗索瓦
一世在颁发《维莱科特雷敕令》时加以确立，敕令规定此后所有行政
文书均过渡到用法语起草。

——《维莱科特雷敕令》（1539）第 110 和 111 款

为了让人们没理由对上述法令的明确意义有所疑惑，我们想要
并且命令法令要明晰地制定与起草，使其不可能有模棱两可和不确
定之处，也无须进行阐释。

鉴于此类事情经常发生于上述法令内容的拉丁语词汇的理解之
上，所以全部其他司法程序均要用法兰西的母语而非其他方式向诉
讼各方宣布、做记录和颁发。

采用这一措施，是为了方便行政工作，因为某些行政人员不懂拉
丁语，同时也是为了将国王的语言在各省份确立起来，让法语成为国
家的语言。

随后，在 17 世纪，这些要求被扩展到教会法地区和边境省份：贝
阿恩省（1621 年）、弗拉芒（1685 年）、鲁西永（1700—1753 年）。
随后，法国大革命采纳并加强了旧政体时期的决定，规定任何文书，

不论是公共的，还是私人签署的，不论在共和国领土的任何地方，均不能用法语之外的语言起草（共和二年热月 2 日法令）。

四、宗教仪式中的法语

在天主教仪式中，法语受到拉丁语的竞争的时间最久，因为要等到 20 世纪后半叶，弥撒才不再用拉丁语进行。

实际上，虽然早在 813 年，图尔地区的主教公会首先允许神父们用当地语言进行布道和解释教义，但是其他圣事和各圣事的施行仍旧用拉丁语。同样，所有神学著作都是用拉丁语，神圣的文本是"武加大本"《圣经》，即圣哲罗姆在约公元 400 年翻译的《圣经》拉丁语译本。教会反对将《圣经》翻译成任何当地语，因为他们害怕有异端的释读。但是，在中世纪存在一些法语的宗教文本，教理传授也是用法语进行的。

55　　在 16 世纪，法语才真正出现于宗教语言中。那些想要进行宗教改革的人在最初的时候宣扬回归到希腊语和希伯来语的圣典。随后，他们主张将这些文本翻译成民众所讲的语言，以便让所有人都能够理解。因此，在德国，路德给出了一个德语的《圣经》版本。在法国，1523年，勒菲弗·戴塔普勒将《新约》翻译成法语，不久后进行了对整部《圣经》的翻译。用俗语来阅读福音书的某种兴趣出现了。

但是，这一运动的高潮是在宗教改革的支持者中：1535 年，加尔文的表亲奥利维坦（皮埃尔·罗伯特）给出了《圣经》的加尔文教派的译本；1541 年，加尔文将自己首先用拉丁文撰写的《基督教要义》（1536 年）翻译成法语。从 1550 年起，法语成为所有法语国家和地区的新教教会的语言。于是在天主教这方面，对把法语当作宗教语言的抗拒变得激烈：1527 年由索邦大学谴责对俗语的使用，进行逮捕（包括勒菲弗·戴塔普勒）和迫害——在 1533 年，萨尔特河畔的孔代的一位神父甚至被执行火刑。

然而，法语却在神学中出现了，因为为了回应加尔文，一些神学著作是用法语写作的。直到 17 世纪末，约 1680 年，天主教才开始出版一些圣典的法语译本。

在大革命时期，在格雷瓜尔修士的倡议下，曾尝试将法语引入宗教仪式：法国天主教会的第一次主教公会（1797 年）曾将法语引入圣事的实施中，但是这一改革持续很短。事实上，对于天主教徒而言，要等到第二次梵蒂冈主教公会（1962—1965 年）主张用民族语言来进行瞻礼，才让法语变成宗教仪式语言。

五、教育中的法语

1. 中世纪与文艺复兴：使用拉丁语进行的教育

在查理大帝和阿尔昆时代恢复用拉丁语对少数文士精英进行教育之后，在修道院学校中教育自然是用拉丁语进行。大学（索邦大学在 1252 年成立）用拉丁语进行传授：传授自由七艺的学院确保初级的培养，特别是三艺（语法、修辞学、逻辑学）；继这种培养之后是神学院、法学院和医学院的培养。16 世纪开始为世俗人开设一些学院，特别是耶稣会开设的学院：在那里，不仅教学使用拉丁语，而且学生 56 全部必须使用拉丁语说话。但那里肯定进行了一些法语教学，因为我们现有一些非常古老的教学著作，大概是由罗伯特·埃蒂安（Robert Estienne）撰写的，是关于法语动词变位的。我们拥有的有关一些肯定属于特权阶层的私人教育的证据——蒙田、罗伯特·埃蒂安的教育——显示出所有人，不论是父母、家庭教师还是仆人，都用拉丁语对孩子说话。1530 年成立了王家学院（后来的法兰西公学院），学校内的几位教师（语法学家拉缪、数学家福尔卡代尔）用法语授课，而其他教师继续用拉丁语授课。新教徒的初级教育是用法语进行，而他们的学院却侧重于用古典学传统的古代语言来进行人才培养。

2. 法语在 17 和 18 世纪取得的进步

在 17 世纪，耶稣会的中学教学完全用拉丁语进行，而奥拉托利会的中学则接受少量的法语。黎塞留曾经创立一所国际学院，在那里教学是用法语进行，但是他的离世终止了这一计划。随后，柯尔贝尔创建了法国法律的教席，是用法语教学的。在这个世纪末，人们开始真正着手贫穷孩子的教育，这种教育是用法语进行的，在基督教义兄弟会的称作"慈善"学校的地方（阅读是从法语开始的），以及在冉森派的运动中，在波尔罗瓦亚尔（Port Royal）的小学中都是如此。在乡村，一些旨在对穷苦儿童进行扫盲的学校里，对阅读的学习常常是从拉丁文的祈祷文开始，将《天主经》（Pater）、《圣母经》（Ave）、《信经》（Credo）熟记于心，有时还有这些经文的土语版本；教学者同样用当地语言对孩子们说话。对女孩子的教育，其智力上的培养有所进步，但仍旧比较有限（阅读、书写、语法、历史和文学），教学同样用法语进行：由曼特侬夫人为教育贫穷贵族女孩创建的圣西尔学校就是很好的例子。

在 18 世纪，法语开始渗透到中学：约在世纪中叶，人们不再强求学生们用拉丁语交谈；在法国大革命之前不久，法语开始扩张到数学、科学、哲学的教学。甚至在塔恩省的索雷兹，有一所本笃派主

办的中学在 1759 年开始了在某些班级中完全用法语教学（总共有 36
个学生在这个教学计划中学习）。1762 年是耶稣会的各学校关闭的年
代，自那以后，人们同样开始在所有中学教授法语、法语语法和正
字法。

　　僵化的教学 57

　　在 18 世纪，尽管法国文学和科学（天文学、医学、数学、物
理学）得到发展，教学仍是僵化的，固守于传递古代的、拉丁与希
腊的思想。但是，这种教学开始受到它所培养起来的那些人的批评。
比如，狄德罗写道："以美文为名，人们学习两种死语言，它们仅限
于很少人使用 [……]。以修辞学之名，不等到传授思想，人们便传
授言谈的艺术，不等到拥有想法，便传授如何善于表达。"

　　J. 维亚尔：《教育史》[J. Vial, *Histoire de l'éducation, op. cit.*, p. 48]

---

3. 大革命助长用法语从事教育

　　下一章内容里，我们将看到大革命对于消灭方言的作用，虽然
大革命感觉是在让古罗马共和国复生（对拉丁语有许多借用：否决
[*veto*]、弑君 [*régicide*]、内高卢 [*cisalpin*]、外高卢 [*transalpin*]），但
是大革命反对用拉丁语教学。因为虽然许多国民公会议员是用拉丁语
接受教育的，但人们感觉这种语言是教会的语言。大学已经奄奄一息，
旧有的学院被取消。为了取代它们，创建起一些中央学院和大学院
（军事学院、综合工科学院、高等师范学院、工艺学院、东方语言学院
等等），在这些学院中教学是用法语进行的。在法兰西学会，第一个
分部就是法语语法与文学分部。人们曾尝试创立针对民众的用法语进
行的世俗教育，但由于缺乏资金，这一计划是短命的。

拿破仑让教育变成由国家垄断，他让法国的大学重生，随着拿破仑掌权，拉丁文在教育中卷土重来，尽管课程常常是使用法语（但我们看到某些学科的教学，比如外科学，重新使用拉丁语）。在中学，教学包含拉丁语（具有优先性）、希腊语、法语和科学，但不包括其他现代语言，也不包括哲学。至于初级教育，它仍被交给基督教义兄弟会。

4. 用法语对所有人进行初级教育

19 世纪的重大任务是建立起一种对所有人的教育：目标是整体水平的提高，让每个人能走出蒙昧，能更容易地从事自己的职业（阅读、书写、计算、理解世界的运作，利用"从实物到抽象"的教学法），但目标同样是通过纳入一些粗浅的历史、地理和道德来增加国家的凝聚力。在路易-菲利普一世统治时期，基佐创立了公共的初级教育（这一措施并不足够，因为并非所有人都能获得），教授初级语法、词汇和法兰西学院的正字法，公务员考试要求熟悉这些内容。但是，要等到 1882 年，茹费里（Jules Ferry）的法令才让这种世俗的初等教育变成对所有人免费的和义务的。某些研究者认为这种大众教育对法语具有特殊的影响；这种教育肯定同样有助于语言规范与强制的同质化发展。

在中级教育方面，虽然教学不再用拉丁语进行，但学校里始终讲授拉丁语和希腊语，虽然在第二帝国时期，部长维克多·迪吕伊创立了一种既无拉丁语也无希腊语的中级教育课程（1867 年）。与此相反，1881 年卡米耶·塞的法令建立对所有女孩子的中级教育，让她们接触到拉丁语，而此前的女性教育却通常忽略拉丁语。仅仅从 1880 年开始，才看到取消拉丁语的作文与诗律的练习——我们如今难以想象这些练习曾经存在过，同样我们很难记得在大约五十年前，在中学里既不选修拉丁语也不选修希腊语，而是选修数学与理科的课程，那是令人鄙视的。拉丁语在 20 世纪后半叶才失去它的优先位置，让位给科学课程。

在高等教育中，从 1905 年开始，人们同样接受了用法语进行博士论文答辩。（然而，在 1892 年，饶勒斯仍然用拉丁语答辩他关于德国社会主义的初步概述的第二论文，这表明学术拉丁语在很大程度上仍旧是一种活语言，能够表述一些远远晚于恺撒和西塞罗时代的概念。）

所以，应当区分两类教育：初级教育一旦成为世俗化的，便不再使用拉丁语，而中学中的精英教育则尽可能长时间地给予拉丁语的"古典学"以重要地位，古典学被看作是培养人才的，在中学教育中，法语主要是在理科学科中逐渐取得进展。

19 世纪见证了一个精英阶层的诞生，他们的教育培养是从修业证书（小学毕业）开始的，直到师范学院，摆脱了拉丁语：这就是由第三共和国的小学教师构成的精英阶层。

—— **综　述** ——

很快，在王权的支持下，法语成为行政语言，早在 16 世纪它就获得了这一地位。更早的时候，法语已经成为一种独立的文学语言，但法语在哲学和科学中得到确立是缓慢进行的。天主教长期维持拉丁语作为宗教语言的地位，因此初级教育摆脱拉丁语是有一定难度的，因为初级教育的授课是由一些神父承担的。在中学，拉丁语在知识上的威信仍让它长期维持其地位，直到更晚的时代，既无拉丁语又无希腊语的现代教育课程才出现。

━━━━━━━━━━━━━━━━━━━━━━ **欲了解更多，请参阅**

R. 巴利巴尔：《作为政治建制的法语：论多语协同，从加洛林王朝到共和国》[R. Balibar, *L'Institution du français: essai sur le colinguisme, des carolingiens à la république*, Paris, PUF, 1985]
第二和第三部分《语言中的革命》和《普及共和国的法语》关于大革命之前的教育、大革命的语言政策和小学教师们的法语。可轻松阅读。

S. 吕西尼昂：《13—15 世纪的法语与社会》[S. Lusignan, « Langue française et société du XIIIe au XVe siècle », dans J. Chaurand (dir.), *Nouvelle histoire de la langue française*, Paris, Éd. du Seuil, 1999]
是可轻松阅读的综述著作，关于 13、14 和 15 世纪法语在司法语言中的进展、地方语言的地位、教育、翻译者的作用和语言学思想。

S. 吕西尼昂：《中世纪国王们的语言：法国和英国的法语》[S. Lusignan, *La Langue des rois au Moyen Âge. Le français en France et en Angleterre*, Paris, PUF, 2004]
详尽的和文献丰富的研究，关于法语在司法语言中的崛起，王国行政系统在法语扩张中的作用，以及"国王"的法语与拉丁语和普罗旺斯语在司法语言中的关系。第二部分关于英国司法语言中的盎格鲁-诺曼语。

J. 维亚尔：《教育史》[J. Vial, *Histoire de l'éducation*, Paris, PUF, coll. « Que sais-je ? » (1re éd. 1966), 1995]
只谈到法国的教育，但简要描述了各世纪中的初级、中级和高等教育。拉丁语的地位不是作者的主要关注对象，他主要关注教学法的进步。

A. 雷、F. 迪瓦尔、G. 西乌费：《法语千年：一种激情的历史》[A. Rey, F. Duval, G. Siouffi, *Mille ans de langue française, histoire d'une passion*, Perrin, 2007]
第五章《从拉丁语中解放出来》详尽论及 16 世纪法语的引入，尤其是作为学术语言和宗教语言。

第五章　法语成为多数族群的语言

一、方言的条块分割

1. 口语方言的多样性

在法语史的发端，在官方语言仍旧是拉丁语的时代，罗曼语母语依地区而各异：在法国领土上并不存在**多数族群的语言**，即大多数言语者的共同的同质的母语。在未来的法兰西民族的领土上所说的诸罗曼语分化为方言、次方言和土语。那么，我们就要考虑这样一个问题，既然有变体和非同质性是自然语言的特点，那么在书面语和口语都不具有官方地位的情况下，这种多样化是否是所有语言的命运。

2. 几个方言分化的起源

a. 仍然具有统一性的拉丁语

我们前文看到，拉丁语扎根于条块分割的方言语言底层之上，因为在高卢并不是说一种，而是说若干种高卢语，而且国土的阿基坦地区甚至说非印欧语系的语言。但拉丁语具有牢固的官方地位，它以统一的方式被维系下来，至少是在正式的交流中，在书面语中，在教育、行政和宗教语言中——只要罗马帝国还继续存在。某些语言学家指出，虽然后期拉丁语已经与古典拉丁语有很大差别，但在公元 7 世纪之前却不可能指出某个拉丁文本来自哪个明确的地区：这些书面文字未呈现方言特征，这一点支持了存在某种**共通语**（koïnè）的看法，即一种所有人能理解的超越方言之上的文化语言。相反，有理由认为拉丁语口语则经历了一些显著的地区性变异。

b. 奥克语和奥伊语

最早的重大分化是在北方诸方言与南方诸方言之间，在奥伊语和奥克语之间，这是由于大量法兰克人，有时还有勃艮第人，移入北方（特别是东北），那里邻近日耳曼人占多数的地区，而西哥特人占据了南方，他们的占领却不足以将那里日耳曼语化。所以，南方保留了一种罗曼语的语言统一性，而北方经历了三个多世纪的双语现象；似乎北方要比南方提早将近一个世纪停止使用拉丁语。此外，普罗旺斯比高卢其他地方要早一个世纪被罗马殖民，普罗旺斯语同样保留了一些向沿岸地区的希腊殖民者借用的词汇元素。但是与北方诸方言同日耳曼语进行的大规模接触、并受其影响这一现象相比，这些事实无足轻重。奥克语诸方言与奥伊语诸方言之间的这种差别被加深，因为北方和南方在中世纪时各自产生了一种超方言的，且具有半官方地位的文化语言。

奥克语和奥伊语之间曾经的界线是卢瓦尔河。但是普瓦捷地区和安茹地区最初属于奥克语区，后来过渡到奥伊语。（在阿基坦的埃莉诺改嫁英国国王金雀花王朝的亨利二世之后，属于奥克语地区的阿基坦、安茹、普瓦捷地区实际上落入奥伊语——盎格鲁-诺曼语——的统治之下，而在 1214 年的布汶战役之后，这些地方重新归法国国王所有。这并非唯一的原因——阿基坦仍旧坚定地保持为奥克语区——但这些政治方面的原因应当对于那些边疆地区的省份起过作用。）

c. 行政方面的原因：中央权力的削弱

除了领土的这种两元划分之外，还要加上两种语言内部的支离破碎，它们各自分化成六七种方言，方言各自又分为次方言。然而，我们在前文中看到，方言的这种多元化，是因为不存在官方的罗曼语，而且长期以来王权弱小又遥远，这又加剧了这种多元化。在克洛维的后代的墨洛温王朝时期，领土的条块分割和缺乏中央集权，助长了众多方言的并存。但是，在加洛林王朝时期和卡佩王朝早期，方言分化 62 也得益于社会组织体系的溃散：没有真正的君主权的国王、不具有统一性的王国、把持地方上全部权力的食邑贵族纷争不断。总之，彼此独立的小块领地的封建制度加剧了向次方言的分化。

二、法国诸方言

1. 奥克语

奥克语又分为加斯科涅方言、朗格多克方言、贝阿恩方言、吉安省方言、奥弗涅方言、利穆赞方言、罗讷河谷普罗旺斯方言、沿海普罗旺斯方言、阿尔卑斯山普罗旺斯方言。目前，奥克语和奥伊语的界线是从吉伦特河口到伊泽尔省的维埃纳和瓦朗斯市，中间经过中央高原北部。奥克语的一种文学语言成为中世纪整个南方的文化语言：那便是行吟诗人们的朗格多克方言，他们自己更多称之为"利穆赞语"（lemosi, parladura de lemosi）或者"蒙丁语"（mondin，来自图卢兹的雷蒙伯爵 [Raimondin] 家族的名字）。这同样是一种超方言的共通语。但是，这种语言最终未能成为官方语言，因为中央权力始终是使用奥伊语的。因此，塞尔日·吕西尼昂指出，王国行政系统在给奥克语诸省的文件中仅使用法语和拉丁语，朗格多克方言则仅仅出现于对当地文书的引用中。

奥克（oc）和奥伊（oïl），两种说"是"的方式

在古典拉丁语中，说"是"用"ita"。但是，在做出肯定回答这方面——人们对于做出肯定总是觉得不够有力——是一个人们广泛展现对语言创新的需求的领域。同样，在高卢，做出肯定倾向于使用邻近关系的中性指示词 hoc（可以翻译为"这"，类似现代法语的 c'est ça！"对，是这样"）。在古普罗旺斯语中，词尾仍然发音，hoc 过渡到 oc，足够表示肯定；而在北方，hoc 缩减为 o，说话者觉得需要通过添加一个人称代词来让肯定更加丰满一些，这个人称代词因问题不同而不同：o je（言下之意是"我做这个"，回答一个用"你"提出的问题，比如 viens-tu？"你来吗？"），o il（言下之意是"他做这个"，回答用"他"提出的问题，比如 vient-il？"他来吗？"）。用 il 来回答更加常见，于是这种回答被普及，oïl 最终成为 oui（是）。

2. 奥伊语 63

在法兰西岛方言（语言学家称为"法兰西岛语"[francien]）之外，奥伊语的方言主要包括庇卡底语、瓦隆语、诺曼语、香槟语、洛林语、勃艮第语，西部方言的曼恩和都兰方言之外还要加上如今普瓦捷方言和圣通日方言（过去称奥克西当语）和加罗语（过去称布列塔尼语，见后文）。在这些方言中，有两个曾经影响过文学的语言：

——诺曼语，通过它的变种盎格鲁-诺曼语产生影响，因为从"征服者"威廉由海斯廷斯战役（1066 年）征服英伦开始，一直到英法百年战争，法语一直是英国的官方语言；

——庇卡底语，因为庇卡底地区在 13 世纪是一个富裕地区，在那里发展起来强大的市民阶层和重要的文学活动。

保存至今的许多文本受到庇卡底语和盎格鲁-诺曼语的影响，有时它们同样受到香槟语的影响。

3. 奥克语和奥伊语的交互影响

在奥克语和奥伊语之间，在东部，法兰克-普罗旺斯地区构成一个交互影响区域：比如法语说 chanter（唱），奥克语说 cantar（唱），而法兰克-普罗旺斯语说 chantar（唱）。这个区域的位置在里昂和日内瓦周边，在萨瓦省、奥斯塔谷地和波河众支流的上游。在 5 世纪时，勃艮第人的王国扩展到这一地区，这一方言受到勃艮第人造成的语言表层的影响，但这一说法是有争议的。

4. 周边地区的语言

在周边地区存在一些非罗曼语的语言：

——巴斯克语，是某种非印欧语系语言的遗存，可能可以归于高加索语系，它比凯尔特人殖民迁入更早；

——布列塔尼语，它并非高卢语的遗存，而是更晚期（450—650年）从大不列颠来的移民带来的再次移入；布列塔尼语已经退缩了，布列塔尼的东部如今说一种奥伊语方言，即加罗语；

——阿尔萨斯语，是日耳曼语方言，后来在说这种方言的地区长期保留一种半官方语言的地位（官方文本用双语进行发布）；

——弗拉芒语，是法兰克语的遗存，位于法兰克人领土的最北端。

还有一些语言，它们与法语之外的其他罗曼语更接近：

——科西嘉语，接近意大利语：科西嘉臣服于比萨，随后臣服热那亚，在 1769 年并入法国之前，这个地区经历过科西嘉语和意大利语双语现象；

——加泰罗尼亚语，接近朗格多克语，具有西班牙语的语言表层。

64   **5. 一些方言边界？**

从一种方言向另一种方言的过渡是如何实现的？在地理意义上和语言意义上，各母语之间均不存在明确而不可逾越的边界。明确的地理边界的概念仅适用于官方语言。同样，唯有文学语言的，官方语言的，特别是宗教语言（梵语、希伯来语、拉丁语、古典阿拉伯语）的地位导致人们创造出一种标准，这种标准倾向于将语言固化：在缺乏这些标准的情况下，方言仍旧是变化不定的，以至于任何村庄说的话都不与邻近村庄完全相同。在各方言之间存在某种延续性，每个方言以难以觉察的方式交融于另一种方言。

在他们的方言调查中，方言学家划分出数千条**同言线**（isoglosse），即区分某个语言现实（比如大舌音 /R/ 这样的语音特征；通过不同的词来指称一个对象的词汇现象 [蜜蜂：*abeille, é, avette, mouchette, mouche à miel*]；词法—句法现象，比如在法国南部所谓超复合过去时的用法 *je l'ai eu connu* "我曾结识他"）的延展范围的边界。方言边界是根据介定一个地区的最大数量的同言线来确定的，划分这些同言线的那些语言现实成为介定所描述的方言的具有针对性的事实。

奥克语和奥伊语之间的几条同言线

65

1 ━━ mener "带领"（奥克语的 mina）的南部界线
2 ▪▪▪ heure "小时"（奥克语的 ora）的南部界线 0   200千米
3 ━━ chanter "唱"（奥克语的 cantar）的界线

来源：R. A. 洛奇：《法语：一种变成语言的方言的历史》［R. A. Lodge, *Le Français, histoire d'un dialecte devenu langue*, Paris, Fayard, 1977］

在 19 世纪末，由齐列龙（J. Gilliéron）和埃德蒙（E. Edmont）进行了浩大的方言描述工作，最终在 1902—1907 年间发表了一部七卷本的《法国语言地图集》。这项工作使用了有限的资源——仅有一位骑自行车的调查员，仅用了八年的时间——这项研究已经重新开始，一部《法国分区语言地图》正在出版中，其最初几卷已在 1955 年出版。自不必言，这些研究强调方言的多样性和语言变异，有助于对那些新语法学派确信的观点重新加以质疑。

三、多数族群的语言是如何形成的

1. 一种获得成功的方言还是某种官方的共通语？

人们曾经长时间认为法语史是中世纪法国诸方言中的一个，即法兰西岛方言或法兰西岛语（francien）地位上升为官方语言，随后成为多数族群的语言的历史。人们认为，有两个原因使法兰西岛语得以确定地位：这可能有一些地理上的原因，因为它处于奥伊语区域的中心，法兰西岛方言与法国北部诸方言的距离比这些方言之间的距离更近，但更重要的肯定是政治上的原因。的确，卡佩王朝得到了圣德尼修道院这个重要的宗教中心的支持，这个修道院是王权意识形态的传播者，而卡佩王朝源自法兰西岛地区。所以，它是权力的语言，是国王的语言，早从中世纪起就得到采用。

如今，人们的看法有了更多细微的层次：早在最初文本的时期（早在《斯特拉斯堡誓言》的时代），保留下痕迹的书面语并非是对某个方言进行的语音记录，而是一种旨在成为共同语的语言，它具有不同的方言特征的印记（B. 切尔奎利尼 [B. Cerquiglini] 认为这是一种跨方言的约定俗成的书写符号系统 [scripta transdialectale]），尤其是，依据 P. 巴利巴尔的可能性很大的假设，这种书面语是由加洛林时代的重要教士们以人们在 7 世纪书写的已经贫化的拉丁语为基础建立起来的，这种拉丁语在当时勉强充当着官方语言。实际上，我们并没有用方言写作的文本：不论是文书还是文学文本，往往都具有很强的方言特征，却都使用共同的古法语，这种共同的古法语，当时的作者已经称之为"法语"（françois）。以其官方和书面的形式留存至今的古法语，包含着的形态大多数来自法兰西岛及其周边地区，包含了香槟省、诺曼底的一部分，以及卢瓦尔河谷的一些地区；创新并非来自法兰西岛，对词尾变格的抛弃是从盎格鲁-诺曼语蔓延开的，宾语位置首先在最靠南方的奥伊语方言里固定下来，阳性主有形容词使用在元音开头的阴性名词之前（*mon amie* 我的女性朋友）最早出现于东部。方言性的变异曾长时间得到人们接受，因为文学语言曾经具有香槟语、盎格鲁-诺曼语的色彩，尤其是具有庇卡底语的色彩，直到 14 世纪的弗鲁瓦萨尔（Froissart，或译傅华萨）还是如此。

于是，大家可能提出的问题是，在中世纪，在官方书面语之外，是否存在一种用于来自不同方言区的个人（比如集市上的商人、朝圣者）之间交流的**通用语**（langue véhiculaire）。这是安东尼·洛奇在其最新著作中（《以社会语言学研究的巴黎法语的历史》[*A Socialinguistic History of Parisian French*, 2004]）的假设：他认为标准语的涌现是与 12 和 13 世纪城市的飞速发展相关的，这种"口语共通语"是建立在法兰西岛方言基础上的，它包含众多从外部引进的元 67 素，形态的这种混合在大城市方言中扎根，随后扩散到周边。但在雅克·肖朗的著作中（《新法语史》），大家可能注意到最古老的文本已经非常接近于标准语，它们是属于加洛林王朝时代的，要早于巴黎的飞跃发展，而且留存至今的那些 12 世纪文本是用诺曼语或者盎格鲁-诺曼语撰写的，而这种口语的标准语应该早已存在。至少，一切都让我们可以做出这一假设，虽然没有真正能证明这一点的证据。

不管怎样，人们始终看到同一点：自从语言不再是仅仅用于日常交流，它便不再是口头语的纯粹复制品，它便失去自己的可变性，经过或多或少具有规范性的建构（或者说标准化），这使得它能够达到官方语言的地位。

可以肯定的是，从 12 世纪开始，当然从 16 世纪开始更甚，当语法学家开始建立规范的时候，这种"法语"（français）是依据占统治地位，从严格意义上出身于巴黎的社会阶层的语言用法来得到挑选的。但是，必须小心，人们常常称作"国土的语言"的这种语言，既非国王说的语言（国王说话受到加斯科涅方言和意大利语影响），也非巴黎的语言（巴黎的语言"散发着莫贝尔广场的市井气"），而是王权的官方语言，即国王们在行政和文学用语中偏重的语言。

2. 一种规范的形成

"优美"法语的概念或许在中世纪曾经存在过，因为某些作家说到他们说"法语"说得好或不好，但并没有人为之确定规范（normes）。在 16 和 17 世纪，才见到对法语有意识的建构。16 世纪的语法学家实际上自认为是对共同语言用法的观察者和语言的改良者；亨利·埃蒂安（Henri Estienne）和泰奥多尔·德·贝兹（Théodore de Bèze）确立了规范化的取向，成为随后一个世纪的特征。对于这些博雅之士来说，所参照的模本是"塞纳河与卢瓦尔河之间地区"所说的语言，不包括方言语词，哪怕是巴黎用语。它并非过分沾染了意大利语词的廷臣的语言，而是"有教养的人"的语言，甚至是学者的语言，他们懂得希腊语和拉丁语，能够重新恢复一种从词源上正确无误的形态。至于方言语词，随着这个世纪过去的时间越长，那些语法和词典就越少给它们留有位置。

一种社会规范，宫廷的正确用法　68

　　下面是正确用法（bon usage）的定义……，那是宫廷的最正统的那部分人的语言，符合最正统的那部分当代作家的写作方式。但我在说宫廷的时候，我把女士与男士都包括在内，还有君主所居城市的若干人，这些人由于他们与宫廷中人交际而与他们有着共同的礼节。

　　沃热拉:《论法语》[Vaugelas, *Remarques sur la langue française*, 1647 (Slatkine Reprints, 1970, II, p. 3)]

　　这种对于法语的思考在 17 世纪继续着，是以非常倾向规范性的方式进行，结果是一种理性化，它是以文学语言的贫乏化为代价的。我们举马勒布为例，他想要将法语"去除加斯科涅特征"，摒弃外省用法、古词语、新词语、技术词语（*ulcère*"溃疡"，*entamer*"切第一刀"，*idéal*"理想"），摒弃才情雅语运动（mouvement précieux），而这一运动同样寻求净化词汇，去除那些被认为不得体的词。对于沃热拉而言，正确的用法是由宫廷确定的。1635 年，法兰西学院的官方地位得到黎塞留的批准；他托付给学院的职责是为法语编订一部词典、一部语法、一些修辞和文体规则。虽然法兰西学院对于语言的态度具有很强的规范化倾向，在它的推动下，法语成为据说世界现代语言中规则最多的语言，但是必须承认，他们完成了大量的清理工作，特别是有关人称代词的使用规则和首语重复修辞的使用规则。

需要摒弃的词

正确用法的规则在巴黎和外省得到所有标榜自己属于上流社会的人和想要进入上流社会的人的追随，这些规则排除了许多被认为属于低级的词，这些词既不应出现于文学中，也不应出现于谈话中。他们说这些词散发着"萝卜味"（农民的词汇）、"莫贝尔广场的市井气"，它们是"平民的"，"属于低级市民的"或者"显得有民众气味"。下面是几个例子：*allécher* "以美食引诱"、*besogne* "苦差"、*brandon* "麦秸火把"、*carquois* "箭筒"、*cotillon* "衬裙"（用来指 *jupe* "裙子"）、*face* "脸"（因为当时人们说 *la face du grand Turc* "大个子土耳其人的脸"是指屁股）、*geindre* "呻吟"、*grommeler* "咕哝"、*m'amour* "我的爱人"、*m'amie* "我的情人"、*pétulance* "雀跃"、*poitrine* "胸部"。显然，那些通俗的表达法也遭到排斥：*mijaurée* "装腔作势的女人"、*quenotte* "幼齿"、*sac à vin* "酒囊饭袋"、*dauber* "揍"、*détaler* "逃跑"、*rembarrer* "顶撞"、*de guingois* "歪斜的"、*en tapinois* "偷偷地"、*rondement* "敏捷地"、*tenir le haut du pavé* "占显要位置"、*courir la prétentaine* "闲逛"、*il a fait son temps* "已经服役期满"等等。

将近这个世纪后期的时候（1660 年），出版了波尔罗瓦亚尔学派的《唯理语法》（*La grammaire raisonnée*），将亚里士多德逻辑学的原则运用于法语。

其后的几个世纪主要经历了词汇的丰富过程：技术词汇和地方词汇在 18 世纪进入语言，浪漫主义的革命（雨果：《克伦威尔》序言，1827 年）宣布所有词汇在权利上是平等的，都配得上进入文学语言——技术词汇、通俗词、大众词汇等等。但是，虽然词汇得到解放，语法规范却继续得到了法语教学的大力维持，从而得到了普及。

四、根除方言

法国国王们的语言政策，确切说来，并不含有对方言的斗争，但是却扶助了法语中文学和艺术的表达，将这种语言强加于所有属于王权司法管辖下的官方文书。但是，即便从 13 世纪起，继王权行政机构的进步之后，法语开始向外省稍稍扩张，但法语仍旧长时间仅仅是少数人的语言。实际，在外省，人们主要说方言，甚至是一些越来越特殊化而成为土语的方言。全部农民阶层都说土语，甚至是在巴黎近旁：只要看看莫里哀笔下的农民怎么说话，就足以衡量官方法语与民众口语之间的差别（请参阅《巴黎少年的来信》[*L'Épître du beau fils de Paris*, p. 182]）。

显然，法语获得官方地位有助于它的扩张。因此，《维莱科特雷敕令》让法语跨越了决定性的一步，这不仅是相对于拉丁语，而且是相对于诸方言：早在 13 世纪末，司法文件越来越多用本地语，远胜于拉丁语，但是奥克语方言在南方的深入仍旧超过法语在北方的深入。在南方的大城市创建了议会之后，国王们首先力图消灭拉丁语。最早的敕令批准使用"当地的通俗语"、"契约各方的通俗语"（1531年）、"法语或者至少当地俗语"（1535 年）。《维莱科特雷敕令》本身仍旧（故意？）模棱两可，法令的注释者们仍旧在疑惑"法兰西母语"（langaige maternel françois）是否将奥克语排除在外，因为现存的能证明有明确的根除地方方言的意图的证据太少了。不管怎样，这一决议不仅迅速从行政语言中消灭了拉丁语，也消灭了那些地区性语言，这对普罗旺斯人大为不利，他们被迫学习足够多的法语，以便与行政机构和司法机构沟通。依据当时的一份见证：

曾有过强烈抱怨，以至于普罗旺斯向王上派出代表，来表明这些弊端……。但是，高贵的国王却一月一月羁縻他们，通过掌玺大臣告诉他们，他不喜欢听人们用国王的语言之外的语言讲话，给他们机会好好学习法语；随后一段时间之后，他们用堂皇的法语陈述了自己的使命。然而，这些演说家却遭到了嘲弄，他们来的目的是与法语斗争，却学习了法语……。

拉缪，引文见 F. 布吕诺:《法语史》[Ramuz, cité par F. Brunot, *Histoire de la langue française*, Paris, Armand Colin, 1966, II, p. 31]

然而，这则逸事的真伪是有争议的：据研究 16 世纪法语的专家 O. 米莱看来，无法设想普罗旺斯议会的成员对法语无所知，因为法语已经是王朝行政司法所使用的语言。但是，他们或许对法语仅仅具备被动语言能力？

同样，新教信仰的传播，即便是在奥克语地区（塞文山区），也是以法语进行的，这让我们理解为当时已经存在对奥伊语这种官方语言的语言能力，至少是被动语言能力。

实际上，必须从两个侧面来看待法语上升为多数族群的语言，第一个侧面是在整个南方排挤作为官方语言的奥克语方言。早在 13 世纪，卡佩王朝王权在镇压"清洁派"异端的阿尔比十字军时获得的胜利，最终促使奥克语的退缩。从这个视角看，1513 年这个年代与《维莱科特雷敕令》的年代（1539 年）同样重要：在这一年，"快乐知识诗会"（Consistori del Gai Saber）变成"修辞学学院"（Collège de rhétorique），用奥克语写作的作品不再被学院品评。后来，出身南方的蒙田、迪巴尔塔斯、布朗托姆用法语写作。

第二个侧面是消灭土语，不论是奥伊语还是奥克语的土语，这些土语在占国土大部的法国乡村（直至 19 世纪中叶，人口的 85% 生活在乡村）被人们使用，他们不觉得有需要在当地社群之外与人交流。仅有占少数的城镇人口用法语表达。对于他们来说，16 世纪是一个重要时代，因为有了印刷术它大大帮助了官方语言的传播。

从这个视角看，旨在让法语成为所有法国人的语言的语言政策是随着大革命开始的，大革命认为对应于一个唯一的祖国的应当是一种唯一的语言，语言的统一将会确立民族的统一。人们认为民众应该掌握法语，这种当时被人感觉是统治阶级的特权的语言，那些地区语言被怀疑为属于"封建制"的，那些中央政府的议员们则将它们看作传播革命思想的障碍（巴雷尔在共和二年雨月 8 日的报告中说："封建与迷信的人是说西布列塔尼方言的；贵族逃亡者和仇恨共和国的人说德语；反革命的人说意大利语，而狂热分子说巴斯克语"）。所以，制宪会议成员和国民公会议员奉行了一种真正的语言政策，试图推广一种初级教育：塔列朗递交了扩大初级教育的法案，巴雷尔的法案没有得到实施，是关于在城市居民中招募不依附于任何宗教信仰的小学女教 71 师去到乡下教书；至于教士格雷瓜尔（是废除奴隶制和解放所有少数族群的热情支持者），在他的有关废除土语的必要性的报告中，他甚至提出学会了口头和书面的法语才可以结婚。这些措施未来得及实现，但是大举的征兵却成为社会融合的机会，社会融合肯定推进了法语的使用。

要等到第三共和国，随着那些重要的关于学校的法令，这种根除方言的计划才落实：

——1881 年：卡米耶·塞（Camille Sée）的法令，为女孩子创建了世俗的中级教育；

——1882 年：茹费里的法令建立了免费的、义务的和世俗的学校教育。

之后，法语很快便在所有的村庄里由几代小学教员进行传授，他们意识到可以让自己培养的这些农民孩子达到共和国的所有高职。如同从前人们强制儿童使用拉丁文，今后他们禁止在学校使用地方语言，哪怕是在课间休息也不行，被发现说土语的孩子会受到惩罚。

同时，方言的消失也由于农村人口大批流入城市而加速，农村人口外流始于19世纪中叶工业的扩张。1914—1918年，世界大战的大融合完成了小学教育已经开始的事业：实际上，最初的军团都是由来自同一地区的士兵组成的，但是大量的减员导致后来形成的军团都是由各地区士兵混杂而成的，在这些军团里，小学里学习到的法语变成了唯一的交流手段。

自由的语言

我们可以毫不夸大地肯定说，至少六百万法国人，尤其是在乡村地区的人，他们不懂得民族语；而同样数量的人近乎不能进行连续的谈话；最后，那些语言纯正的人不超过三百万；很有可能，那些能正确书写的人的数量更少……

我们可以统一一个伟大民族的语言，让所有组成这个民族的公民都能够毫无障碍地相互交流思想。这项事业，在任何民族中尚未完全进行，它是配得上法兰西人民的，法兰西人民将社会组织的所有分支进行中央集中，他们应当热心于尽快在一个统一和不可分割的共和国里致力于*自由的语言*的独一的且不可变异的使用。

《格雷瓜尔报告》[Rapport Grégoire, 16 prairial an II.]

注：斜体着重部分是本文作者标示。

最后，广播（从 1921 年起）和电视（从 1935 年起，但它在 72 1950 年代才确立地位）的传播将标准法语的使用普及化。最新的统计（2013 年）表明，法国人看电视的时间是平均每天 3 小时（考虑到那些从来不看电视的人，这代表着剩下的人的生活中很大一部分时间在看电视）：地方口音的多样性的消失又有什么好奇怪的呢？

在地方语言近乎完全消失的时候，人们才重新予以关注。此时，人们意识到消失的是某种民族财富：1951 年，《戴克索纳法令》允许某些地方语言在中学传授（巴斯克语、布列塔尼语、奥克语、加泰罗尼亚语，1974 年扩及科西嘉语）；随后，巴斯克语、布列塔尼语、加泰罗尼亚语、加罗语、奥克语在 1983 年被接纳为中学毕业会考的现代语言，阿尔萨斯语在 1988 年获得批准。最后，1995 年的一份通报计划在每个班级里让学生获得地区语言和文化的知识，有可能的话可以教授 1 到 3 学时这种语言。2001 年创建了地方语言大学区审议会。然而，1992 年的《欧洲区域语言宪章》的批准工作始终在辩论中。

──◆　综　述　◆──

奥伊语方言与奥克语方言之间的差别是由于法国北方的日耳曼语影响更大，这两个区域内部的下一级分化则是由于权力的条块分割。中世纪的法国曾有两种文学语言，奥伊语和奥克语，两者均为跨方言的、健全完善的语言。但是，在法国得到确立的是奥伊语的文学语言，即国王的语言，而其他方言则遭地位下跌。方言几乎完全消失，这有两大原因，即一种义务的初级教育的建立（1882 年）与广播和电视的普及。

—— 欲了解更多，请参阅

B. 切尔奎利尼：《法语的诞生》[B. Cerquiglini, *La Naissance du français*, Paris, PUF, coll. « Que sais-je ? », 1991]
本书是对最古老的法语文本及其语境的语言学研究；阐明《斯特拉斯堡誓言》的"超方言"特点。

J. 肖朗：《古法语的史前时代、原始时代和形成与法语的形成》见肖朗主编《新法语史》[J. Chaurand, « Préhistoire, proto-histoire et formation de l'ancien français et formation du français », dans J. Chaurand (dir.), *Nouvelle histoire de la langue française*, Paris, Éd. du Seuil, 1999]
提供在古法语起源时期存在一种口头通用语的论据。

R. A. 洛奇：《法语：一种变成语言的方言的历史》[R. A. Lodge, *Le Français, histoire d'un dialecte devenu langue*, Paris, Fayard, 1997 (texte en anglais, 1973)]
我觉得，法语起源于法兰西岛语这一命题遭到该作中许多信息的反驳。英文书名《法语从方言到标准语》更符合现实。法语史是从社会语言学的视角来探讨的，概念清晰，文献丰富。

M. 佩雷：《自由的语言：修士格雷瓜尔的赞美》[M. Perret, « La langue de la liberté. Éloge de l'abbé Grégoire », *Mélanges en l'honneur de Juhani Härmä*, Mémoires de la Sté Néophilologique de Helsinki, LXXVII, Havu, Helkkula, Tuomarla éds. 2009, pp. 222−232]
是对巴雷尔和修士格雷瓜尔奉行的雅各宾派扩张法语和根除方言的中央集权政策的分析。

A. 雷、F. 迪瓦尔、G. 西乌费：《法语千年：一种激情的历史》[A. Rey, F. Duval, G. Siouffi, *Mille ans de langue française, histoire d'une passion*, Perrin, 2007]
第六章《在法国谁有发言权，且说哪种语言？》提供了关于 16 世纪土语文学的有益的全景描述。

第六章 法语成为国际语言

法语扩张的历史原因
各民族法语
法语在当今世界的处境

一、法语扩张的历史原因

一种语言要想成为国际语言，首先必须经过完善，得到标准化——难以想象一种尚没有书面语的方言能企及这一地位。从语言学的角度看，这种语言必须已经得到规范化和稳定化。但是，这一条件并不充分：比如土耳其语在19世纪由中央权力加以规范化，却并不具有国际地位。这种语言是否是完全意义的官方语言，这并不是必不可少的（比如，法语取得的进展是在中世纪很早的时候就完成的），但是它必须是一种在它的时代居于领先的文化语言。而这第二个条件同样具有一种语言上的特征，因为它是与一些概念的表达相关联的，这些概念是其他语言尚无必要进行表述的。尤其是，使用这种语言的民族必须具有一种政治和商业角度的优势地位，必须表现出某种扩张主义（纯粹意义的殖民、宗教传播、商业垄断）。

1. 法语，世代相传的语言

在欧洲，比利时、瑞士和卢森堡以法语作为他们世代因袭的语言之一，因为这些国家被日耳曼语和罗曼语的语言边界穿越。应当注意，他们在历史上很早便采用的法语，除了某些地方特色之外，是法语的官方语言，而非某种当地方言，比如比利时东部的瓦隆方言，是那慕尔和列日两省人们所说的奥伊语的方言。

75　　**a. 比利时**

由于没有语言方面的人口统计，以估算来看，比利时有 56% 人口说弗拉芒语，41% 说瓦隆语，1.5% 说德语，1.5% 说其他外来语言。如果以比利时四个语言区域的人口为基础，说法语的族群位于比利时南部，占人口的 41.2%，人数少的东南部德语族群占人口 0.69%，而整个北部（人口 57.6%）属于荷兰语（弗拉芒语、布拉邦语、林堡语），占人口大多数。布鲁塞尔是双语区，说法语者占多数，包含了整个弗拉芒语人群的至少 10% 和其他外来语人群的 20%，后者肯定是双语的，所以法语和弗拉芒语人群都说他们属于自己的族群。

虽然那里的罗曼语母语是瓦隆语，但"国王的"法语早在中世纪便成为整个区域的官方语言，因为它是统治阶级的语言。这种局面一直维持到 19 世纪，那时见证了弗拉芒语的觉醒。当前，法语是该国的两种官方语言之一。

比利时在法语扩张中的作用很大，因为现今的三个法语国家曾经是该国的殖民地，即刚果金（旧称扎伊尔）、卢旺达和布隆迪。

b. 瑞士

从公元 400 年开始，勃艮第人占据日内瓦地区和汝拉（侏罗）山区。皈依了基督教之后，他们采用了拉丁语，而东边的阿勒曼尼人却保持了日耳曼语方言。虽然早在中世纪末期，法语已经开始在行政与贸易中超过拉丁语，但宗教改革尤其推动了法语的进展，因为法语是加尔文教派的语言，而法兰克-普罗旺斯方言则受到削弱。目前，在 26 个州里，4 个是说法语的（纳沙泰尔州、沃州、日内瓦州、汝拉州），3 个是法德双语的（瓦莱州、弗里堡州、伯尔尼州）。在 2000 年人口统计中，说法语的占国家总人口的 20.4%，说德语的占 63.79%，说意大利语的占 6.5%。罗曼什语是民族语言，却非官方语言，仅占人口的 0.5%。

c. 卢森堡

虽然多数卢森堡人的母语是日耳曼语，但他们的官方语言却是法语。卢森堡过去的一些国王多是瓦隆人，有几位王后是法国人，甚至卢森堡曾经一度归附于法国。卢森堡人当前是讲三语的：卢森堡语、德语和法语。

2. 殖民扩张

76

a. 在中世纪

法国的殖民扩张早在 11 世纪就开始了，起因是维京人后代（参见本书第三章）诺曼人的领主们的躁动不安和十字军东征中法国领主们的大规模向外迁移。

1066 年，由于海斯廷斯战役的胜利，诺曼底公爵"征服者"威廉成为英伦之主，让一些法国人统治这个国家。随后移民开始，一些法国商人定居下来：法语成为贸易语言，兼宫廷、司法、文学和教育的语言，一直持续到英法"百年战争"，法语与拉丁语在争夺官方语言的地位。民众则继续在说英语，这是一种日耳曼语。然而，约在 13 世纪末，英国贵族的法语水平开始下降了，这解释了为何最早的法语语法是用英语写的（帕尔斯格雷夫语法，参见本书第四章）。从乔叟的《坎特伯雷故事集》（1387 年）开始，英语才具有了文学语言的地位。

───────────────────────── **英国的法语语言表层**

　　英语在中世纪向法语借用的词非常多。这些词中，我们可以举出一些存在于古法语中，但在现代法语中却消失的词，比如 *noise*（噪音）。还有一些词保留了法语词在中世纪的意思，而在法语中其同源词的意思却发生了演变：*bachelor*（单身汉）在古法语中指一个尚未得到封邑的年轻的领主，这是许多未婚青年的处境；*mercy* 在古法语中的意思在英语中得到保留，即"怜悯，慈悲"；法语表示感谢的用语 *merci* 来自 *la vostre mercy*（出于您的恩惠）这一表达法。*Gentle* 是 *gentil* 的变形，在 *gentleman*（绅士）这一表达法中保留了"高贵"的古义（如 *gentilhomme*）。

　　另一些词义经过英语的借用重新回到法语中：*budget*"预算"（是在 *bougette*"小钱袋"基础上变化而成），*tunnel*"隧道"（是在 *tonel*"管子"基础上变化而成，在法语中形成了 *tonneau*"木桶"），*tennis*"网球"（其基础是命令式 *tenez*"拿着"，它曾经是软网球的名称），*sport*"运动"（其基础是古法语 *desport*"消遣"），*challenge*"挑战"（其基础是 *chalengier*"挑战，要求一个称号"）被法语借用过两次，用在拳击词汇中（*challenger*"挑战者"）和通用语中（*un challenge*"挑战"）。

　　这些词往往保留了它们古老的发音：用 *oy* 来读 *oi*（*noise*），用 *tch* 来读 *ch*（*challenge, bachelor*），用 *dj* 来读 *g*（*gentle, challenge*），用 *ts* 来读 *e* 或 *i* 前面的 *c*（*mercy*"仁慈"）。其他一些词保留了特别有诺曼语特色的发音：*wardrobe*"衣橱"和 *wage*"工资"对应着法语的 *garde-robe*"衣橱"和 *gage*（抵押；仆人工资），*case*"箱，框"对应着法语的 *châsse*"圣骸盒；架，框"。

大约在同一时代（1099 年），十字军攻取了耶路撒冷，短暂地建立起耶路撒冷的法兰克人王国。尽管很快就被撒拉森人重新夺回，但是法国人继续在塞浦路斯维持存在，甚至法国人在亚美尼亚的存在一直维持到 14 世纪。当然，十字军并非都是法国人，一些西西里、德国和英国的君主都参加过十字军，但是人们不见得总能设想到 13 世纪之前（1254 年，圣路易最后一次向圣地东征）法国与近东之间的往来。人们认为法国在近东的存在是法通语（lingua franca 或 sabir）的起源，那是混杂了意大利语、法语（但主要是普罗旺斯语）、葡萄牙语、西班牙语和阿拉伯语词汇的口头皮钦语（pidgin），是在地中海各港口长期使用的共通语。

最后，在 11 和 12 世纪，诺曼人驱逐了意大利南部的阿拉伯人，在南意大利和西西里建立起一个基督教王国。那里的宫廷说法语，但这种语言表层仅仅影响到西西里和意大利南部方言。

b. 在旧制度时代

在 16 世纪（1534、1535、1541 年），雅克·卡蒂埃上溯圣劳伦斯河，但主要是从 17 世纪初开始，一些私人的贸易行和一些殖入民定居下来。在 17 世纪，法国人同样在黎塞留执政时代定居到安的列斯群岛，主要是马提尼克和瓜德罗普，后来还定居到圭亚那、马达加斯加和塞内加尔（圣路易、吕菲斯克和戈雷岛，这是黑奴贸易的起点），定居到圣多明戈岛（后来在 1804 年继杜桑·卢维杜尔领导的起义之后成为独立的海地共和国）、路易斯安那、留尼汪（彼时称波旁岛）、毛里求斯（彼时称法兰西岛）。在印度，东印度公司拥有贸易站，印度半岛的近三分之一属于法国的保护领地。

但是，面对英国，法国没有很好地保卫自己的殖民地，英国努力夺取法国和西班牙拥有的地区。1713 年，因为《乌得勒支条约》，法国丧失了阿卡迪亚，即魁北克南部临海的省。阿卡迪亚居民于是被英国政府流放，被强迫登船，这就是"大动荡"（1755 年）。一些人因此到了路易斯安那州，另一些则去了新英格兰，至今在这些地方我们还能找到一些小的法语族群，这些族群在逐渐凋零。在"七年战争"期间，斗争又起，魁北克在 1759 年被英国人夺取，英国人同样占领了马提尼克、瓜德罗普和印度。

整个殖民帝国丧失殆尽；在《巴黎条约》（1763 年）时，法国的"殖民地"中只保留下印度的 5 个贸易站和几处岛屿：戈雷岛、毛里求斯（后来失去）、留尼汪、圣皮埃尔和密克隆。

路易斯安那州的情况极为有趣：在 18 世纪成为殖民地（见小说《曼侬·莱斯科》），它后来经历了阿卡迪亚居民的移入（阿卡迪亚人 [Acadiens] 的名字被英国人变形为卡津人 [cajuns]），随后在大革命期间法国贵族移入，以及圣多明戈岛起义后大地主连同他们的奴隶移入。所以，在那里，我们看到从法语派生出的三类方言：老的克里奥尔语法语、阿卡迪亚语和黑奴克里奥尔语（black-creole）或称"秋葵浓汤"（gombo），它与安的列斯群岛克里奥尔语近似。法国曾在 1763 年失去路易斯安那，随后又重新夺取，最终在 1803 年被拿破仑出售给美国。

c. 在拿破仑帝国之后

第二波移民开始于帝国倒台之后，在波旁王朝复辟时期：法国在非洲进行探险，在塞内加尔设立行政机构（从 1817 年开始），殖民波利尼西亚和新喀里多尼亚，占据科摩罗群岛，征服阿尔及利亚。在第二帝国时期，法国在东南亚立足：安南、交趾支那、柬埔寨。最后，第三共和国殖民了赤道非洲和热带非洲，马达加斯加、突尼斯、摩洛哥、塔希提、瓦利斯和富图纳群岛。但是，马格里布地区除外，很少有法国人移住——所以，语言的渗透很小。

同一时期，另一个法语国家比利时也在对外殖民：比属刚果（1885年）、卢旺达和布隆迪。但是，教育政策因殖民者的来源国家而有所不同。比利时考虑到不让法语优先于弗拉芒语，在课程的最初几年中只使用当地语言，课程尤其倾向学徒，法语只在中学才被引入。法国的教育则相反，是从"雅各宾派"的视角来进行的，非常具有中央集权性。这种教育反对当地的语言和文化，就如同在法国反对方言。这种教育不太适于初级教育，在非洲，它对当地文化尤其造成毁灭后果，但这是一种选拔人才的精英主义的教育，使得少数人能够在殖民者国家的机构中获得社会晋升。在东南亚，文化破坏没那么严重，越南语得到传授，成为民族语言。至于马格里布地区，在殖民之初，那里显现出对法国公立教育的强烈抗拒，民众更愿意使用阿拉伯语的传统的古兰经教育；但是入学儿童数量的增长在第二次世界大战后加速：在1914年使用法语就学的阿尔及利亚儿童只占5%；1937年占10%；独立战争之初1954—1955年占15.4%（根据国家计划委员会的统计）；入学儿童数量的增长在法国殖民的最后年代大大加速。

对这些国家之中的大多数来说，解除殖民统治是在第二次世界大战之后进行的。

3. 文化的威望

在17和18世纪，法语一度成为与拉丁语地位相当的欧洲国际语言。这种情形主要涉及北欧与东欧，因为西班牙和葡萄牙这样高度统一的国家能更好地抵御法语的扩张。

早在中世纪，我们便看到法国文学在意大利、德国、挪威、英国的影响。一些说日耳曼语的领主和一些意大利人（诺瓦拉的菲利普、马可·波罗、布鲁内托·拉蒂尼）用法语或普罗旺斯语写作，直到但丁、彼得拉克和薄伽丘让托斯卡纳方言成为文学语言。在 16 世纪，法语教育在一些德国大学中建立起来。

17 世纪，路易十四在欧洲政治中的主导地位将法语树立为外交语言。但是，在 18 世纪，法语才作为国际语言大大超越拉丁语，即成为不同民族的知识分子之间沟通的语言，也即精英们的第二语言。英国人如贝德福德和吉本，德国人如莱布尼茨，意大利人如卡萨诺瓦直接用法语写作；许多国际通信使用法语。普鲁士的腓特烈二世邀请伏尔泰去他的宫廷，俄国的叶卡捷琳娜二世接纳狄德罗，而早此一个世纪，瑞典的克里斯蒂娜女王就曾接纳过笛卡尔。德国的精英们接受法语教育，俄国贵族为孩子从法国请来家庭教师。腓特烈二世甚至命令他刚刚建立的科学与美文学院必须使用法语。

但是，法语的这种主导地位持续的时间很短。随着浪漫主义和民族主义觉醒，许多语言都得到了文化语言的地位，而法语的地位则有所降低。随后，英国的产业革命和美国的经济扩张助长了英语的优势地位。

—— 欧洲向法语借鉴

18 世纪的一位意大利人记录说，之所以说法国人"丰富"了欧洲语言，是因为"他们的工业生产的产品的多样让人惊奇，生产一些前所未见的新鲜事物，对于这些产品，我们的祖先没有给我们留下词汇来称呼"。在以下这些语义场中，可看到欧洲其他国家向法国借用的多数词汇和他们所认可的法国的技术优势。

餐饮：意大利语：ristorante 餐厅、menu 菜单、bigné 面裹、croissant 牛角面包、marron glacé 糖渍栗子、charlotte 水果奶油布丁；

西班牙语：vinaigre 醋、jamon 火腿、croqueta 可乐饼、merengue 奶油夹心烤蛋白、soirée 晚会、buffet 冷餐会、hotel 旅店、croissant 牛角面包、entrecot 肋排；葡萄牙语：crepe 薄饼、champignon 蘑菇、chef 主厨、chantilly 掼奶油、flan 蛋奶冻、tarte 塔；丹麦语：flute 细长面包、citronfromage 柠檬慕斯；德语：Bonbon 糖果、Bouillon 汤、Omelett 炒蛋、Frikassee 烩肉、Ragout 炖肉、Krokette 炸丸子、Champignon 蘑菇、Dessert 甜点、Kasserolle 平底锅、Cordon-bleu 蓝带、Croissant 牛角面包、Kompot 康波特；荷兰语：jus 果汁、bonbon 糖果、karbonade 炭烤。

时尚：意大利语：chiffon 雪纺、eau de toilette 花露水；西班牙语：modista 女帽商、pantalon 长裤、toilette 梳妆用具、trousseau 行装、bibelot 小摆设、beige 米黄色、bisuteria 小玩意儿；葡萄牙语：chapèu 帽、nuance 细微色差、atelié 作坊、blusa 罩衫、boné 软帽、chique 高雅、soutien 文胸、vitrine 橱窗、mise 褶边、bâton 口红；德语：Kostüm 礼服、Decolleté 低胸服装、Plisee 褶边、beige 米黄色、Garderobe 成套衣装、Mode 时尚、Parfum 香水；荷兰语：elegantie 高雅、manucuren 手部护理、modieus 时髦；英语：chic 高雅、à la mode 时髦、blouse 罩衫、brassière 胸罩、négligé 家居服。

风流情事：意大利语：osé 有伤风化；西班牙语：coqueta 卖弄风情；葡萄牙语：dama 女士、coquete 卖弄风情的、deboche 放纵；荷兰语：aventuur 艳遇、cadeau 礼物、bordeel 妓院、pleizer 快感、charmant 迷人；德语：Dame 女士、Galant homme 殷勤男子、Rendez-vous 约会；英语：coquette 卖弄风情、beau 追求者、femme fatale 无法抵御的女人、gallant 殷勤有礼。

> **汽车**：意大利语：garage 汽车间、automobile 汽车；西班牙语：
> garaje 汽车间、chofer 司机、capo 发动机罩、ralenti 怠速、reprise 加速；
> 葡萄牙语：camiao 卡车、chofer 司机、garagem 汽车间、camionnete
> 小卡车、capot 发动机罩、pneu 轮胎、ralenti 怠速；德语：Garage 汽
> 车间；荷兰语语：garage 汽车间；英语：automobile 汽车、garage 汽
> 车间、chauffeur/euse 司机。
>
> **战争**：意大利语：sabotaggio 破坏；西班牙语：bayoneta 刺刀、
> batallon 营；葡萄牙语：blindar 装甲、camouflagem 伪装、chefe 首
> 长；德语：Leutnant 中尉、Kapitän 上尉、General 将军、Regiment 团、
> Kaserne 营房、Etappe 后方补给；英语：general 将军、lieutenant-
> colonel 中校、regiment 团。
>
> 度量衡系统（米、升、克）是在法国大革命期间发明的，同样
> 在各地被人们采用。
>
> 根据 H. 瓦尔特 1988 年和 1994 年的文章 [D'après les
> publications de H. Walter, 1988 et 1994]

4. 一些语言政策

旧制度时代的语言政策助长了法语的影响力。在 15 和 16 世纪，
法国国王们扶助法语代替拉丁语获得官方地位，这无疑也部分地帮助
法语成为国际语言。语言的极端规范化——据说法语是世界上最具有
规范性的语言——或许也起了作用。就此而言，规范工作、词汇贫化、
句法的明晰化（冠词、代词、复指）以及在王权支持下（参见《黎塞
留与法兰西学院的创立》）开展的 17 世纪词典编纂和语法方面的全部
工作，是 18 世纪法语在欧洲扩张的一个重要因素。

相反，大革命雅各宾派与拿破仑的态度倾向于根除其他被占领国的民族语言，如同根除方言（1794 和 1795 年的法令禁止在占领国使用法语以外的语言，企图将法国学校体系扩张到整个帝国）。这种笨拙的威权主义当然对"自由的语言"造成损害，引起了各地民族主义者的反对。

当前，法国奉行的语言政策主要在于防御英语的入侵，比如 1984 年之后，建立机构来支持法语推广运动，1989 年创立法国语言总署（Délégation générale de la langue française）和 1994 年的"杜蓬法"[81]（loi Toubon），旨在限制英语借用词汇在官方法语中的使用。但是，法语同样得到其他国家的捍卫，包括魁北克和瓦隆省这样的法语省份。因此，法国的官方法语不应再具有与过去相同的霸权地位：法语国家倾向于树立一种对法语的更加灵活的定义，将**各民族法语**（français nationaux）的多样性考虑在内。

首字母大写的法语国家及地区国际组织（Francophonie）和小写的法语圈（francophonie）

法语国家及地区国际组织（Francophonie）是政治组织多于语言组织，在 1960 年代初诞生，是出于几位独立后的法语国家的领导人愿望，比如哈马尼·迪奥里、哈比卜·布尔吉巴、诺罗敦·西哈努克和利奥波德·塞达尔·桑戈尔，尽管法国对此是有所保留的，因为法国当时渴望建立一种"法语国家共同体"（Commonwealth français）。从法国国家大会（1969 年）到非洲与马达加斯加共同组织（1966 年）和文化与技术合作机构（1970 年），愿想成为实体，加拿大政府最终同意魁北克和新不伦瑞克省加入刚刚诞生的组织。法语国家首脑峰会从 1986 年起开始举办；不仅包含法语是官方语言的国家，还包括一些地区、一些"联系国"（États associés）和"观察员国家"（États observateurs），以至于这个法语国家组织包含一些非法语国家，比如阿尔巴尼亚、保加利亚、几内亚比绍、赤道几内亚、马其顿、摩尔多瓦、莫桑比克、波兰、罗马尼亚、圣多美和普林西比、塞尔维亚和乌克兰，这些国家选择法语作为教学中的第一或第二外语，或者作为国际语言。所以，人们不再说法语国家（États francophones），而是说共享法语的国家（États ayant le français en partage）。

二、各民族法语

下文中我们将在其他法语国家和地区发生演变或者得到保留的法语的所有其他变种称为各民族法语，以区分于所谓的法国法语。

1. 语言底层、语言表层、克里奥尔语化

法国法语的演变和各民族法语的形成使我们能够通过当代的例子来阐明发生于法语历史之初的情况。我们可以区分出两类演变：由语言层的影响造成的改变和导致克里奥尔语产生的深刻转变。

82 　　**a. 语言层**

法语语言表层对于另一种语言的影响，比如过去法语对英语的影响（参见本章的框内内容），比如如今法语对马格里布地区阿拉伯语和葡萄牙语的影响，我们在此不做探讨，但是最后这个例子却表明在我们的时代，语言表层的概念与一个国家被殖民国家占领中发生的其他事实是吻合的。相反，我们可以明确地辨识出英语的**语言附层**（adstrat）对于加拿大法语的影响（比如 *tomber en amour* 是仿造英文 *to fall in love* "坠入爱河"，用 *pinotes* 来称 *cacahuètes* "花生"，用

bine 来称 *haricots* "菜豆"），而在非洲的民族法语和克里奥尔语中非洲语言表层的存在却难于证明。比如，对于海地的克里奥尔语，人们曾经指出非洲词汇仅仅在一些非常明确的领域中才幸存下来：巫毒教和几种植物名称。

对于非洲的各民族法语，我们知道一些相互作用的现象，比如 J. 皮科什描述的现象：

> 法语词的一些片段在卢旺达被人作为非洲词素来解读，*iki-*，*igi-* 是指大词，*aka-*，*ga-* 是指小词，*examen* 检查 /ikizimi/ 被理解为"大检查"，从而产生了 /akazami/"小检查"；*casserole* 平底锅 /gasoroli/ 被理解为"小锅"，从而产生了 /igisoroli/"大锅"。
>
> J. 皮科什和 Chr. 马切罗-尼西亚：《法语史》[J. Picoche et Chr.
> Marchello-Nizia, *Histoire de la langue française*,
> Paris, Nathan, 1994, p. 132]

b. 克里奥尔语化

或许可以将克里奥尔语化定义为在经受了来自其他语系语族的语言影响之后混成语的形成。克里奥尔语是一些通常属于口语的语言，它们在没有正字法传统，也没有教育传授的情况下发生过演变，虽然一些以法语为基础的克里奥尔语是官方语言。克里奥尔语在海地从 1987 年起成为官方语言，在塞舌尔群岛克里奥尔语是官方语言（在几内亚比绍还有一种以葡萄牙语为基础的克里奥尔语是官方语言）。克里奥尔语同样是被统治的和文化被摧毁的民众的语言，这一切不禁让人想到法语的源头。同样，克里奥尔语相对于法语的地位，十分接近于 8 世纪前后法语相对于拉丁语的地位。最后，克里奥尔语彼此间不同，与源头语言即法语不同，有点像那些与拉丁语分离开来的罗曼语。当克里奥尔语成为书面语，便迅速成为规范化的对象。

法语 *créole*（克里奥尔）来自葡萄牙语 *criolle*，即家养奴，指出生在当地，在主人家里抚养长大的奴隶（词根是 *criar* "抚养"），是与新来的奴隶 *bossales* 相对的。根据罗伯特·肖当松的看法（参见本章参考书目《海外法语》），克里奥尔语仅出现于旧的蓄奴传统的社会，它们的出现分为传承与重新解读两个阶段。在第一阶段，那些在住屋附近生活的奴隶接受了一种简化法语，让他们能够彼此交流，因为奴隶的种族混杂，人们禁止使用他们自己的语言。于是创造出一种最早的中介语，一种通用法语，与当时"贸易行话"接近。在第二阶段，产业文明发展起来，导致奴隶的大量引入，于是轮到这些家养奴隶来起到负责领导大量新来者的作用，这些新来者与那些母语说法语的人很少接触。这些新来者 *bossales*（非洲土生的）接受了家养奴隶的近似法语作为今后必须用来进行表达的语言，于是这种近似法语再次经历一种**再分析**（réanalyse）和重构的过程。这样一来，出现了一种相对于来源语的独立自主的系统，让人无法证明某一个单个的非洲语言的影响。

海地的鲜活语言实践

　　海地克里奥尔语的实例，一家洗染店的广告，*Magic Dry Cleansing* "魔力干洗"：

主人：*M te kwè m' te di o se k' pou prepare kostum mwen kounye-a.*

女仆：*Non, madanm di keu tout moun kounye a se nan Majik dray klining nan ru du sant.*

主人 : *A non, sa se pa kostum pa m'nan! Sa se kostum nèuf! Pote yo tounen, se erèu! ...*

法语

主人 : Je croyais que je t'avais dit que c'est toi qui devais me préparer mon complet maintenant. 我以为告诉过你要打理好我的套装。

女仆 : Non, Madame a dit que tout le monde maintenant fait préparer les habits chez Magic Dry Cleansing dans la rue du Centre. 不，夫人说现在所有人都到中央大街的魔力洗衣房去打理衣物。

主人，看着自己干净的套装 : Ah non, ça, ce n'est pas mon habit à moi! C'est un complet neuf! Va le rendre, c'est une erreur! ... 啊，不，这不是我的衣服！这是套新衣服！去把它还回去，搞错了！

根据多米尼克·法蒂埃−托马斯：《从变体 rèk 到变体 swa : 海地的鲜活语言实践》[Dominique Fattier-Thomas, « De la variété rèk à la variété swa: pratique vivante de la langue en Haïti », *Conjonction*, mars-juin 1984, pp. 39−51]

2. 分化的演变和接触中的语言

在所有民族法语中，都发生了某种独立的语音演变，部分是由语言层的影响造成，部分是由于在引进法语的那个年代的法语发音有变化。在法语由口头方式传承的地方，我们看到一些同样在法语的形成中曾经出现过的现象：减少词形变化的倾向，尤其是对于动词；名词阴阳性的改变；语言高雅与低俗的级别得不到把握；使用一些非母语的用法。对于那些高度分化的语言，我们还可以注意到

84

一些标志动词的时（temps）与体（aspect）的新的助动词类型，一些不同的代词、指示词和冠词系统的发明。所有这些情况都与本书后文中在谈到从拉丁语到法语的词法与句法演变时将会描述的情况十分相似。

"古词语"（archaïsmes）与"新词语"（néologismes）

在不同的民族法语之间存在着语言分化，对于法国的观察者而言，这一事实让人觉得其他民族在使用一些古词语和新词语，而从这些民族的角度看，在法国人创新的地方是他们保守了，而在他们创新的地方是法国人保守了。因此，我们是认为卡钦人在将 *pomme*（苹果）的 *o* 发成 /u/ 的时候是古音（对于我们来说，这对应于某些 *o* 的古老发音，*courbeau*"乌鸦"中这样的发音已经没有了，而 *coussin*"靠垫"中却保留着），还是认为法语在发 /pɔm/ 的音时是创新？同样，比利时人继续用 *déjeuner*（法语：午饭）来称早饭，用 *dîner*（法语：晚饭）来称午饭，用 *souper*（夜宵）来称晚饭，是他们保守还是说法国人把这些饭点推迟了，发明了新词 *petit déjeuner*（早餐）？加拿大法语 *espérer*（法语：希望）、*postillon*（法语：驿站马车夫）、*plumer*（法语：拔羽毛）对应法语 *attendre*（等待）、*facteur*（邮差）、*éplucher*（削皮），卡钦语 *s'appareiller*（法语：配对）对应法语 *s'habiller*（穿戴），我们或许可以对此持同样看法。

同样，非洲法语的许多"新词语"——*grèver*（罢工）、*enceinter*（使怀孕）、*boulotter*（工作）、*doigter*（用手指）、*hériter quelqu'un*（从某人那里继承）、*retraiter quelqu'un*（让人退休）、*fiancer quelqu'un*（跟某人订婚）——并不属于绝妙的童稚之语，更不是"错误"，而是仅仅反映出正在发展中的语言的强大创造力。

各民族法语

下面是一些民族法语的独特用法，一些与"本土"法语用法不同的形象化的表述，但它们与法语的 *prendre des vessies pour des lanternes*（将尿脬当灯笼，意思是"完全搞错"）或 *avoir du vague à l'âme*（感觉灵魂的茫然，意为"感到忧伤"）同样充满力度：

argent braguette（裤裆钱）：家庭补助（安的列斯群岛）

bonne-main（好手）：小费（瑞士）

bureau 或 *deuxième bureau*（第二办公桌）：已婚男子的情人（非洲）

carte-vue（景色卡）：明信片（比利时）

chalet de nécessité（急需木屋）：公厕（加拿大）

coup de soleil（晒伤）：打雷（海地）

déçu en bien（好的方面的失望）：得到意外之喜（瑞士）

débarbouillette（擦拭的小东西）：小方巾（加拿大）

disquette（软磁盘）：西方年轻女子（西非）

faire boutique mon cul（卖屁股）：卖淫（非洲）

magasiner（词根为名词商店的动词）：逛商店（加拿大）

mettre un canon（放一炮）：打一拳（喀里多尼亚）

pain chargé（装了馅儿的面包）：三明治（非洲）

tomber faible（体弱倒下）：晕倒（比利时）

三、法语在当今世界的处境

很难说在世界上有多少说法语的人；以法语为官方语言的国家的人口数是个让人产生错觉的数字，因为在其中许多国家，只有少数人真正说法语。2004—2005 年法语国家高级理事会的报告提出 1 亿

1500 万"真正"说法语者和 6000 万具有较有限的语言能力的"法国化"的人，但是考虑到使用法语来学习的人，这些数字大概符合该组织成员国的较高估计；另一些组织估计说法语者的人数在 1 亿 1000 万人左右（根据 2010 年法语国家组织的报告，人数为 2 亿 2000 万，由于人口增长的原因，数字持续上涨，尤其是在非洲）。

1. 国际语言

我们看到法语作为外交语言在路易十四时代代替了拉丁语（1714 年《拉施塔特条约》）。直到 1914—1918 年的欧战之后的《凡尔赛和约》，法语一直保留着这一地位。

如今，法语仍旧是联合国教科文组织和联合国（被 192 个代表团中的 43 个使用）的"工作语言"（另一个是英语）和"官方语言"，其他的是英语、阿拉伯语、汉语、西班牙语和俄语；在阿拉伯国家联盟和伊斯兰会议组织，还有奥林匹克运动会上，法语与英语和阿拉伯语是官方语言，在奥林匹克运动会上法语还是基准语言。但是，相对于英语，法语的地位在各方面有所下滑，英语确实在倾向于成为跨民族的、简化的和大幅度罗曼语化的共通语，罗曼语化尤其体现在其科技词汇方面。

2. 国家官方语言

法语具有的国际地位，其部分原因在于目前法语独自或与其他语言一起是非洲大陆 21 个国家的官方语言。这是由于这些国家往往拥有数种母语（极端的例子是刚果民主共和国，那里有二百多种语言），而它们宁愿将一个具有国际地位的语言保持为官方语言，而非侧重某种母语，而不利于其他母语，即便这种母语是占主导地位的。

法语是唯一官方语言的国家，除了摩纳哥和卢森堡、法国及其
DROM（海外省及大区，旧称 DOM：瓜德罗普、马提尼克、圭亚
那、圣皮埃尔和密克隆、留尼汪）和 POM（海外属地，旧称 TOM：
马约特、新喀里多尼亚、法属波利尼西亚、瓦利斯和富图纳），还
有 11 个非洲国家：贝宁、布基纳法索、刚果（布拉柴维尔）、刚果
（金沙萨）、科特迪瓦、加蓬、几内亚、马里、尼日尔、塞内加尔、
多哥。

法语与其他语言共同作为官方语言的国家是比利时（与荷兰语
和德语）、瑞士（与德语和意大利语）、赤道几内亚（与西班牙语）、
加拿大和喀麦隆（与英语）、科摩罗群岛、吉布提、毛里塔尼亚、
乍得和瓦努阿图（与阿拉伯语）。在海地，法语与克里奥尔语共同
作为官方语言，在马达加斯加、布隆迪和中非共和国与当地语言共
同作为官方语言。最后，有几个国家将法语、英语与某种克里奥尔
语结合（塞舌尔群岛），或者与某种当地语言结合（卢旺达和瓦努
阿图）。

3. 地区官方语言

在某些国家的州或省，法语是地区性官方语言：在比利时的法语
区，在魁北克省，在瑞士的日内瓦州、纳沙泰尔州、汝拉州和沃州。
在弗里堡州、瓦莱州和伯尔尼州，法语与德语是并列官方语言；在加
拿大新不伦瑞克省和西北领土，法语与英语并列；在瓦莱达奥斯塔大
区（意大利），法语与意大利语并列，这个大区过去属于萨沃伊王朝，
有大约 43% 的人口说法语；法语在朋迪榭里自治区（印度），与泰米
尔语并列。

87

法语圈的世界

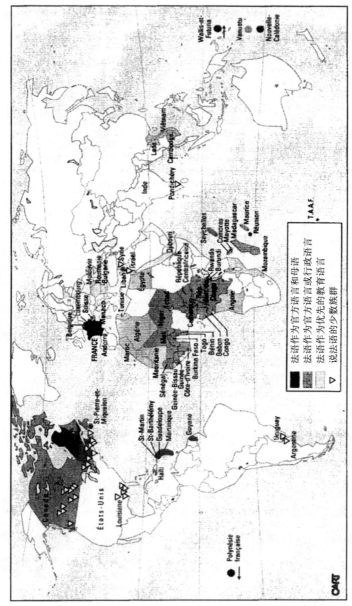

根据 J.-P. 屈克 [D'après J.-P. Cup, 1991]

4. 占主导地位的外语

在马格里布地区，法语是占主导地位的外语，虽然英语的地位在上升：人口的 25%—30% 说法语，但法语不具有任何官方属性。在黎巴嫩也是如此，1920—1943 年那里是法国托管地，但早在 19 世纪就有众多私立的法语学校，以至于贝鲁特的多数居民都说法语。阿拉伯语在那里是官方语言，但法语往往是第二语言，而非外语。

◆━━━ 综　述 ━━━◆　　88

法语的国际扩张，如今相对于英语来说已经明显退步，当然扩张是由于始于中世纪的殖民扩张，但同样是由于法国所经历的各类国家权力机构所奉行的语言政策。比利时、瑞士和卢森堡采用了邻国法国的官方语言；17 世纪进行的标准化帮助法语在整个欧洲获得影响力，而第三共和国的学校就学政策在语言的传播中起到了核心作用。但是，从官方法语中又诞生了一些民族法语和一些克里奥尔语，而这些克里奥尔语本身正在成为民族语言。当前可以观察到的克里奥尔语的形成过程，让我们可以更好理解从克里奥尔语化的拉丁语出发的法语源头语的形成过程。

欲了解更多，请参阅

R. 肖当松:《海外法语》[R. Chaudenson, « Les français d'outre-mer », dans J. Chaurand (dir.), *Nouvelle histoire de la langue française*, Paris, Éd. du Seuil, 1999]

是对法语的克里奥尔语化和海外法语多样性的很好的综述，作者是知名的克里奥尔语专家。可轻松阅读。

X. 德尼奥:《法语圈》[X. Deniau, *La Francophonie*, Paris, PUF, coll. « Que sais-je ? », 1992 (2ᵉ éd.)]

关于法语圈现状，法语在法语国家的地位，说法语者人数。可轻松阅读。

J. 皮科什和 Chr. 马切罗-尼西亚:《法语史》[J. Piccoche et Chr. Marchello-Nizia, *Histoire de la langue française*, Paris, Nathan, 1994 (3ᵉ éd.)]

第一部分《法语的外部历史》主要是关于法语圈的历史。可轻松阅读。

H. 瓦尔特:《各种意义上的法语》和《诸语言在西方的冒险》[H. Walter, *Le Français dans tous les sens* (chap. IV), Paris, Laffont, 1988 et *L'Aventure des langues en Occident*, Paris, Laffont, 1994]

是为大众写作的作品——第二部曾是畅销书。阅读轻松而且非常有趣，针对非专业读者。

A. 雷、F. 迪瓦尔、G. 西乌费:《法语千年：一种激情的历史》[A. Rey, F. Duval, G. Siouffi, *Mille ans de langue française, histoire d'une passion*, Perrin, 2007]

有几个章节对于法国境外的法语情况提供了翔实资料。

第二部分
法语与语言变化

第七章　几个变化因素：语音演变

语音的不稳定性
能否谈到存在语音规律？
语音变化的性质

一、语音的不稳定性

　　一种现代语言（活语言）是处于持续的语音演变中的。在社会大融合的时期（文化濡化、双语现象、双层语言或双重语体、语言底层和表层的影响、统治阶级的改变导致发音标准的改变）以及语言口头传承而不纳入教育的时候，这种演变可能更加迅速。

　　相反，一种一直仅属于口语的语言（9—11世纪的法语，今日的克里奥尔语等）过渡到书面语，可能具有刹车效果，但演变却依然继续。正字法通常具有欺骗性，掩盖了某些演变。比如，同一些字母（语言学家称**字位或字素** [graphème]）掩盖着字位 Δ 的两种发音（因为 r 过去在整个法国都发大舌音），还有字母群 *oi* 的三种发音：最初的法语中发 /oj/，如同英语 *boy* 中，很久之后发 /we/，如法语词 *rouet*，如今则发 /wa/。

　　当法语开始成为大规模初级教育的对象时，有时正字法导致了发音的改变，这是因为那些母语是方言的小学教师和学生对某些词完全从文字上进行学习造成的。

1. 正在发生的语音变化

如果认为现代法语在语音上是稳定的，那就错了。比如，对于最新的和正在发生的演变，我们可以举出：

92　——腭化的 *l* 和腭化的 *n* 的消失：过去人们区分 *ay*！和 *aille*，*panier* 中的 *-ni-* 的发音并不与 *gagner* 中的 *gn* 一样。

——开元音和闭元音之间的区别倾向于消失：倾向于在闭音节中使用开元音，而在开音节中使用闭元音；于是，人们以同样方式发 *peau*"皮肤"和 *pot*"罐子"、*dé*"骰子"和 *dais*"华盖"（另见本书第 156 页 *beur* 的发音的改变）。

——对应于文字 *in* 和 *un* 的语音之间的区别消失（只有法国南部保留 *brin*"细枝"/ *brun*"棕色"、*incompétence*"无能"/ *un compétent*"一个能干的人"、*indécent*"不正派的"/ *un décent*"一个体面人"的对立）。

——至于 *patte*"爪"的 *a* 与 *pâte*"面条"的 *â* 之间的区别，只是在开玩笑的时候在 *mal*"坏"与 *mâle*"男性"之间才保留着（*Elle ne pense qu'au mal*"她只想着坏处"/ *elle ne pense qu'au mâle*"她只想着男人"）。

——目前，可以注意到几种社会变体和地区变体，无法预见它们某一天是否将得到确立：在词尾的发音的辅音后面加上 /ø/ 音（*bonjoureu*［bonjour"日安"］，*aloreu*［alors"于是"］），词尾闭元音 *é* 变成双元音 *ey*（*votey*［voté"投票"］，*enchantey*［enchanté"幸会"］），鼻化元音 *an* 开口度变小成为 *on*（*les commerçonts*［commerçants"商人"］，*indépondonts*［indépendants"独立"］，*mamon*［maman"妈妈"］，*la Fronce*［France"法国"］）。

由正字法造成的几个发音的变化

——*Gageure* "赌注" 过去的发音是 *gajure*，人们还在维持这种发音。

——后面跟着另外一个辅音的辅音过去不发音：*cheptel* "牲畜存栏"、*dompter* "驯服" 的发音是 *chétel*、*donter*（最后这个词的旧发音有时还保留下来）。

——*ign* 过去用作书写我们现在写成 *gn* 的语音：*poigne* "手" 和 *pogne* "手" 从前是双式词（异体字），蒙田（Montaigne）将自己的名字与山（montagne）押韵，如今 *poignet* "手腕" 和 *poigne* 现在的读音曾经被 20 世纪初的一些语法学家批评；这种旧的发音仅仅在 *oignon* "洋葱" 这个词里保留下来。

——*Aiguiser* "磨快" 过去读音如同 *aiguille* "缝衣针"，*u* 字母在 *arguer* "推论出"、*quintette* "五重奏" 中同样是发音的。

——*Magnanime* "宽宏" 过去的读音是 *mag-nanime*。

——以 *-ir* 和 *-oir* 结尾的不定式的词尾辅音的 *r* 在 17 世纪的时候是不发音的，一首古老的歌曲唱："*Compère Guilleri/Te lairas-tu mouri'*？吉耶利教父，你不会死掉吧？" 同样在以 *-il* 结尾的词中词尾辅音也不发音：*mil* "千"、*gril* "烤架"、*grésil* "霰"。

另一些变化不易觉察，因为它们涉及法语的仅在某个位置上的某一个语音，一个**音位或音素**（phonème）。必须非常仔细地听才能听出，在 *substance* "实体"、*absolu* "绝对" 这些词中，发出的不是 *b*，而是 *p*（*supstance, apsolu*），因为发声器官已经提前准备了 *s* 的发音，过早地终止了前一个音的声带振动。确实，在 *p* 和 *s* 的音里，声带是不振动的，而 *b* 与 *p* 两个音都是通过嘴唇短暂闭合来发音的，它们的唯一区别是在 *b*（浊辅音）中声带振动，而在 *p*（清辅音）中声带不振动。语言学家称这里发生了部分同化作用，/b/ 在 /s/ 之前清辅音化为 /p/。许多这类现象在拉丁语正在自由演变的时期以不为人觉察的方式发生过，那种拉丁语是由不识字的，而且往往母语各自不同的民众所讲。

2. 从拉丁语到法语

a. 被正字法掩盖的一些演变……

从拉丁语到法语之间发生的一些变化看起来并不大，因为文字掩盖了它们。*Vita*（生命）的发音为 *wita*；*jactare*（连续投掷；不停地说）变成 *jacter*（多嘴），这并不让人吃惊，它过去的发音按照现代法语会写成 *yactaré*；*cilium*（睫毛；纤毛）是 *cil*（睫毛）的祖先，过去的发音类似 *kilioum*；而 *gentilem*（同族）——法语的 *gentil*（和善）——发音类似 *guèntilèm*；影响到 *v*、*j* 以及 *e* 和 *i* 之前的 *c* 和 *g* 的发音的那些变化开始于晚期拉丁语，在日耳曼人入侵之前。

很久以后，在墨洛温王朝时代，保留下来的 *ou* 音（古典拉丁语的长音 *u*，写作 *u*）改变了发音：*murum*（墙）过去的发音是 *mouroum*（或者甚至是 *mououroum*，因为第一个 *u* 是长音），它变成了 *mur*（墙）。

最后，在 11 到 16 世纪之间，后面跟随有 *n* 或 *m* 的元音，过去发成两个音，*an* /a+n/ 如同现代法语的 *canne*，*on* /o+n/ 如同现代法语的 *bonne*，诸如此类，它们变成了语言学家所说的鼻化元音（nasales）（/ã/、/ɔ̃/、/ɛ̃/、/œ̃/）。

b. ……及一些可观的变化

其他一些变化完全更改了词汇的样貌，甚至对于词法和句法造成严重后果（参见本书第八章）。

某些变化，如元音之间的辅音的演变（其中元音之间辅音 *t* 的消失是极端例子），或者如某种 *c* 音过渡到我们记录为 *ch*（/ʃ/）的音，将法语同其他罗曼语大大分别开来（拉丁语 *caballum*"马"，法语 *cheval*，西班牙语 *caballo*）。

另一些变化的源头是拉丁语的重音结构。拉丁语是一种可变重音的语言，重音或者落在倒数第二个音节（*cantare*"唱"），或者落在倒数第三音节（*episcocum, angelum, tabula*）。这是一种强重音，而日耳曼人的发音又让它加强了。由此产生了两个现象，让人想起当今英语 94 中发生的情况。

——一方面，多数重读元音（但仅仅是当这个元音所处的音节不被一个辅音阻碍时）得到了发展、延长，以至于最终变成双元音（如同英语中 *[to] make* 有时发音为 *méeik*）；随后，这些双元音再次演变，往往又变成另外的单元音。这解释了拉丁语和法语之间元音系统的巨大差别：*florem*（花）与 *fleur*，*gula*（嘴）与 *gueule*，*marem*（海）与 *mer*，*pĕdem*（脚）与 *pied*，*pĭlum*（毛）与 *poil*，*tēla*（帆布）与 *toile*。这些开音节中的重音的双元音化发生在 3—6 世纪。

——另一方面，同样有些像英语的情况，在重读音节的着重发音和强调末尾音节的作用下，拉丁语的词大大缩短。通常，除了重读音节之外的词内部的所有元音都因此脱落了，这是在多个时期发生的，除了 *a* 之外的其他词尾元音在 7 世纪脱落，而词尾的 *a* 变成一个脱落音 *e* /ə/，在中世纪还发音。通常，一个拉丁语词在法语中仅仅保留下重读音节和词首音节，再加上如今纯粹是正字法意义的小 *e*，它提醒人们那些曾以 *a* 为词尾的词。因此，某些拉丁语词变得无法辨识了，比如 *dis(jeju)nam(u)s*"我们吃午饭"变成 *(nous)dînons*"我们吃晚饭"，*dig(i)t(um)*"手指"变成 *doigt*。

—— Vita 如何变成 vie，以及两个元音之间的 t 的各种变身

　　一些同化现象解释了两个元音之间的 t 的消失，它导致了法语说 *vie*（"生命"来自拉丁语 *vita*），而同时却有 *vital*（生命的）、*vitalité*（生命力）、*muter*（调动；变化）、*mutation*（调动）。这后四个词没有经历过漫长的演变，没有经历过高卢人和日耳曼人的发音，它们是在某一天被某一个学者从拉丁语借用或者直译的。

　　对于 *vie* "生命" 和 *muer* "改变"（源自拉丁语 *vita* 和 *mutare*），演变开始于将 t 发音为 d，因为在 t 的发音位置上，即用舌头贴着牙齿，如果同时振动声带，就会发出 d 的音。确实，当我们发元音的时候声带是振动的（元音［*voyelle*］的名称由此而来，它与 *voix* "嗓音"、*vocal* "发声的"、*vocalisme* "元音系统" 是同词根的；但是语言学家称这些振动声带的音位［音素］为**浊音**［sonores］）。松弛的发音方式让人发两个元音之间的音的时候并不停止振动声带，于是人们便发音为 *vida* 和 *mudare*。这一现象，语言学家称为元音间辅音的浊音化，这在语言中是常见现象：比如在纽约，*little Italy* "小意大利" 的发音近似 *lédelédelé*。

　　多数罗曼语都在这个 d 音停步了，但是法语却走得更远。元音的特点在于人们发这些音的时候，气流是自由地和持续地通过的。而 t 和 d（还有 p、b、k、g）的特点，是口腔的某个点上存在短暂的闭塞：唇音发出 p 和 b，齿后的音发出 t 和 d，硬腭前部发出 k 和 g（我们把它们叫作**闭塞音**［occlusives］）。我们可以尝试持续地发 aaaa、iiiiiiii、或 sssss、chchchch，但却不可能持续地发闭塞音：气流不像发元音和辅音中那些所谓**延续音**（continues）（*f*、*v*、*s* 和我们写作 *j* 的 /ʒ/ 及我们写作 *ch* 的 /ʃ/）那样不中断；对于像 *p*、*b*、*t*、*d*、*k*、*g* 这样的辅音，会有短暂的闭塞，以至于我们每次都重新另外发一次辅音 *p+p+p+p*。

所以，在奥伊语中，演变继续发展，*vida* 中的 *d* 继续与两个元音同化，变成持续音，这便产生了比较类似英语冠词 *the* 中的 *th* 的气流，它对应 *d* 的持续音。随后，发音变得更加松弛，张口度变得更大，就像是在发元音时一样，于是什么音都听不到了！而在这一过程中，词尾的 *a* 变成了脱落音 *e*, *vita* 变成了 *vie*。

这几个例子远不足以穷尽拉丁语到法语的发展中出现的变化；历史语音学这门非常复杂的科学，对此进行了细致描述。在附录中，我们可以看到一些补充材料（参见本书第 286 页资料 5 和第 292 页资料 6）。

世代相承的词与借用词

法语常常在同一个词族里汇集着所谓"祖传的"词——那些从罗马人传到高卢人，又从高卢人传给法兰克人的词——和一些向拉丁语借用的书翰词。那些世代相承的词已经受到了很大磨损，以至于它们变得难以辨识，而那些借用词却与拉丁语非常相像。通常，只有这些借用词的词尾部分被法语化。请比较：

世代相承的词	借用词
mère 母亲 （拉丁语 mater）	maternel 母亲的，maternité 母性，matriarcat 母权
jour 日子 （拉丁语 diurnum）	diurne 昼间的
charité 慈善 （拉丁语 caritas）	caritatif 慈善的
évêque 主教 （拉丁语 episcopum）	épiscopat 主教团，épiscopal 主教的

续表

世代相承的词	借用词
lait 乳汁 （拉丁语 lactem）	lacté 乳的，lactation 泌乳，lactique 乳酸
muer 改变 （拉丁语 mutare）	mutation 突变，muter 突变

　　词汇的丰富让我们即使没有学习过拉丁语也能不知不觉地对这种语言有些熟悉感。

3. 语音变化的原因

　　人们还没有提出任何让人完全满意的解释：语言层的作用当然是重要的，但却是有限的；音位系统的重新平衡（人们以此来解释从拉丁语长音 /u/ 在高卢语的影响下过渡到 /y/，因为高卢语大概拥有一些口腔前部的唇化音，随后通过音位系统的重新平衡, /œ/、/ø/ 系列出现，这是些拉丁语所未有的口腔前部的唇化音）；发音动作的用力与不足的周期性的交替出现。作为破坏平衡的因素，人们还谈到发音器官的不对称，语音倾向于向口腔前部转移，因为这个位置更加灵活。

二、能否谈到存在语音规律？

1. 新语法学派

　　语音规律的概念是第二代印欧语学家即新语法学派的一个概念。约 1860—1870 年，研究者开始注意到各印欧语的语音对应关系及其对应关系所暗示着的改变。这时，他们提出语音规律是"毫无例外"的原则，因为"演变是按照一些严格的法则完成的"。

对这种规律性的观察导致人们提出对语音规律的毫无例外的公设，这是被现代语言学大力强调的。这样的公设当然并不意味着人们接受的法则在每个具体情况中都被践行，而是意味着语音规律如同自然法则，当它们没有被其他法则或者一些对抗它们的个别事实加以抵消时，它们是毫无例外地得到践行的。

　　　W. 冯特：《民族心理学》[W. Wundt, *Völkerpsychologie*,
Lepzig, 1911, 3ᵉ éd., I, p. 373]

他们补充说，这些转变是：

——逐渐的：一点一点地，*vita* 变成了 *vie*，历经各个阶段，下面用音标来表示为：/vita, vida, viðə, viə; vi/。

——暂时的：*mutare* 中两个元音之间的 *t* 在很古老的法语中消失了；*muter* 中的 *t* 是后来向拉丁语借用的，它在今日的法语中是非常稳定的。

——局部的：虽然 *maturum* 中两个元音之间的 *t* 在法国北方变成古法语中的 *meür*（现代法语 *mûr*"成熟的"），它却在奥克语中以 *d* 的形态保留下来：*madur*（成熟的）。

人们那时对转变的不言而喻的想象仍旧是，在一个语言共同体中（民族、一个地区的居民），演变对于所有言语者是相同的，能够经历这一演变的所有词都会以同样方式和同一时间被触及到。这种观念排除了语言变异。

这些语音变化的规整原则让人们能够以严格的方式反映出各语言的 97 亲缘关系，描绘让各语言分离开来的那些演变（参见本书第一章第12—13页），在语音演变、类推作用和语词借用之间确立起区别，但是这些原则是基于一定数量的预先假定之上的，而后来的方言学和社会语言学研究则重新质疑了这些预设。这些预设是由于对一些事实的无知造成的，后来的人们对这些事实有了更好的理解：如语言变化的波浪形扩张

（是由 J. 施密特（J. Schmidt）首次提出，但可以追溯到 1872 年）和各语言的构成性的语言变异。

2. 方言学家与社会语言学家

19 世纪末的新语法学派提出语音规律没有例外这一原则，部分地被人们重新质疑。首先受到方言学家的质疑：早在 20 世纪初，齐列龙为《法国语言地图集》进行的调查显示出，在同一个村庄内部，不存在任何类型的统一性。同样，在一个方言内部，同言线指出一个语音的传播并不同时影响到所有词，而且在一些更加具有威望的方言的影响下，还存在一些复归发音现象。最后，如同瓦特堡所说（《语言学的问题与方法》，第 38 页），一个词所指称的对象是经常使用的物品，或者相反，对应的是一个偏于抽象的概念，或是指称一个从外部比如从首都输入的物品，词的演变都不同。对于这些类型的渐变和复归，社会语言学家使用了波浪形扩张的名称：词汇和语义的因素胜过语音因素，扩散是递进的。

但是，瓦特堡早已直觉意识到的、由社会语言学家的调查加以证实的是，冲突不仅仅是地理上的：在同一地方，不同社会文化群体，不同个人，有时甚至是同一个个人身上，依据个人所处的言语情景不同，有时甚至在同一言语中，各语言变体是共存的。同样，变化的进展不再是那么显而易见的事情：新语法学派的观念仍旧是历史语音学的观念，基于对均质的语言共同体的预设，在这种语言共同体中，变异不可能存在，所以变化被设想为递进的（有年代断定的从 *vita* 过渡到 *vida*、*viδə*）。但是，对语音变异的观察，如同我们现今进行的那样，更多揭示出这些变化是犬牙交错的：*vita* 与 *vida* 应该是同时被人使用的。同一个个人，拥有两个清楚分别的音素（音位）供他使用，而不是一系列彼此渐渐分别开来的音素。以至于在某个确定时刻，变化了的形态和未变化的形态，两个形态并存。

ka 的发音在诺曼底地区的复归 98

继齐列龙之后，瓦特堡（《语言学的问题与方法》，第 40—41 页）研究了以 *C+a* 为**词源**（étymon）的几个词的语言地图，这个词源原则上在诺曼底地区并不过渡到 *ch* /ʃ/ 音。然而，我们原本应该一律地发现 *camp*、*candelle*、*candeleur*、*canson* 和 *cat*，来对应标准法语的 *champ* "田野"、*chandelle* "蜡烛"、*chandeleur* "圣蜡节"、*chanson* "歌" 和 *chat* "猫"，但是这些词在 20 世纪初的同言线却如下图：

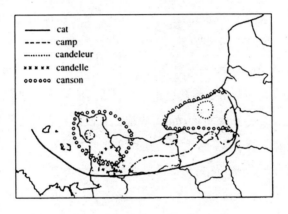

这是因为曾经发生了官方法语发音的波浪形扩张，使得原始的发音复归。家养动物猫（*cat*）仍然保留在母语里。田地（*camp*）却沿着诺曼底的边界后撤，这是与农民的土地买卖相关的渗透现象。蜡烛（*chandelle*）是工业制成品，所以人们是从商人那里学到这个法语词的。圣蜡节（*chandeleur*）属于教会的官方语言：除了在两个孤立的点上，这个词的地区语言的形式已经不再存在。歌（*canson*）围绕着上述区域保留得更加广，而动词唱（*chanter*）在各处都呈现标准法语的形态。瓦特堡从中看出学校与教会的影响（"的确，人们是在教堂里歌唱的，然而在教堂里人们却容不得世俗歌曲！"）。

99

"学者们只会在讲台（chaise）上对我们讲道"

历史上看，依据社会文化群落的不同而并存不同的发音，这是造成一些奇怪现象的原因，比如来自于拉丁语 *cathedra*（靠背椅）的同源双式词 *chaise*（椅子）和 *chaire*（讲道台）。

两个元音之间的 /R/ 音（当时发大舌音）变成 /z/，这一变化的确在 13—14 世纪曾经企图在法国确立下来。在那个时代，文字的影响已经具有决定意义，能够遏制变化的发生。这一演变受到了抗拒，仅仅留下 *bésicles*"圆框眼镜"（来自 *beryllus*"绿柱石"）和 *chaise*"椅子"这样的词。

chaise/chaire 的对立见证了由一种自发的演变 *chaise*（这是民众的发音，如同前面标题引用的莫里哀《女学究》中女仆的话）与对一种符合标准的发音 *chaire* 的维护之间的竞争。这种情况下，两种形态都保持下来，一种形态是民众的形态，用于指日常生活的家具，另一种形态 *chaire* 则仅仅保留更加专业的词义。

但是，在圣东日地区则正相反，那里 *chaire* 指座椅，而 *chaise* 指神父布道的地方：那是因为在未曾经历过 *r* 向 *z* 的过渡的这个地区，*chaire* 当然指所有种类的椅子。但是 *chaise* 这个从巴黎引进的词，显得比 *chaire* 更加高雅，于是被用来指称最高贵的东西。

为何英国人是 Anglais，而中国人是 Chinois？

在法语中，后缀 -ais 和 -ois 用于指称民族名，它们的分布是比较随机的，对之的解释同样是两种发音的并存，一种发音被认为比另一种更加具有民众性。这两个后缀的起源是同一个，是拉丁语后缀 $\bar{e}(n)$-*sem*（比如 *Lugdun$\bar{e}$nsem* 变成 *lyonnais*"里昂人"），其中 $\bar{e}$ 是重音，由

于 *n* 过早地不再发音而成为独立音，它双元音化变成 /ei/，后来发音变为 /oj/，如我们在本章开头在谈到 *roi*（国王）中的元音时所看到的，它的发音如同英语 *boy* 的发音。在后面一个世纪，发音改变，变成 /we/，直到大革命之前，这个发音一直是唯一高雅的发音：路易十四当然说的是 "*le roué c'est moué*"（"国王是我"，le roi c'est moi）。

　　从那时起，有两种倾向相互斗争：

　　——发生了第一次自发的演变：演变尤其触及未完成过去时和条件式的词尾及某些民族名称（*anglais* "英国人"、*portugais* "葡萄牙人"）。但是，宫廷保持着古老的发音 /we/，它被认为是更加高雅的。

　　——第二次自发演变起源于巴黎，同样受到宫廷的规范语言的态度的打压，演变让这个 /we/ 变成 /wa/（*toi* "你"、*moi* "我"、*chinois* "中国人"、*iroquois* "易洛魁人"）。在古典法语的时代，这个发音被认为非常庸俗。在 18 世纪，语法学家证实这个发音在某些词上已经对所有人确立起来：世纪初用于 *bois* "木头"、*mois* "月"、*noix* "核桃"、*poids* "重量"，稍晚用于 *gloire* "光荣"、*croire* "相信"、*vouloir* "想要"、*avoir* "拥有"；同时并存的有 *roi (roué)* 的 *wè* 的发音、*toit (toué)* "屋顶"、*loi (loué)* "法律"、*fois (foué)* "次数"、*voix (voué)* "嗓音"、*joie (joué)* "欢乐"。但是在法国大革命的社会融合的时期，维持 /we/ 音不再是语言规范，民众的发音 /wa/ 在融合中得到了普及。 100

　　民族名称的分布是同源的。人们的用法将有些词的演进发展到 -ais，它们常常是在古语中最常使用的（但也不总是如此，比如 *japonais* "日本人" 就不是常用的）。

　　应该注意，在我们提到的例子里，正字法没有起到与元音间的 /R/（大舌音）向 /z/ 的过渡中相同的遏制作用：这是因为正字法实际上曾

经固化为二合字母 *oi*，它记录的是 12 世纪的发音，它掩盖了语音演变，因为如今它记录的是 /wa/ 的音。

三、语音变化的性质

1. 音变与音位变化

a. 音位变化

我们称作音位变化的是影响到一个音位或音素（语言级别上的有区分意义的音）的变化，不论这个音位处于言语链的什么位置。

/ɛ̃/ 和 /œ̃/ 的区别（*brin* "细枝" / *brun* "棕色"）的消失，如同现代法语见到的开元音与闭元音的区别（*lait* "乳汁" / *lé* "幅面"）的消失的倾向，都是音位变化。在法语历史上发生的属于音位变化的主要变化有：

——早在民众拉丁语（通俗拉丁语）时期，长元音与短元音之间音长的区别过渡到开元音和闭元音的音色的区别。音位存留下来，但音位的性质却改变了：拉丁语用 *pōpulus* "杨树" 的长音 *o* 来区别 *pŏpulus* "人民" 的短音 *o*；后期拉丁语（公元 2 世纪）则用 *populus* "杨树" 的 /ɔ/（开元音 *o*）区别 *populus* "人民" 的 /o/（闭元音 *o*）。

——从 4 世纪到 7 世纪，仅仅在高卢，音位 /u/ 改变了音色，变成了 /y/：*muru(m)* > *mur* (/myr/)。

——约在 17 世纪末，宫廷确定语法规范，采用 /R/ 来发 /r/ 音，直到那时这个音位都是大舌音。

b. 音变

音变则是在言语链的某个位置上影响到一个音位：比如民众拉丁语（通俗拉丁语）的 *amandula* "杏" 这个词包含三次 /a/ 音位。这个词变成法语中的 *amande* "杏"：第一个 /a/ 处于字首，没有经历变化；

第二个处于重读元音，与鼻辅音接触，变成 /ɑ̃/，第三个处于词尾，101
是弱音的位置，弱化为 /ə/。我们在前文已经描述过的那些同化作用
（*supstance* "实质"，*vita>vie* "生命"）就属于音变。

2. 音变与语音意外

音变可能涉及在某个位置上的所有音位（元音之间的 /t/ 或鼻辅音
之前的 /a/），而我们现在提及的变化却是一些语音的"意外"，它们仅
仅涉及某些词。我们举例如下：

——换位：两个音位的相互调换，就像在现代法语中，*aréoport* 变成
aéroport "机场"，*infractus* 变成 infarctus "梗死"，*diqse* 变成 disque "唱片"，
pentacle 变成 spectacle "演出"。历史上，我们可以举 *breuvage* "饮剂"的
例子，它取代了词源的形态 *bevrage*（< biberaticum "饮水"）。

——异化作用：两个相同元素出现分化，就像如今有时出现的
sercher 指 *chercher* "寻找"、*collidor* 指 *corridor* "走廊"、*sirurgien*
指 *chirurgien* "外科医生"。历史上，我们可以举出 *rossignol* "夜莺"
代替 *lossignol*，*pèlerin* "朝圣者"代替 *pererin*（拉丁语 *peregrinum*）、
flairer "闻"（拉丁语 *fragare*）、*frilleux* "怕冷"（拉丁语 *frigorosum*）。

——音段弱化（省音）：一个非重音的音素消失：*m'sieur*（monsieur
"先生"）、*m'dame*（madame "夫人"）、*t't à l'heure*（tout à l'heure "刚
才"），这造成了我们用缩合（与前词合并发音）的 *du* 代替 *de le*，用
au(x) 代替 *à le(s)*。

——矫枉过正：这种态度在于过度地纠正某种被以为是不正确的
形态。在某个人的个人方言中，他自然而然地将所有的闭音节的 *o* 都
发成开元音，当他用 *Paule* 的 /pol/ 的发音来发 *Paul*，用 *saule* "柳树"
的 /sol/ 来发 *sole* "底板"，这就是矫枉过正现象。历史上，我们可以

举 *serpe* "砍刀" 和 *asperge* "芦笋" 的例子：过去巴黎将 *Pierre* 发成 *Piarre*，*Maubert* 发成 *Maubart*，在纠正这些发音的时候，人们同样也纠正了 *asparge* < *asparagus* 和 *sarpe* < *sarpa*。

◆━━ 综　述 ━━◆

在拉丁语与现代法语之间，语音的演变通常将拉丁词缩减为其词首音节加上重读音节，并且改变了几乎所有残存音位的音色。为描述这些变化，人们可以提出一些"法则"，虽然它们并不像最早的语音史研究者所认为的那样具有普遍性。语音"意外"、复归发音、社会层面的因素（规范的概念、某些阶层的影响）、一个当地族群向另一个族群的语词借用，这些同样在语词的发音变化中起着作用，即便语言的标准化倾向于掩盖这些现象。

102

━━━ 欲了解更多，请参阅

N. 安德里厄-雷：《古法语与中古法语：语音学练习》[N. Andrieux-Reix, *Ancien et moyen français: exercices de phonétique*, Paris, PUF, 1993]
现有许多法语历史语音学的课本。这部课本是备考现代文学教师资格考试的最好辅导书。适用于程度高的学生。

A. 马丁内：《语音变化的机制》和《毫无矫饰的法语》[A. Martinet, *L'Économie des changements phonétiques*, Berne, Franke, 1955 et *Le Français sans fard*, Paris, PUF, 1969]
对 20 世纪法语正在发生的变化的结构研究。

W. 冯·瓦特堡：《语言学的问题与方法》[W. von Wartburg, *Problèmes et méthodes de la linguistique*, Paris, PUF, 1946]
第 32—72 页总结了语音规律的概念及其局限。可轻松阅读。

第八章 几个变化因素：语言的创新

音变与语言的再造
"语言的需要"
语法化
一些更深层的沿流

一、音变与语言的再造

1. 音变的后果

a. 对于句法造成的后果

语音的剥落对于语言系统造成重大扰动，特别是当变化影响到词尾元音的时候。在拉丁语这样的语言中，位于词尾的这些元音恰好指示着名词的数量、性别、句中功能，对于动词则指示时、式和人称。

b. 对于词法造成的后果

音变彻底破坏了**词形变化表**（paradigmes）：因为拉丁语动词有时重音在词干，有时在词尾，而重读元音比其他元音有了更大演变，*probat* "他证明" 的第一音节的 *o* 是重读的（*ó*），产生了古法语中的 *(il) preuve* "他证明"。出于同样原因，*levare* "举起" 的变位在拉丁语中非常规则的 *lév-o*、*lév-as … levátis* 变成古法语的 *(je) lief* "我举"、

(tu) lieves"你举"……*(vos) levez*"你们举"。有谁还辨识得出基于这种古老动词变位之上形成的*relief*"起伏"是属于动词*relever*"重新举起"同一个词族的？同样情况还有*œuvre*"作品"、*manœuvre*"操作"、*ouvrage*"著作"、*ouvrable*"工作日"，它们全都是有亲缘关系的词，因为工作日（*ouvrable*）在词源上是指可以工作（*œuvrer*）的一天。

104

动词词尾同样丧失了规律性。复数第二人称在拉丁语中是规则的：依据动词变位法的不同而成为 -*átis*、-*étis*、-*ítis*，也即非常规则的 -*tis* 词尾，前面加上重读元音 a、e、i，它们属于词干的长形态。但是，因为它们是重音的 a、e、i，而词尾的元音脱落的时候，重读元音改变音色，所以在法语中应该曾经有过 -*ez*、-*oiz* 和 -*iz*（字位 z 过去记录 ts 音，是非重音词尾 -*tis* 变成的）。同样的失序过程应该曾经影响到复数第一人称的词素 -*ámus*、-*émus*、-*ímus*。

c. 对于词汇造成的后果

当音变将词语缩小成一个单一音节，常常会宣告词的消亡。确实，词越短，其同音词就越多，一个词的同音词越多，在言语中使用它的时候就越容易造成混淆。下面是三个例子：

——*apem*（拉丁语"蜜蜂"）在古法语中缩短为 *ef*，然后缩成 *é*（与 *est*"是"、*et*"和"和 *hé*"哎"是同音词，在一些人的发音中和 *hait*"恨"、*ai*"有"、*ais*"木板"同音）。

——当词尾辅音在古法语中不再发音，动词 *oïr*"听到"的第三人称 *(il) ot*"他听到"的发音为 /o/。

——由于同样原因，动词 *issir*"出去"的第三人称曾经发音为 *ist*，发音变成 /i/。

这三个词都消失了。

一些被宣判死刑的单音节词

H. 弗莱在其《关于语言错误的语法》（1929 年）中提供了一张表，表中词的单音节注定了它们的消亡。我们从中举出：

ais "木板" 被 *planche* 代替   *font* "泉" 被 *fontaine* 代替

clin "闪烁" 被 *clignement* 代替   *gré* "愿意" 被 *volonté* 代替

bru "儿媳" 被 *belle-fille* 代替   *huis* "门" 被 *porte* 代替

coi "平静" 被 *tranquille* 代替   *las* "疲倦" 被 *fatigué* 代替

croc "钩子" 被 *crochet* 代替   *seing* "签名" 被 *signature* 代替

fat "自命不凡" 被 *prétentieux* 代替   *us* "习俗" 被 *usage* 代替

这些词完全从人们的使用中消失了，但它们往往在一些更加丰满的短语中维持下来，在短语中它们仍然是可以被人理解的：如 *de gré ou de force* "不管愿意不愿意"，*en un clin d'œil* "一眨眼的时间"，*sous seing privé* "私署"。

但是，面对着语言的这种语义组织的扰动，一些具有区分意义的 105 词语或词素变成了同义的，一些单一词素经历了不同的演变。这时，在 "语词矫治" 和类推作用两种现象的作用下，一种语言的系统修复产生了。

2. "语词矫治"

"语词矫治"（thérapeutique verbale）在于用一个同义成分来代替一个变得难以使用的语言元素。这个词是我向齐列龙借用的，他在评论其《语言地图》的文章中指出，当出现某种不足的时候，语言从同义表达的储备中汲取东西来弥补可能出现的意义的缺失。因此，依据地区不同，代替 *é* "蜜蜂" 的是 *abeille*（向普罗旺斯语借用）、*avette*、 *mouchette* 或 *mouche à miel*，不再使用 *é*；源自 *audire* "听到"的动词 *ouïr*，在直陈式现在时第三人称变位时变得有缺陷，词形缩短为 *o*，于是它被意思相近的动词 *entendre* 代替，这个词原本是"注意"的意思。同样的情况还有 *issir* "出去"（*j'is* "我出去"、*il ist* "他出去"），代替它的动词 *sortir* 最初的意思是"抽签"（用在这类句子中：*le double six est sorti* "抽出了双六"）。

　　这种"矫治"的一个例子就是法语将来时的形成。在词尾音节剥落之后，依据动词的不同，拉丁语的将来时趋于同现在完成时或现在时混淆，言语者不得不越来越频繁使用一种迂回说法的将来时，就如同现代法语中存在的将来时的迂说法（*je vais partir* "我要走了"）。在拉丁语中，这种迂说法的将来时是用"有"的现在时后置于不定式动词：*partire habeo* 即 *j'ai à partir* "我必须走了"，*partire habes* 即 *tu as à partir* "你必须走了"。这些形式经过缩合（*partire habeo* 变成 **partirayyo*），成为了现代法语将来时的起源。

　　语词矫治的一种常见形式是加后缀法：*croc* "钩"让位给 *crochet*，*gars* "小伙子"让位给 *garçon*，*avette* "蜜蜂"代替了无法使用的 **é*，*é* 上溯到 *apita*，是 *apis* "蜜蜂"的指小词。早在拉丁语中，许多指小词就具有这种功能。比如我们在本书第二章中看到过 *auricula* "耳垂"代替了 *aurem* "耳朵"：因为自从 *a+u*（曾经读 *aou*，如同 *miaou* "喵"中）读成了 *o*，*aurem* "耳朵"就与 *orem* "嘴巴"混淆了，这是非常困扰的！

　　前缀法较少使用。用加前缀的 *ici* "这里"的形态来代替古法语中的 *ci* "这里"是一个例子：在 13 世纪之前，*ci* 的发音是 *tsi*，所以那时它不是古法语中一个非常常用的副词 *si* 的同音词；当这两个词发生混淆时，人们便开始使用一种加前缀的形式，在那之前这种形式是比较少见的。

"语词矫治"不仅仅应用于那些变成同音词的词语。它同样用于一个动词呈现出变位困难的时候：比如 *moudre* "碾磨" 的某些时态 106 变位很难记，多数法语言语者在将它用于将来时或未完成过去时的时候心里没底。所以，他们要么使用 *mouliner* "磨"，要么使用迂说形式 *j'étais en train de moudre mon café* "我那时正在磨咖啡"，*je vais moudre des noix* "我要去磨碎核桃"。晚期拉丁语用 *parabolare* "打比方说" 代替 *loqui* "说话"（参见本书第 31 页）属于同类做法。

这些替代属于言语性的，即它们是在言语层面进行的：每个言语者在表达的时候都将寻找最恰当的词来避免混淆，所以他将从可支配的同义语中汲取材料。但是，语言系统同样具有其影响：工具词都没有消失（助动词 *est* "是"，连词 *et* "和"），而名词 *é* "蜜蜂" 和 *ais* "木板" 却消失了。

3. 类推作用

在一系列的形态中，一种**词形变化**（比如一种动词变位或者一个词族）中，类推作用（analogie）是一种或几种形态对另一种或另几种形态的规则化影响。往往涉及一整套的并合压力，有时是极难加以确定的。

举一个简单的例子，是目前正在发生的，通过与动词 *tuer* "杀" 的类推，动词 *conclure* "总结" 倾向于过渡到第一组动词变位；*il conclue* "他总结"，甚至 *il conclua*（简单过去时）越来越常见（现在时和简单过去时都应该是 *il conclut*——译者注）。但是，为何是 *huer* "嘘"、*tuer* "杀"、*muer* "转变" 这一组对 *conclure* "总结"、*inclure* "包含"、*exclure* "排斥" 这一组具有结构同化作用，而不是发生相反情况呢？大家可能想第一组动词变位是占多数的和规则的，它在施加结构同化作用。我们可以看一个反例，动词 *envoyer* "发出" 越来越倾向于变位为 *il envoit* "他发出"，如同 *il voit* "他看"，也就是脱离第一组动词变位规则。一般大规模使用的变位形式（以 *-er* 结尾的动词变位）在施压，但在 *envoyer / voir* 的例子中，*envoyer* 的变位受到动词 *voir* "看到" 的高频使用的阻碍，*voir* 要比 *envoyer* 的使用频繁得多。我们注意到，这些正在发生的变化作用于一些不发音的拼写字符，也即是在听觉记忆不发生作用的情况下进行的。

在古法语中，是类推作用起到了让动词词形变化规则化的作用。*Je lief* "我举起"、*tu lieves* "你举起"、*nous levons* "我们举起"，许多有词干元音交替的其他动词，包括 *il prueve* "他证明"、*nos prouvons* "我们证明"，它们都是根据那些重音放在词尾的动词形态进行再造的，词尾重音的形态在动词变位中占多数（简单过去时 *je levai*，未完成过去时 *je levoie*，将来时 *je leverai*，条件式 *je leverais*，过去分词 *levé*，现在分词 *levant*）。但是，并非总是最常见的形态在动词变位中获胜。比如，为何 *aimer* "爱" 的形态却是 *j'ain* "我爱"、*tu aimes* "你爱"、*nos amons* "我们爱"……简单过去时 *j'amai*，未完成过去时 *j'amoie*，将来时 *j'amerai*，过去分词 *amé*，现在分词 *amant*，经历了相反的演变？在这一个例中，曾有另一种压力产生作用，即直陈式现在时第二人称单复数的频繁使用造成的压力，这两个人称是最常用的。

尽管由于语音的剥落，动词词尾失序，但我们却没有三种第二人称复数的动词词尾 *-ez*、*-oiz*、*-iz*，这同样是因为类推作用将 *-ez* 的形态普遍化了，因为 *-ez* 是以 *-er* 结尾的动词的变位词尾；第一人称复数的标记 *-ons* 同样是类推的普遍化，但其起源的争议更多。

最后，类推作用在词族中也较显著：*cuire* "烹调" 造成了 *cuisine* "烹调"（而非词源上应有的 **coisine*）和 *cuisson* "烧煮"（而非 **cousson*），*pauvre* "穷苦" 导致了 *pauvreté* "穷苦"（而非 **pauverté*）。在这个意义上讲，类推作用符合一种减少语符的任意性的需求。

类推作用常常被看作一种 "内部借用"：比如向以 *-er* 结尾的动词借用复数第二人称的标记，或者将直陈式现在时的第一人称单数借用到第二人称（参见本书第 297 页资料 7）。一个系统的规则化元素，并不改变一种语言的语法结构，至少当仅有规则化在起作用的时候是这样的。

二、"语言的需要"

H. 弗莱在其 1929 年出版的著作《关于语言错误的语法》中研究了语言的这种机制，他举出了非常丰富的被规范所否定的用法，所用的语料主要是战俘们的信件（1914—1918 年）。弗莱认为语言创新是为了满足五种需求，它们往往彼此矛盾，那便是：同化、不变词、明晰（或分化）、简短和表达力。

1. 同化的需要

同化（assimilation）的需要是一种 "内在于系统本身的模仿力量"，它支配着我们在上文详细描述过的纯粹意义上的类推作用，但它同样支配着其他一些现象：民间词源（民众认定的词源）、语音同化、同音成分的相互影响（结构同化）、语词交感（感染错合）。

a. 民间词源

民间词源（étymologie populaire）是一种独特的类推作用形式，倾向于用一个更加明晰的词来代替一个表达得不太清楚的词。下文我们会看到，所举出的词具有合成词的外形，它们有时也的确是合成的：面对一个特别让人恼火的语符任意性的例子（后缀与词干有什么用呢，既然彼此都没有意义？），民间词源便重新赋予它们意义，至少给予它们一些**词素**（morphèmes），民间词源是一种重新激活符号的企图。比如在阿尔萨斯语中 *sourcroute* 一词，*sour* 的意思是"酸的"，*krût* 的意思是"白菜"；但是言语者不认得这两个元素中任何一个，反而把 *sour* 元素与 *chou*"白菜"拉近：这个词变成 *choucroute* "酸菜"（字面意思是"白菜白菜"——译者注）。在古法语中 *coute-pointe* 是一种"用针脚压平的鸭绒被"，与蓬松的鸭绒被相对立；但是，*coute* 这个词不再使用，而动词 *poindre*（用针缝）变成缺项动词，也不再被使用：*coute-pointe* 被转变为 *courtepointe* "绗缝的被子"（字面义是短尖），在词中名词变成了形容词，而形容词变成名词。*Forsené* 原指一个人失去理智（*fors* 的意思是"在外面"，*sen* 的意思是"理智"），这个词变成了 *forcené* "疯狂的"，被 *force*（力量）词族劫夺了，尽管 *-né* 并非是一个后缀。同样的对 *fors* 的不理解，将 *forsbourg*（在城外）变成了 *fau(x)bourg*（"城厢""郊区"，字面义是"假城"）。

b. 语音同化

我们在本书第七章已经介绍过同化作用，它很好地解释了许多音变。比如在那一章我们看到了两个同化的例子，*apsolu* [absolu] 和 *supstance* [substance] 的发音和 *vita* 的两个元音之间 *t* 脱落而变成 *vie*。鼻化作用同样由鼻辅音前面的元音由于逆同化而获得鼻音的特点这一事实得到解释：软腭由于提前进入发音位置，而让一部分气流能够从鼻腔送出。

c. 同音成分的相互影响

同音成分的相互影响（attraction homonymique）是指一个孤立

的词被劫取意义，这个词被重新归入一个人们更熟悉的词族。我们可以举 *dolent*（痛苦）的例子，它不再被归入痛苦（*douleur*）的词族，而是被它的反义词 *indolent*（怠惰）劫夺，它变得仅仅指一种生命的怠惰状态；或者举 *émoi*（震骇）的例子，它被 *émotion*（激动）劫夺，得以进入意群 "*un doux émoi*"（甜蜜的心绪）。在我们已经提到过的例子中，我们可以举（*jour*）*ouvrable* "工作日"的例子，它被 *ouvrir*（打开）的词族劫夺，还有 *forcené*（疯狂的）的例子，它被人与 *force*（力量）拉近。现在，我们看到的一个劫夺例子是 *se cracher*，这个代词式动词出现，指飞机坠机（但并不摧毁动词变位形态，这个词是向英文 *to crash* "坠机"借用的），但法语 *cracher* 的原义是"吐痰、吐出"。

── 同音成分的相互影响

在古日耳曼语中存在一个动词 *magan*，意思是"能够"（与英语动词 *to may* "能够"是同根词）。在 6—7 世纪的双语阶段，这个动词被拉丁化，成为 *magare*，随后造出否定形态 *exmagare*，使用前缀 *ex-*，意思是"走出、离开"。这个动词的意思是"通过威吓让人失去任何力量"，常常用来描写敌人的溃败：这个词在古法语中成为 *esmaier*，以此为基础人们构成了 *esmai*，很快发音变成了 *esmoi*，随后变成 *émoi*：震骇。在 16 世纪末，这个词过时了，它被看作古词语，直到浪漫派开始重新使用它。但是，因为动词 *esmaier* 已经消失，*émoi* 在语言中是孤立的，于是他们把这个词与 *ému*（感动），*émouvoir*（感动的动词）归入一组，用它来指一种轻微的愉悦的骚动，通常是指情感意义上的。

109　**d. 语词交感**

弗莱称作语词交感（contamination）的概念，类似于我们叫作发明"紧缩词"（合并词、混成词）的这种造词方式，即通过两个词的嵌进混杂而造成的词。M. -F. 莫尔蒂勒（参见本章参考书目《词汇学：在语言与言语之间》）提出创造新词的例子，如 *informatique* "信息科学"（*information* "信息" + *automatique* "自动"），*camescope* "手提摄像机"（*caméra* "摄像机" + *magnétoscope* "录音机"），*photocopillage* "复印盗版"（*photocopie* "复印" + *pillage* "劫掠"），人们曾经提议将这一手段称作**截短合并**（compocation）。紧缩词（即合并的形式）与语词交感的区别在于紧缩词的源头始终是一种个人造词行为，而语词交感，如同 *se dégrouiller* "赶紧"（*se grouiller* "赶紧" + *se débrouiller* "应付"）的例子，是在语言中自发形成的。

2. 不变词的需要

这种需要近似于同化的需要：比如我们注意到在口语中一种不变词（invariabilité）的倾向，名词与形容词的性数不变，动词的人称不变化。用泛指代词 *on* "人们" 来代替 *nous* "我们"，使人们可以避免第一人称复数的 -*ons* 的形态。还应注意到，*on* 在夺取了 *nous* 的位置之后，同样倾向于占领 *vous* "你们" 的位置，尤其是在命令中：*On se calme*！"大家安静"。

3. 分化的需要，或称明晰的需要

a. "语词矫治"

前文中研究过的"语词矫治"也可以从分化的需要得到解释：的确，出于区分两种变成同义的形态的需要，人们在不知不觉中从拥有的同音词的储备中汲取材料，来避免让人觉得碍事的形态出现。

b. 语音分化

从语音上看，分化（différenciation）与同化相反，是两个相互接触的音位丧失共同的元素（*anme*"灵魂"来自拉丁文 *anima*，在古法语中常见发音为 *arme*）。在拉丁语元音向法语演进的过程中，分化常常被设为理论上的阶段。

法语词尾辅音发音的情况同样属于分化需要，是为了避免单音节词的同义现象：*mœurs*"风俗"、*but*"目标"、*porc*"猪"、*soit*"就算是"……。

4. 简短的需要

110

a. 哑音化

在语音学中，将一个音素的消失称作哑音化（amuïssement）：在弱音的位置上（元音之间的辅音，词尾的元音或者重音更强的音节之间夹着的元音），音素倾向于弱化，直至消失。我们已经看到，许多拉丁语的元音之间的辅音最终在法语中消失，便属于这种情况：*securum* > 古法语 *seür* > *sur*"在……上"，*vitam* > *vie*"生命"，以及大多数的词尾的元音，如 *heri* > *hier*"昨天"，*mare* > *mer*"海"，*murum* > *mur*"墙"。

b. 截短

弗莱将一个词长度缩小的现象称为截短（troncation），比如 (*chemin de fer*) *métro*(*politain*)"地铁"，*télé*(*vision*)"电视"，*cinéma*(*tographe*)"电影院"，后者本身又截短为 *ciné*。

如今我们能区分（莫尔蒂勒《词汇学：在语言与言语之间》，第 50—51 页）两种近似的手段，即真正意义上的截短和缩略语。缩略语（abréviation）一词用于指一个被截短的词在语言中独立使用：*auto*(mobile)"汽车"，(auto)*bus*"公交车"，*photo*(graphie)"照片"，

vélo(cipède)"自行车";而截短则仅用于创造一个不独立的词干,可以分析出来,但不具有自主性,比如 *anti-*、*bio-*,在 *antibiogramme*"抗生素过敏试验"中我们看到对 *antibiotique*"抗生素"的截短(我们不可能说我们吃了很多 *antibio*,但我们有时听到缩略语 *antibiot'*,其中词尾的 *t* 是发音的)。我们还看到出现了一种"前部"截短:*blème* 指 *problème*"问题",*zic* 指 *musique*"音乐"(更早以前出现过 *envoyez la zizique*"放音乐")。

Autobus(公共汽车)与 supérette(小超市)

　　截短、后缀派生词和合成词导致所谓"无释源性"(démotivé)的词(莫尔蒂勒《词汇学:在语言与言语之间》),即在这些词中,词干的语义不再与其词源有关。

　　比如,在 19 世纪初,人们曾经将城市公交车辆叫 *voitures omnibus*"公共车",类似马拉的驿车。*Omnibus* 是个拉丁语词汇,在 *omnis*"全部"和拉丁语复数标记词尾 *-bus* 的基础上构成。所以,这是个书翰词,意思是"为所有人服务"。通过缩略,这个词组首先变成 *omnibus*,然后变成 *bus*。从此这个词进入合成词:*trolleybus*"无轨电车"、*airbus*"空客"、*aérobus*"机场巴士"、*autobus*"公共汽车"。但是,*autobus* 这个词的特殊之处在于它的第一个元素 *auto* 同样来自于缩略:*automobile* 的意思是"靠自己走动的车",*auto* 的意思是"靠自己"。*Autobus* 是一个双重的失去释源性的词。

　　至于 *supérette*,这个词指城市的小型自选商场,它来自对 *supermarché*"超市"的截短(是截短,而非缩略,因为法语保留的缩略词是 *un hyper*"超市"),然后加上指小的阴性的后缀 *-ette*。这个词的奇异之处在于它将一个指大词和一个指小词结合起来。

缩略语可能成为派生构词的对象，通过添加前缀或后缀：如 111 *cinéphile* "电影爱好者"、*téléphobe* "讨厌电视的人"、*autoroute* "高速路"、*abribus* "候车亭"、*téléspectateurs* "电视观众"。

c. 首字母缩写、音段弱化、省略

我们把从指称一个确定概念的一组词的首字母出发构成的词称为首字母缩写（siglaison），这组词通常过于长，无法变成一个合成词。比如，*Certificat d'aptitude professionnelle* "专业技能合格证" 变成 *CAP*，*président directeur général* "总裁" 变成 *PDG*（或 *pédégé*），*syndrome d'immuno-déficience acquise* "艾滋病，获得性免疫缺损综合征" 变成 *sida*。这些首字母缩写有时可能词汇化，乃至参与构成派生词：*pédégère* "女总裁"、*sidéen* "艾滋病感染者"、*sidologue* "艾滋病专家"。

音段弱化（écrasement）同样是由于简短的需要，是一种语音的意外，我们在前一章里谈到过。我们还可以举 *t'as* 代替 *tu as* "你有"，*s'pas* 代替 *n'est-ce pas* ? "不是吗？" 的例子。

省略（ellipse）是指名词性词组或者句子的一个构成成分不表达出来：*(Il) y a* "有"，*(Je ne) connais pas* "我不了解"，*(Il ne) faut pas* "不应"。在法语口语中常见的取消否定式的第一部分 *ne*，可以看作一种省略形式。

比如，在 1990 年代的模仿小学生语言的一首歌的副歌部分：*Si tu me crois pas, hé! t'ar ta gueule à la récré* "如果你不相信我，唉，等课间休息你看我怎么扇你"，*t'ar* 是 *tu vas voir* "你会看到" 的省音，*récré* 是指 *récréation* "课间休息"，是一个缩略词，而第一部分 *si tu me crois pas* 包含着对 *ne* 的省略。

> ──── 系列的音段弱化：从 mon seigneur "我的大人" 到 m'sieur "先生"
>
> 这个称呼语，由于其使用频繁，曾经经历了两次音段弱化：第一次是将 *seigneur* "大人" 弱化为 *sieur*，第二次是将主有形容词 *mon* "我的" 弱化为 *m'*。（现代发音 *meusyeu* 似乎见证着 *mon* 向 *me* 的一种非典型的演化，大概是由于向 *m'sy* 的组合中重新引入了一个弱化的 *e* /ə/ 音）。

5. 表达力的需要

弗莱将表达力（expressivité）的需要定义为对损耗过度的表达进行更新，让它们变得更加有表现力的需要：

> 符号的使用越是频繁，其形态和意义给人的感触就越浅淡。从静态和功能的角度看，这一演变被一种反方向的运动制衡：一个符号的损耗越大，表达力的需要就越力图对它从语义上和形态上进行更新。
>
> H. 弗莱:《关于语言错误的语法》[H. Frei, *La Grammaire des fautes, op. cit.*, p.233]

112　　意义减弱的词，我们可以举：*abîmer* "损坏" 最初的意思是推入深渊（*abîme*），*gâter* "宠坏" 词源上是 *dévaster* "破坏"（拉丁语 *vastare*），*charmer* "使迷恋" 词源上指 "对人施魔法"（拉丁语 *carmen* "诵念，念咒语"）。我们还可以举一些语言特别有创新性的领域，因为在这些领域中词汇的表达力很快失去力度，如表示无聊：*barbant, assommant, rasant, rasoir, soporifique, lourd*（或 *relou*）；表示赞赏：*trop cool, trop fort, méchant*（*chanmé* 这个说法较新），*super, extra, génial, au poil, sensas*（很旧的表达法，1950 年？），*épatant*（更老，1935 年？）；表示同意：*d'accord, tout à fait, OK, évidemment, bien sûr, certes, pas de problème, pas de souci*。*Téloche* "电视"、*publoque* "公共" 这类的好玩的后缀构词和记者们的迂说法（常常属于学生课间休息用语风格）同样属于表达力的需要：*revoir sa copie*（重新看看考卷，意思是修改以求改进），*jouer dans la cour des grands*（到大班的院子玩，意思是变得更强大），*les sujets qui fâchent*（让人起争执的话题），*le pays des bisounours*（毛绒熊的国度，指理想的世界）；或者还有俚语的：*passer l'arme à gauche*（把武器递到左手，意思是死亡），*manger les pissenlits par la racine*（从根部吃蒲公英，意思是死亡，说法较旧），*je te kiffe grave*（我爱你，很新），或者 *ça prend la tête*（不容易）。有很多没有用处的外来语，比如 *cool* 指 "放松"，*basta* 指 "受够了"，*faire fissa* 指 "赶快"，*boosté* 指 "鼓足了气"，它们都属于表达力的需要。

表达力的需要是属于语用性的，因为它属于言语者在说话时力图引起交谈者注意的一种愿望，它目前被语言演变理论的研究者放入更广义的范围，他们认为表达力的需要是变化的一个主要因素。

几种需要的组合

这些需要可能相互矛盾：同化的需要和简短的需要可能与分化的需要起着相反的作用，不变词的需要可能受到表达力的需要的抗衡。所以，在一个语言变化中经常有几个需要起作用：

——比如虚拟式未完成过去时的频繁的错误形态 **qu'il prisse* "他拿" 代替 *qu'il prît*。其中可见到同化的需要：这个动词变位形式的其他人称都是包含 -iss- 的（*que je prisse, que tu prisses, que nous prissions,*

等等）；但是分化的需要同样起作用：这样做，人们可以从语音上将虚拟式未完成过去时的 *prît* 与简单过去时的 *prit* 区分开来。

　　——又如在一个完全不同的领域，首字母缩写 BCBG 可能是由于简短的需要（源头的表达是 *bon chic bon genre* "衣着考究"），但这个有趣的缩写（在形容性质的时候，用到首字母缩写是很少见的）同样是由于表达力的需要，在人们过渡到 /bɛsbɛʒ/ 的发音时，这种需要进一步得到确认。

113

> ### Koman on c mi ds 7 galr (comment on s'est mis dans cette galère)?
> ### 怎么陷到这个困境里了？
>
> 　　"短信语言"（langage texto），这个表述并非最新，这是主要通过手机短信来快速交谈的语言，但同样被电子邮件和社交网络使用，它刻意追求有趣，但它同样属于简短的需要和表现力的需要，虽然这两种需要经常是对立的。某些标写法，比如用 *C* 来标写 *c'est*，或用数字 7 来标写 *cette*，让人能够加速在手机上有些慢的打字操作，虽然发一个表情符号（☺☹等等）与一长段发言表达得同样多，但是在某些语句中使用短信语言同样要求灵巧、创意和一些从语言学意义上说并不是最符合"省力原则"的知识。我们可以同意 J. 阿尼（J. Anis）的看法（《用短信语交谈》[*Parler texto*, Le cherche midi, 2001]），在这个问题上，同样"逾越规则意味着掌握规则"。

三、语法化

　　语法化（grammaticalisation）的概念，早在 1912 年就出现于安东尼·梅耶（Antoine Meillet）的著作，指的是某一类范畴的改变，"一个独立自主的词转变成一种语法工具"，比如介词 *pour* "为了"与泛指词

tant "那么多"黏合起来变成副词 *pourtant* "然而"，一个名词 *(h)om* "人"变成泛指代词 *on* "人们，大家"，或者其他一些名词 *(un) pas* "步"、*(un) point* "点"、*(une) mie* "面包渣"变成了否定助词。当前的历时语言学的理论家将语法化的概念扩及各类其他变化，有范畴的改变，比如当一个已经身为语法工具的指示词变成一个定冠词或人称代词（参见本书第175—178、201—202页）；有范畴内部的变化，比如一个"完整"动词，如拉丁语的 *habere*（有）变成一个表示动词的体的助动词（*avoir* 是复合过去时与简单将来时的助动词，见本书第191—192页）；甚至还有更加抽象的变化，表达主语与宾语关系的语序的固化（*Pierre bat Paul* "皮埃尔打保罗" / *Paul bat Pierre* "保罗打皮埃尔"，参见本书第181页）同样被某些语言学家看作一种语法化。我们在本章内考察的许多变化都源于结构变化，是由类推的结构同化、重新平衡和规则化造成的，是因为系统所施加的压力，因为系统必须继续运转，语法化（我们在后文第十和第十一章将看到许多例子）常常是一些创新，它们最终通过创造一些新的平衡而改变系统，尤其是在语言的语义结构上的新的平衡。大家可以参考后文第十一章，第192—195页，可以看到时态系统中的哪些变化带来了完全动词 *habere* 被语法化为助动词这一后果。

　　语法化是通过对一些结构的重新诠释进行的，这些结构导致结构树的重构（使用规则的改变）：比如 *o il*（参见本书第72页）是个省略句，意思是"当然，他这么做"，它被重新诠释为一个表示肯定的用语，*oil* 被重构为一个肯定副词，可以使用于一些对于说话者或对话者的提问的语境（*iras-tu?* "你去吗？" *-oïl* "是"。不再表示"他"——译者注）。这些重新诠释发生在儿童的语言习得过程中，在一些双语或双层语言的情境中，甚至是在同一语言内部的语言变体的习得过程中。 114

　　从定义上，语法化是单向的（从词汇向语法），同样是渐进的和不可逆的，似乎在所有语言中都服从一些常量：助动词源于表示意愿、主有和运动的完全动词，定冠词源于指示词，介词源于名词或动词。对身体的各部分的指称转到对空间的指称，随后转到对时间的指称，再后来转到对逻辑关系的指称。创造出这些认知常量，大概是这些研究的重大贡献。

四、一些更深层的沿流

当我们考察从拉丁语向法语的句法变化时（参见后文第十和第十一章），我们看到古典拉丁语的特点是词（动词、名词和形容词）的整个现实化（具体体现）都是通过后缀进行的，后缀与词干的末端结合来指示名词及其限定语的性、数和功能，形容词的等级（比较级和最高级），指示动词的时、人称乃至部分指示动词的态（主动还是被动）。现代法语的特点则相反，是所有标记的前置：在句法的这种缓慢的重整工作中，必须看到明晰的需要在起作用（在语音演变消除了它们区别的时候，区分单数、复数、阴性、阳性、功能、时态和人称），无疑还有表现力的需要。

然而，某些语言学家走得更远，他们借助类型学方法，认为语言的演变是有导向性的，变化把语言引向一个确定方向。这便是爱德华·萨丕尔提出的语言漂移假说。按照这位语言学家的观点，语言按照自身的沿流（drift）移动，尽管有个人创新构成的随机性的整体：

> 语言沿流具有一个方向。换言之，唯有那些沿着某个方向移动的个人变体才赋予它形态或者承载着它，恰如海湾里只有某些波

浪是限定潮水的水流的。一种语言的漂移是由言语主体们对那些个人语言变体的波浪的无意识的选择构成的，这些变体是沿着一个单一方向累积的。我们基本上能够从语言过往的历史中推导出这个方向。

E. 萨丕尔：《语言论》[E. Sapir, *Language*, New York, Harcourt, 1921, pp. 154-155]

比如，按照 R. 拉科夫（R. Lakoff）的看法（《重新审视漂移说》[115] [*Regards nouveaux sur la dérive, Languages*, 1973, pp. 98-114]），我们刚刚描述过的所有变化都朝着同一方向，即切分（segmentation）的方向，这是现代的印欧语系语言的演变特征，而拉丁语却是一种综合型、黏着型语言。人们认为从原始印欧语到拉丁语，漂移曾经是朝向综合的。其他语系的漂移也同样是这个方向。所以，向更多的切分漂移并非普遍规则。

———◆ **综 述** ◆———

语言创新的奇特之处在于它必然是个人创新的结果，但是这些创新要想不会转瞬即逝，就必须进入语言系统的模具里：要么维持着一些对立，像服从分化或明晰的需要的所有演变所做的那样；要么维持一些规则性，像同化和不变词的需要所造成的那些变化所做的那样。类推作用与"语词矫治"帮助维持着语言系统的良好运转。调节一种语言的运作的抽象结构的力量如此之大，以至于语言演变的沿流看起来是朝着一个确定方向的。

—— 欲了解更多，请参阅

H. 弗莱：《关于语言错误的语法》[H. Frei, *La Grammaire des fautes* (1929), Genève, Slatkine reprints, 1971]
此书论述的语言需要的理论至今仍有意义，书中研究的语料非常丰富。

Chr. 马切罗–尼西亚：《语法化与语言变化》[Chr. Marcello-Nizia, *Grammaticalisation et changement linguistique*, Bruxelles, De Boeck, 2006]
此书论述语法化的理论，对法语史上出现的语法化现象进行举要，对其中的两个进行细致研究，即 *beaucoup* "许多" 的演变和具有指示性别意义的定冠词的使用的扩张。

M. -F. 莫尔蒂勒：《词汇学：在语言与言语之间》[M. -F. Mortureux, *La Lexicologie, entre langue et discours*, Paris, Armand Colin, 1997 (1er éd.)]
关于现代法语中词汇创新的手段。可轻松阅读。

第九章 法语的形成：词汇

法语词汇诸源头
词汇的生与死
语义的变化

据说必须要两代人的时间才能让一个音变实现，要几个世纪才能确立一个句法变化，但是词汇的变化却更加可观：我们所有人都经历过一些已经从我们的语言中消失的词（*poste* 和 *transistor* 指"收音机"、*électrophone* "电唱机"）、一些新近出现的词（*didacticiel* "教学软件"、*wifi* "无线"、*argentique* "胶片摄影"、*twitter* "推文"、*liker* "点赞"）和一些从性质上说就是转瞬即逝的来自政治与时尚的词（*ayatollesque* "像宗教领袖阿亚图拉一样铁面无情"、*bravitude* "好汉"、*abracadabrantesque* "让人难以相信的"、*yé-yé* "效仿美国说耶耶的流行歌"、*scoubidou* "手编塑料绳"——谁还记得过去那么时髦却无用的小塑料绳呢？）。在我们的日常生活中，物品或概念的出现、消失或改变是词汇多变的源头。

一、法语词汇诸源头

从起源的角度看，传统上我们区分两大词汇范畴：来自世代沿袭

（祖传）的基质的词，它们从未离开过这个语言，还有那些应该是借用来的词。

1. 世代沿袭的词汇

我们可以将来自高卢语或日耳曼语的词看作属于世代沿袭的词汇，虽然来自这两种语言的词同样可以被看作非常早期的借用。

然而，大多数世代沿袭的词汇是源自拉丁语的。这是最常用的词，它们从未离开过这个语言：aimer"爱"、vivre"生活"、parler"说话"、chanter"歌唱"、homme"男人"、femme"女人"、père"父"、mère"母"、sœur"姐妹"、frère"兄弟"，等等。但有时沿袭的词也是最罕见的词，它们在一种高度专业的语言中保留下来，比如犬猎的词汇 daintier（公鹿的睾丸，它来源于拉丁语 dignitate"尊严"）。

2. 世代沿袭的词与借用的词

与其拉丁语词源形式相比，世代沿袭的词通常遭遇了很大的语音和语义的损耗，正如同下文对同一词源的那些词进行比较所证明的。将这些词回溯到源头语言的同一形态，我们称这样的词为双式词（或同源词 doublet）。

虽然在谈到这些双式词的时候，我们（或多或少）将其分成"民众形态"（forme populaire）和"书翰形态"（forme savante），但是不应将此看成某种社会分化的结果，也不应认为双式词的任何一方在这个或那个时代具有更加通俗的内涵。其中的原因很简单，借用往往是由学者做出的：比如我们看到在中世纪末期最早的古典学学者笔下出现了从拉丁语汲取的许多新词，这些学者由此把一些从他们研习的文本中发现的概念与词汇传入法语之中。然而，很多书翰词来自于翻译者，他们并不总能从世代沿袭的词汇中找到非常确切地表达出需要翻译的拉丁语词的细微差别的词。确实，从语言中一直保留下来的词，除了语音的剥落，通常也经历过意义的偏移：比如人们从对一个容易破损的（*fragilis*）东西的介定过渡到一个不太有活力的人（这是 *frêle* "柔弱的" 这个词在 12 世纪中期的意义）。于是，必须有一个词来表述 "容易破损" 的概念，人们便向拉丁语借用了 *fragilis* 这个词，并且将它的词尾法语化（*fragile*）。

───────── **双式词：兄弟词**

　　下文大家将看到那些世代沿袭的词的重大音变。同样将看到，那些借用词的意义看起来出奇地现代，它们往往很早就被引入到法语之中。

拉丁语词	沿袭词	借用词
auscultare 聆听	écouter 听	ausculter 听诊（17 世纪）
calumnia 诬告	challenge 挑战	calomnie 诽谤（14—15 世纪）
captivus 战俘	chétif 体弱	captif 俘虏（15 世纪）
dotare 给嫁妆	douer 赋予	doter 给嫁妆（12 世纪）
fabrica 职业，技艺	forge 铁匠铺	fabrique 制作（14 世纪）
fragilis 易破损的	frêle 柔弱	fragile 易碎，脆弱（14 世纪）
hospitalem 收容的，好客的	hôtel 旅店	hôpital 济贫院，医院（12 世纪）
legalita(s) 合法	loyauté 忠诚，诚实	légalité 合法（14 世纪）
mutare 改变	muer 改变，蜕变	muter 转变，突变（15 世纪）
potionem 饮料	poison 毒药	potion 药水，合剂（16 世纪）
singularem 孤单	sanglier 野猪	singulier 单数，独特（14 世纪）
strictum 窄，简明，严厉	étroit 狭窄	strict 严格（18 世纪？）

3. 借用词汇

借用多是因为必须找到一个词来指称一个新物品或新概念。然而有时，借用仅仅是语言接触的结果。比如，中世纪有 *pucele* 这个词来同时指称少女和女仆，并不特别需要向阿拉伯语借用 *meschine* "少女"（参见下一页框内内容）。如今借用的一些英语词也同样如此，但其数量要远远少于主张语言纯洁性的人想要让我们相信的数量。实际上，借用往往是必不可少的。斯特恩的《感伤旅行》(*The Sentimental Journey*) 的翻译者将感伤这个词引入法语时，他是这样做出解释的："英语词 *sentimental* 无法用任何可能对等的表达来翻译，所以我们就把它保留下来。"对于我们将要举出的所有词，我们都可以说同一番话。

a. 中世纪的借用词

在中世纪，人们主要向阿拉伯语和拉丁语借用词。向阿拉伯语借用的词往往是途经西班牙或意大利，在十字军东征时期在当地借用的词更加稀少。借用的主要是技术方面的词汇，如 *algèbre* "代数"、*chiffre* "数字" 和 *zéro* "零"（这两个词同一源头，来自阿拉伯语 *sifr* "零"）、*alambic* "蒸馏器"、*alchimie* "炼金术"（后来通过取消阿拉伯冠词 *al* 而变成 *chimie* "化学"）、*sirop* "糖浆"、*zénith* "天顶"、*camphre* "樟脑"、*alcool* "酒精"，而之所以如 *épinard* "菠菜"、*estragon* "龙蒿"、*safran* "藏红花" 等植物名词也被借用，是因为这些植物当时是医学中使用的。阿拉伯人继承的各种文化中有希腊文化，他们当时在医学、炼金术、数学和天文学领域是非常领先于时代的。从中世纪的学术拉丁文转入法语的词汇中，有一些曾经是阿拉伯语先向希腊语借用的：*alchimie* "炼金术"，阿拉伯语 *al kimiya*，希腊语 *khêmia* ; *alambic* "蒸馏器"，阿拉伯语 *al anbiq*，希腊语 *anbix*。

并非所有双式词都来自拉丁语

　　某些双式词的词源是一些在不同时代经过多次借用的词，比如双式词 *amiral* "海军上将" 和 *émir* "王公"，两者均来自阿拉伯语 *amir* "头领"。*Amiral* 这个词最早出现于《罗兰之歌》中，是以 *amiralt*、*aumirant* 的形式出现，最初指的是撒拉逊人首领；在西西里王国的影响下，这个词取得了舰队司令的意义。*émir* 是在 13 世纪借用的，保留着穆斯林王公的意义。中世纪词汇 *meschine*（来自阿拉伯语 *miskin* "卑微的，穷苦的"），在十字军最初占领的近东及随后占领的法国，指年轻的女仆，随即扩展到指少女。这个词一度消失，但在 17 世纪初，人们以 *mesquin* "小心眼，吝啬" 的形式借用了意大利语词 *meschino*（吝啬鬼），而意大利人本身是从阿拉伯语借用的。

　　借用词的第二个来源更加重要，即向拉丁语借用，其中的双式词已经让我们对此有所了解。这些借用词在中世纪末尤为多，那时开始了人文学者的最初的翻译工作和谕世文学向本地语的扩张。往往，人文学者引入新词的同时伴随着旧词，比如 *puissance auditive ou puissance de oïr* "听力"。而 *Limitation* "限制"、*réflexion* "思考"、*certitude* "确信"、*digérer* "消化"、*digestion* "消化"、*contusion* "挫伤"、*spéculation* "思辨"、*frauduleux* "欺骗的"、*électeur* "选举者" 乃至 *médecin* "医生"（世代因袭的词是 *mire*），这些词推定都是出自这个年代。

b. 16 世纪的借用词

　　在 16 世纪，可以感觉到强大的意大利影响，如 *cavalerie* "骑兵"（这个词很有用，因为同词源的法语词 *chevalerie* "骑士道" 所指的如果说不是一个社会阶层，至少指一个社会集团）、*caporal* "下士"、*colonel* "上校"、*soldat* "士兵"（过去的法语词是 *soudard* "大兵"）、*caprice* "任性"、*brave* "勇敢"、*bouffon* "小丑"、*ballet* "芭蕾"、*mascarade* "假面舞会"、*carnaval* "狂欢节"，等等。人们同样还在继续向拉丁语借用一些技术词汇：比如 *visière* "脸甲"、*structure* "结构"。最后，那些重大的远洋航行带来一些异国词汇，这些词通常经由西班牙或葡萄牙转手而来：*ouragan* "飓风"、*tornade* "龙卷风"（安的列斯群岛），*mangue* "杧果"（马拉巴尔海岸）、*chagrin* "哀伤"（土耳其）、*thé* "茶"（中国）、*cacao* "可可"（墨西哥）。

c. 17 世纪的借用词

17 世纪是一个语言净化而非丰富的时代。然而，一些文学词汇来自西班牙：*duègne* "陪媪"、*matamore* "充好汉"（17 世纪初）、*fafaron* "自我吹嘘"（16 世纪末）。墨西哥词源的 *chocolat* "巧克力"由西班牙人引进，在 16 世纪就有使用的证据，但这个词的传播是随着路易十四与西班牙公主婚礼之后这种饮料的传播而进行的。

d. 18 世纪的借用词

在 18 世纪，人们重新开始借用，尤其是向英语借词，这是因为人们对于英国的政治建制（*parlement* "议会"、*club* "俱乐部"、*franc-maçon* "共济会"、*budget* "预算"）和生活方式（*redingote* "燕尾服"、*grog* "格罗格酒"、*jochey* "骑师"）感兴趣。

在这个世纪末，随着法国大革命，打造新的政治词汇成为必要。人们重新开始从拉丁语词的储备中大量汲取词汇，从 *veto* "否决权"到 *régicide* "弑君"，而向希腊语的借用让人们可以命名一些新的度量衡单位：*mètre* "米"、*kilomètre* "千米"、*gramme* "克"（*litre* "升"则来自中世纪拉丁语）。（参见 J. 塞拉尔：《行得通，行得通……这些我们多亏了法国大革命才有的词》[J. Cellard, *Ah ça ira, ça ira, ça ira... Ces mots que nous devons à la révolution française*, Balland, 1989]）。

e. 现代的借用词

如今，借用主要来自英语：*dandy* "纨绔子弟"、*châle* "披肩"（最初的拼写是 *shall*）、*magasin* "商店" 和 *magazine* "杂志"、*péniche* "驳

辗转旅行的词

某些词在语言间传递，比如那些经过西班牙语或意大利语传递的阿拉伯语词：*coton* "棉花"，*darse* "船坞" 来自于热那亚的港口，*arsenal* "军械库" 来自威尼斯，*échec* "象棋；失败"（是阿拉伯语－波斯语 *shâh* "沙，国王" 在感叹语 *shâh mât* "国王死了" 中的变形）是由西班牙传来的。

Sucre "糖" 是借用意大利语 *succhero*：意大利人本身是向阿拉伯人借用的（*soukkar*），阿拉伯人是从波斯语得到的，——提炼蔗糖过去是在波斯进行的——而波斯语则是从梵语得到的（*çakara*，大概是颗粒的意思）。西西里王国变成提炼这种来自甘蔗的产品的行家，阿拉伯人曾经在安达卢西亚和西西里种植甘蔗，西西里人把这个词和这种产品出口到全欧洲。

Abricot "杏" 这个词有过同样复杂的历史：拉丁语词 *praecox* "早熟的" 被希腊人借用，希腊人将这个词引入叙利亚，以指称桃子的某种早熟变种。阿拉伯人把这个词变成 *al barquoûq* "杏"，并在西班牙和西西里的果园里种这种水果（西班牙语 *albaricoque*）。法语词的古老形式是 *aubercot*，来自伊比利亚半岛，很可能来自葡萄牙。应该注意，这个词的旅行路线并非是杏这种水果的旅行路线：杏来自中国，途经亚美尼亚（普林尼称它为 *armeniacum* "亚美尼亚果"）、叙利亚，从那里辗转到安达卢西亚和西西里。

另一类型的旅行路线是环形，一些古法语词进入英语，然后又回到法国（参见本书第 90 页框内内容）。

船"、*tennis* "网球"、*express* "快车"、*rail* "铁轨"、*tunnel* "隧道"、*wagon* "车厢"、*touriste* "观光者"，这些词是 19 世纪借用的；*pull* "套头衫"、*cardigan* "羊毛开衫"、*blazer* "休闲西服" 是 20 世纪 30 年代借用的；*mail* "电邮"、*smiley* "笑脸"、*computationnel* "计算机的"、*bug* "漏洞" 及其他很多词是由于信息科学最新的发展而借用的。

f. 来自地区语言的借用词

法语同样向被它或多或少进行排挤的方言借用词汇。向普罗旺斯语借用的词最多，主要是在中世纪末期：*abeille* "蜜蜂"、*aiguière* "水壶"、*aigue-marine* "海蓝宝石"（拉丁语 *aqua* "水" 变成法语的 *eau*，奥克语 *aigue*）、*aubade* "晨曲"、*bastide* "城堡"、*bourgade* "小镇"、*cabane* "棚子"、*cap* "海角"、*ciboulette* "细香葱"、*dôme* "穹顶"、*escargot* "蜗牛"、*estrade* "讲台"、*goudron* "柏油"、*langouste* "龙虾"、*rascasse* "鲉"、*salade* "生菜"。有时，借用词出现得更早，伴随着宫廷典雅诗歌和游吟诗人的诗歌：*ballade* "谣曲"、*jaloux* "嫉妒"、*amour* "爱情"（从拉丁语发展到法语的形态应该是 *ameur）。

Estaminet "小咖啡馆"、*houille* "煤"、*grisou* "瓦斯" 来自瓦隆语，*choucroute* "酸菜"、*kirsch* "樱桃酒"、*quiche* "奶油馅饼" 是阿尔萨斯语词，*baragouiner* "说话含糊" 无疑是布列塔尼语（以 *bara* "面包" 和 *gwin* "葡萄酒" 为基础），还有 *bijou* "首饰"（基础是 *biz* "手指"）、*goéland* "海鸥"、*goémon* "海藻"、*dolmen* "石桌坟"、*biniou* "风笛"。

121　　还有很多词来自诺曼语：*bouquet* "树丛；花束"（最早指 "灌木丛"，然后在 15 世纪取得了花束和叶束的意思）、*brioche* "松甜面包"、*enliser* "陷住"、*falaise* "悬崖"、*houle* "长浪"（最初指 "鱼隐藏的洞"）、*masure* "陋屋"、*pieuvre* "章鱼"（它的双式词是 *poulpe*，

由雨果在《海上劳工》中从根西岛方言引入法语）、*potin*"闲话"、
ricaner"冷笑"；其中一些如 *crabe*"螃蟹"、*flâner*"闲逛"、*garer*"停
泊"、*girouette*"风标"、*homard*"鳌虾"、*quille*"龙骨"、*varech*"海藻"，
可以上溯到维京人。

4. 法语的内部借用

借用不仅仅在于引进外来词和方言词。一种语言同样向它本身借
用，将原本属于专门术语的词引入普通词汇。既可能涉及一些技术词
汇，它们在某个职业内部具有某个明确意义，又可能涉及某些社会群
体的独特语言。

a. 向隐语的借用

隐语（切口）最早是恶棍们的语言，是一种加密的语言，使用目
的是不让外人明白。*Argot*（俚语，隐语）这个词本身的词源不详，最
早用在短语 *royaume d'argot*"乞丐帮"中。但是从 19 世纪开始，俚语
开始渗透进共同语。某些词比如：*amadouer*"哄骗"、*abasourdir*"震
惊"、*bribe*"片段"、*brocante*"旧货"、*camelot*"小贩"、*chantage*"敲
诈"、*cambrioleur*"入室盗窃者"、*dupe*"受骗者"、*drille*"家伙"、
fourbe"狡猾的"、*grivois*"放荡的"、*gueux*"无赖"、*jargon*"隐
语"、*narquois*"狡诈"、*polisson*"下流的"、*truc*"东西"，当前使用
在日常语言中，没有任何特别内涵；某些词比如 *cambrioleur*、*drille*、
narquois，甚至属于比较考究的语言。另一些被人们日常使用并理解，
但被认为属于通俗语言：*boniment*"吹牛"、*flouer*"欺骗"、*frappe*"小
流氓"、*fripouille*"无赖"、*godiche*"呆头呆脑的人"、*jobard*"轻信
的人"、*larbin*"走狗"、*mouchard*"密探"、*piper*"诱骗"（还有它的
现代合成词 *pipeau*"谎言"和 *pipeauter*"吹嘘"）、*roublard*"滑头"、

toc"疯疯癫癫"。目前，一类俚语形式，*verlan*（音节颠倒构成隐语），其构成如同过去的 *louchebem*（屠夫的黑话）和 *javanais*（在词中加入 *va* 或 *av* 等音节的黑话），是通过对属于共同语的词动手脚，这种俚语似乎让两个词进入了共同语，*ripou*（是在 *pourri*"腐败"的基础上形成的，意思是腐败的警察、商人、政客）和 *beur*"阿拉伯人"。后面这个词是在 *arabe*"阿拉伯人"的基础上形成的，它的意思成为"北非裔的法国人"——这个词进入语言由阴性形式 *beurette* 的创造和记音方式的变化加以确认，它的记音依据 *beurre*"黄油"，同样还有 *meuf*（依据 *femme*"女人"构成）、*teuf*（依据 *fête*"节日"）、*keuf*（依据 *flic*"警察"），它们更加边缘化，*eu* 的拼写最初是个闭口音，如同 *peu*（少）中的音。

b. 共同语 / 专门语言

122

　　有时也可能出现词汇从共同语转入某个行业的专门语言的现象，或者相反情况。比如，*labourer*"耕地"（拉丁语 *laborare*）最初在共同语中的意思是"劳动"，如今仅保留于农业的专门语中。*Traire*"挤奶"也一样，过去在共同语中的意思是"拉，拽"（留给我们来自动词的名词 *trait*"投射；线"：*tirer un trait*"画线"、*un cheval de trait*"拉车的马"）。*Travail*"劳动，工作"从如今实际已经消失的一个行业即马蹄铁匠行业中保留下来一个接近其拉丁语的意思"刑具"（民众拉丁语 *tripalium*，类似站笼）。在这个行业的用语中，*travail* 指将马匹约束住来给它们钉马掌的工具。*Travail* 在医学用语中还保留着它在中世纪的共同语中的意思"受苦，受累"，*une femme en travail* 在医学语言中指一个开始分娩过程的女人。*Grippe*（现代意义为流感）这个词的"突然的反感"的意思让它在 18 世纪中叶进入医学词汇，指"突然的感染性的发热"。

一个词同样可能从一门技术词汇进入另一门：属于汽车技术的词 *démarrer*（发动）曾经属于航海词汇，它最初的意思是"解缆"。

同样，一门新技术的词汇，比如汽车业，会向一门旧技术借用词汇：*cheval-vapeur* "马力"（又被缩略为 *chevaux*，甚至 *CV*——*une deux chevaux* "一辆两马力的车"）、*benne* "自卸车" 和 *jante* "轮辋"是来自高卢语的古词，*camion* "卡车" 最早指一种手推车，*frein* "刹车"过去指马嚼子，是放进马嘴里的一条金属，用来勒住马。

与此相反，专门语言给共同语提供了一些词。比如，*traquer* "追捕"最初是个犬猎术语，指"搜寻树林把猎物轰出来"；我们从物理学得到了 *avoir des atomes crochus* "有结合力的原子，指有好感"、*survolter* "过电压的；情绪激昂的"；我们从心理学借用了 *fantasme* "幻景"、*parano(ia)* "受迫害妄想"、*mégalo(mane)* "自大狂"、*schyzo(phrène)* "精神分裂"，还有最近的 *autiste* "自闭症患者"。技术语言还提供了一些隐喻说法：人们把对话像火车扳道一样岔开（*aiguiller*），像发动汽车一样发起（*démarrer*）研究。

二、词汇的生与死

1. 一些词消失

在本章开头部分，我们举出一些从性质上属于转瞬即逝的词，它们是由政治人物的名字或绰号形成，或者对应着一些时尚、行为（看看离我们远去的：*gigolette* "轻佻女子"、*gisquette* "妓女" ——因为警察局长吉凯把妓女登记在册，*lorette* "轻佻女子"、*cocodette* "轻佻女子"、*muscadin* "花花公子"、*muguet* "花花公子"、*rapin* "拙劣画家"、*zazou* "爵士乐迷"、*J3* "吉普车"、*BOF* "黑市里发财的"、*riz-*

pain-sel "中下级军需官"、*purotin* "穷光蛋"、*tala* "激进天主教徒"、*faf* "主张法国属于法国人的极右派"，这些词都是对一些社会类别的漫画图解）。由于表达力的需要而进行的词汇创造——俚语词，某代人的词——每年都带给我们一些词汇储备，它们只可能消失。但是，我们同样看到一些更加稳定的词消亡。

a. 一些退出使用的物件

技术与文化的演进导致一些物件与概念的消失，往往导致与之绑定的词汇的消失。*Destrier* "战马"、*palefrois* "仪装马" 和 *haquenées* "溜蹄马"、*caparaçons* "马的盛饰"，没有存活到阿金库尔战役；*chausses* "齐膝短裤"、*braies* "长裤" 和 *vertugadins* "裙撑"，已经不再有明确的所指；旧政时期的度量衡单位 *muids* "樽"、*setiers* "大升"、*pouces* "法寸"、*empans* "拃"、*paumes* "掌"，对于大家不再有意义，只有 *lieues* "法里" 仍在我们的想象中有意义，这是因为《小拇指》中的 *bottes de sept lieues* "七里靴" 和儒勒·凡尔纳的《海底两万里》（*Vingt mille lieues sous les mers*）。

这些消亡的词往往在习惯短语中保存了下来：人们继续使用 *pendre la crémaillière* "挂起挂锅的铁钩；贺乔迁之喜"，*mettre la charrue avant les bœufs* "把犁放在牛前面；本末倒置"，*brûler la chandelle par les deux bouts* "两头点蜡烛；挥霍体力，钱财"，*louper le coche* "错过驿车；错过机会"，*mettre le pied à l'étrier* "脚放进镫；成功在望"！而某些短语也不再被人理解：*avoir maille à partir avec quelqu'un*，现今的意思是 "与人有争端"，过去的意思是必须与某人平分（*partir* 的旧义）一个 *maille*，即中世纪人可用的钱币中最小的铜钱，这种分享是不可能的，所以是不断争执的来源！

有时，参照物、物品的消失并不导致词的消失，词在语言中保留下来，具有完全不同的意义：拉丁语 *talent* 的情况便是这样，它过去的意思是"很大数额的黄金"。词的现代意义"天分"来自于福音书里常讲的譬喻，指的是"让本钱生出利息"（《马太福音》二十五——译者注）。

b. 一些尴尬的同义现象

语音的脱落常常导致词汇单位（词位）的必然弱化，因为一个过于短小的词倾向于消失。对于前文已经举过的例子，我们可以补充过去指称脸的 *chère* 和 *vis* 的例子。在中世纪末，当词尾辅音和脱落音的 *e* 不再发音时，*chère* 与 *chair*"肉体"、*vis* 与 *vit*"阴茎"有了一些令人尴尬的同义现象，于是这两个词让位给了合成词 *visage*"脸"。如今留下来的是 *vis-à-vis*"面对"和 *faire bonne chère*"佳肴款待"（词源意思是"给好脸"，所以是"款待"的意思——什么样的款待比得上一顿美餐呢？）。

同义现象甚至可能触及一些多音节词。当这些词属于同一领域，而且可以使用于一些模棱两可的上下文中，两者之一便消失了。*Esmer*（来自于 *estimarer*"器重"）便是如此，它与 *aimer*"爱"陷入竞争，还有 *moudre*（来自 *mulgere*"挤奶"），它与 *moudre*（来自 *molere*"磨"）陷入竞争。我们看到甚至发生了一些连锁反应：*moudre* 的消失导致人们向日常语言借用 *traire*（拽）来表达挤奶，而 *traire* 进入农业语言，导致它在日常语言中被 *tirer*"拽"（词源有争议）代替。

2. 新词的创造

沟通的需要导致巨大的词汇创新，而借用词仅能满足这些需求的一小部分，提供了一些围绕它们形成词族的基础。在 20 世纪之前，不曾有过无中生有的创造，不曾有过品牌与产品名称的巨大需求（*aspirine*"阿司匹林"、*daflon*"达夫隆"、*nylon*"尼龙"、*teflon*"特氟龙"等等，其中的创新是有某些模式可依的）。在先前的时代，非借用词的词根往往源自人名：*guillotine*"断头台"（来自吉约坦医生 Guillotin）、*praline*"杏仁糖"（来自普拉兰公爵 Praslin）、*poubelle*"垃圾桶"（来自警察局长普贝尔 Poubelle）；或者源自地名：*tulle*"罗纱"（图勒）、*liège*"软木"（列日）、*damas*"锦缎"（大马士革）。

a. 传统的手段：派生与合成

大多数的词汇创造是通过派生和合成。

派生构词是添加后缀（*inclination*"倾斜"、*inclinaison*"倾角"），或者前缀（*inexact*"不准确"、*démotivé*"气馁"），或者消除前缀和后缀，称作逆构词法或逆生法（*une attaque*"一次进攻"是动词 *attaquer*"进攻"的逆生词），这个构词手段一直非常活跃（*la bouffe*"食物"、*la frime*"卖弄"、*la drague*"勾引"、*la grogne*"埋怨"、*la gagne*"胜利"、*la glisse*"滑行性能"）。派生构词在中世纪曾经盛行（*vilain*"隶农"、*vilenage*"隶农制"、*vilenaille*"贱民"、*vilenastre*"卑贱"），而在古典法语的时代始终受到固化语言的愿望驱动，曾试图反过来驱除新词。

合成构词是将两个词根词结合起来（*un wagon-lit*"卧铺车厢"），或者将一个意群固化（*portemanteau*"衣帽架"、*pomme de terre*"土豆"、*machine à laver*"洗衣机"）。

b. 一些更加晚近的手段

新的物品的名称是在拉丁语基础上打造的（通过向拉丁语词根添加法语后缀，如 *déflecteur*"磁偏角测定仪"），或者更常见的是在希腊语基础上打造（*cinématographe* "电影机"、*métropolitain* "地铁"、*télégraphe* "电报"、*thermomètre* "温度计"，以及最新的 *liposome* "脂质体"），却让人无法说这是借用：这更像是书翰合成词。这是一种已经很古老的手段，如同法国大革命创造的月份名称 *nivôse* "雪月"、*vendémiaire* "葡月"（拉丁语加后缀）、*messidor* "穑月"（拉丁语加希腊语）。

一个常用的现代手段是首字母缩写：古代的医生发明诸如 125 *rubéole* "风疹"（*rubeus* "红色" 的书翰派生词）这样的词，20 世纪的生物学家则创造出 *sida* "艾滋病"。这些首字母缩写继而参加派生构词：*capessien* "有中学师资合格证 [CAP] 的人"，*smicard* "领取行业最低工资 [SMIC] 的人"，*érèmiste* "领待业生活保障 [RMI] 的人"。互联网语言同样提供了一批有趣的缩写：LOL（*laughing out loud* "大笑"），MDR（*mort de rire* "笑死了"），通过这种互联网语言特有的记音手段，又产生了 PTDR（*pété de rire* "笑爆了"），这种手段符合了语言的简短的需要和表达力的需要！

研究新词汇的专家 M. -F. 莫尔蒂勒（《词汇学：在语言和言语之间》，第 53 页）让我们注意到她称作 "双重截短"（double troncation）的这种新的创新方式的巨大创造能力，我们如今将其称为 "**截短合成**"（compocation）：两个截短词成为词根，随后被接合在一起，*caméscope* "手提摄影机"（*caméra* "摄影机" + *magnétoscope* "录音机"），*informatique* "信息科学"（*information* "信息" + *automatique* "自动"），*télématique* "计算机通信"（*télévision* "电视" + *informatique* "信息科学"）。*Compocation* 这个词本身也是用这种手段形成的（*composition* "合成" + *troncation* "截短"）。

—— **Rousse（警察）与 bouille（脸）**

在《法语词汇的词源结构》[*Structures étymologiques du lexique français*, Larousse, 1967] 中，皮埃尔·吉罗提出一些假设，用来解释某些俚语创造。比如，可能存在过一种倾向，用一些指称树枝截断后的树桩的词来指称头部，即一种圆而扁平的形状：*trogne*、*trognon*、*tronche*、*bille*、*bouille*，大概都曾经是这个意思。另一种倾向则是用一些圆东西来指称头部：仍有 *bille* "弹子，小球"，*citron* "柠檬"、*citrouille* "南瓜"、*pomme* "苹果"。一些指称猫的地区词汇或俗语词汇：*maraud*、*marlou*、*maroufle*，可能曾经用来指不应与之来往的人；另一些指称小猫的词：*chaton*、*miton*、*miston*、*marmiton*、*mitron* 则用来指儿童。至于俚语中对警察的指称则可能全都曾指劣马，—— *rosse*，*roussin*，*rousse*，*cogne*，*bourrique*（母驴），*cagne*（脚掌内翻的马）——或者指另外一种动物：*vache* "奶牛"，*poulet* "小鸡"。

俚语的词源往往是推测性的，但是尽管这些结构曾经存在，但它们在现代社会中已经丧失了创造力，因为在这个社会中越来越少遇到马（特别是脚掌内翻的马）和木材段！

三、语义的变化

1. 语言之外的原因

语义的变化常常有一些文化原因。比如，从乡村生活方式过渡到城市生活方式，导致了我们在对三餐的命名上看到的钟点的移位：在农耕文明中，*déjeuner*（午餐）曾经是清晨的一餐，*dîner*（晚餐）曾是

午餐，*souper*（宵夜）曾是晚餐，人们在农耕文明中起床和安歇都很　126
早。当统治阶层养成了更多属于城市的习惯，改变便发生了。

语义聚合体

存在一些语义聚合体（paradigmes sémantiques），即一些概念出
于一些文化原因通常被与其他一些概念联系起来。

比如，对少女的指称倾向于被用在妓女身上（在中世纪时人们称
之为 *fillette*，字面义是小女孩），或者用在白痴身上：*filles* "妓女"、
garces "坏女人"、*donzelles* "轻佻女子"、*pucelles* "雏"，甚至于 *jeune
fille* "少女" 这个词。贵族阶级用来自我指称的词，最初仅仅指 "高
贵"，随即代表着统治阶级赋予自己的价值——中世纪的骑士道价值：
勇敢、慷慨、宽宏、美貌——这些词倾向于贬值，最终仅仅指一种傻
乎乎的善良：*gentil* "和善"（词源意义是高贵），*débonnaire* "温厚"（*de
bonne aire* "出身世家"），还有 *brave* "勇敢；老实"（向意大利或西班
牙语借用）的情况便是如此。与此相反，*vilain* "卑贱" 最初的意思是
"隶农"，遭遇到对土地耕作者的贬低而贬义化：*plouc* "农民；土包子"，
manant "粗人"（过去指 "富农"），*rustre* "农民；粗人"，*rustaud* "乡
下人；土佬"，最后 *paysan* "农民" 本身也一度变成那些开汽车的
人嘴里的骂人话。与他人的关系也往往通过某种酷刑的形象来表现：
gêner "让人为难"（*géhenne* "磨难；地狱"），*casser les pieds* "打断脚；
让人厌烦"，*mettre à l'épreuve* "让人经受考验，让人烦"，等等。

2. 语言本身的原因

a. 符号失去理据

当我们说一个词是有理据的，指它与所指称事物（参照对象）的
关系并非（通常是这样）完全是任意性的。这种理据可能是一种与参

照对象的拟声关系（象声词），或者在结构词的情况下是一种部分理据，结构词可以归于一个词族之下。

音变可能摧毁词汇的拟声的理据——但是具有这种理据的词很少。我们举日耳曼语 *klinka* 的例子，这种门闩合上的声音在它源自的法语词中不复存在：*clenche* "门闩"（我们更熟悉有亲缘关系的词 *déclencher* "发动"、*enclencher* "连锁"）。音变同样可能改变拟声的理据，从而改变语义：在 *murmurer* 的发音为 *mourmourare* 的时代，发的是大舌音 /R/，这个动词那时指的是雷雨低沉的轰鸣，如今这个词用来指溪流的微声。

127

鸽子不是叽喳叫（pépier）的

鸽子的历史是对符号由于语音演变而失去理据的有趣图解。

这种咕咕叫的鸟在拉丁语中叫 *columbus*，变成古法语的 *coulomb*，直到 16 世纪都是常用词，但是幼鸽却叫 *pipio*，这个拟声词表现幼鸽叽叽的叫声。拉丁语 *pipio* 的宾格形式为 *pipionem*，变成现代法语的 *pigeon* "鸽子"。*Pigeon* 这个词已经不具有任何拟声的理据，这本来可能阻碍它被用于指称成年鸽子，但它最终代替了 *coulomb*，大概是因为在市场上肉质嫩的小鸽子要比老鸽子更好卖。

部分失去理据可能会影响到一个在久远的时代从另外一种理据形式创造出来的词。比如，拉丁语月亮的名称 *luna* 是依据 *lucere* "发光" 来构成的，月亮是 "发光者"；法语 *femme* "女人" 来自拉丁语 *femina* "雌性的"，这个词是依据 *fellare* "吮吸乳汁" 构成的——雌性是 "哺乳者"。词汇虽留存了下来，但是所有这些对于世界的古老表现都丧失了。有谁还能从 *lundi* "星期一" 中认出月亮的那一天（*diem*），从 *mardi* "星期二" 中认出火星（*Mars*）日，在 *mercredi* "星期三" 中认出水星

（*Mercure*）日，从 *jeudi* "星期四"中认出木星（*Jupiter*；*Jovis*）日，从 *vendredi* "星期五"中认出金星（*Vénus*）日，从 *samedi* "星期六"认出安息日（*sabbat*），从 *dimanche* "星期天"认出主（*Dominus*）日？

部分失去理据同样导致一些语义的分裂，这是由语义聚合体的分崩离析造成的。比如，*dire* "说"和 *bénir* "赐福，祝福"在源头上是有亲缘关系的，因为它们分别来自 *dicere*（说）和 *benedicere*（说吉言）。同样，有时候具有不同语法格的同一个词产生一些如今语义分歧的词：有谁还能从代词 *on* "人们"中认出 *homme* "人"的主格形式（拉丁语的 *homo* "人"产生了代词 *hom*，*om*，*on*，拉丁语宾格形态 *hominem* 产生了 *homme* "人"）？同样，*maire* "市镇长"来自 *major*（最大），*majeur* "中指"来自宾格 *majorem*：谁会想到去把地方官员和手上最长的指头联系起来？

b. 换喻与隐喻造成的语义转移

不论是换喻还是隐喻的意象都是语义转移的重要原因：*timbre* "邮票"的情况便是如此。最初，这个来自希腊语（*tymbanon*）的词指的是一种鼓，人们只记住了它圆形的形状，用这同一个词来指称一种印章，加盖在书信上的圆形印，"邮局加盖在信件上的印记"的意思由此而来。*Timbre* 最终变成指称一个有齿的小的矩形的东西，1848 年以来，我们用它来支付邮资。

Bureau "办公桌；办公室；局；署"的历史同样是一连串的换喻的典型：这个词最初指一种布料，*bure* "棕色粗呢"，随后指覆盖这种粗呢子的写字桌，再后来指放这种桌子的房间，最后指包含这种房间 128 的建筑或者在那里工作的团队。

c. 连锁反应

因为语言是一种结构，其中每个元素的价值都来自于它们各自与其他元素的对立关系，所以变化会导致一些连锁反应。因此，不应仅限于孤立地考虑每个词，而是应考虑到某种微观结构，弄清楚哪个词的意义被夺走了，为什么，并且是由哪个词来代替已经发生了演变的词。

比如，约在 1200 年，*venir* "来" 用在 "走向，达到" 的意义上（*il vint au chevalier* "他走向骑士那边"），最终它的意思更加明确地成为 "走向，达到说话者身边"（*viens ici immédiatement* "立刻来这里"！），另一个动词后来代替了 *venir*，即 *arriver* "到达"，最初这个词的意思是 "靠岸"，这个本义被交给了 *accoster*，这个词在 12 世纪的时候当作代词式动词使用，意思是 "靠近，与之连接"。

瓦特堡举了一种结构的历时性演变的例子，即罗曼语各主要语言中对女性的指称的结构，他提出 "雌性"（*femelle*）、"女人"（*femme*）、"妻子"（*épouse*）的概念以及女性呼语的名称的简化图表。

对女性的指称

	雌性	女人	妻子	呼语（称号）
古典拉丁语	femina	mulier	uxor	—
5 世纪拉丁语	femina femella	mulier	uxor	domina
古法语	femelle	femme	oissor（1300 年前） moillier（1500 年前）	
现代法语	femelle	femme	femme	(ma) dame
意大利语	femmina	donna	moglie	signora
西班牙语	hembra	mujer	mujer 古西班牙语 uxor	senora
葡萄牙语	femea		mulher	senhora

来源：W. 冯·瓦特堡：《语言学的问题与方法》[W. von. Wartburg. *Problèmes et méthodes de la linguistique*, paris, PUF, 1946]

因此，他指出，直到晚期拉丁语词 *femella* 获取了"雌性"的意 129
思时，被用来指称人类的女性泛指所有雌性的 *femina* 才自由了。意大
利语、西班牙语和葡萄牙语要么保留着世代相传的词（*mulier*），要么
保留称呼语（意大利语 *donna*"夫人"）。而且，对"女人"和"妻子"
的指称倾向于合并，就如同古法语词 *oissor*"妻子"和 *moillier*"妻子"
及古西班牙语 *uxor*"妻子"的消失所证明的。

◆ 综　述 ◆

词汇创新总是让人称奇，有两个主要原因。一个原因是语言的表达
力的需要，它让词汇的意思通过换喻或隐喻发生转移，让一些词被淘汰，
让人们寻求更新鲜的表达法来表述同一个概念。另一个原因是各语言的
词汇创造的需要，它与人类环境的改变相关。为了回应对新词的迫切要
求，各语言主要求助于借用词和派生词。法语向现代的外语借用了许多，
但向拉丁语和希腊语借用得更多。在派生构词这方面，我们看到在传统
的前缀、后缀和逆生构词（dérivation régressive）手段之外，还有一些新
手段如首字母缩写和截短合成。

───── 欲了解更多，请参阅

P. 吉罗：《俚语》[P. Guiraud, *L'Argot*, Paris, PUF, coll. « Que sais-je ? », 1956]
关于俚语的起源，词源与创造模式。1991 年，《法语》（*Langue
française*）第 90 期，D. 弗朗索瓦−热日尔和 J. -P. 古达利耶主编的《俚
语表达方式》（*Parlure argotique*）是关于最新的俚语的。

G. 古根海姆：《历史与生活中的法语词汇》[G. Gougenheim, *Les Mots
français dans l'histoire et dans la vie*, Paris, Picard, 1966 (rééd. 1990) 3 vol.]

有将近 200 个小词条，这些词按照语义场汇总，或者按照它们的使用者分类。可供消遣阅读。

F. 凯勒鲁：《隐形的切分：句法与词法研究》[F. Kerleroux, *La coupure invisible. Études de syntaxe et de morphologie*, Presses Universitaires du Septentrion, 1996] 和 M. -F. 莫尔蒂勒：《词汇学：在语言和言语之间》[M. -F. Mortureux, *La Lexicologie, entre langue et discours*, Paris, Armand Colin, 1997 (1re éd.)]
他们非常重视对词汇创造的现代手段的研究。

A. 雷：《法语历史词典》[A. Rey, *Dictionnaire historique de la langue française*, Paris, Le Robert, 1992, 2 vol.]
有些昂贵，却是所有喜欢语言的人的必不可少的工具书。有词汇的起源与历史，但同样有一些百科词条和图表。引人入胜。

第十章　法语的形成：名词词组

名词的复数形式来自何处？
名词的性来自何处？
名词的限定语的使用
词序是一种功能指示
品质形容词

一、名词的复数形式来自何处？

1. 拉丁语的变格法

在古典拉丁语中，名词、形容词和限定词是有变格的，即它们的功能不是像在现代法语中那样由它们在句中的位置来指示，而是通过一个后缀（或称词尾）来以综合的方式指示数量与格（大致等同于功能）。比如，在拉丁语中，主语变成主格，呼语变成呼格，宾语变成宾格，名词补语（或称名词修饰语）变成属格，赋予补语（或称间接宾语）变成与格，许多状语（特别是被动态的施动者）变成夺格。

下面，作为示例，是两种主要的拉丁语变格法（存在着五种变格法），第一变格法是法语的阴性名称的起源，而第二变格法是法语阳性名称的起源。

第一变格法（类型：rosa，"玫瑰"），是法语阴性名称的起源

	单数	复数
主格（主语）	rosa	ros**ae**（在晚期拉丁语中变成 ros**as**）
呼格（呼语）	rosa	ros**ae**（在晚期拉丁语中变成 ros**as**）
宾格（宾语）	ros**am**	ros**as**
属格（名词修饰语）	ros**ae**	ros**arum**
与格（赋予补语）	ros**ae**	ros**is**
夺格（状语）	rosa	ros**is**

131   **第二变格法（类型：dominus，"主人"），是法语阳性名称的起源**

	单数	复数
主格（主语）	domin**us**	domin**i**
呼格（呼语）	domin**e**	domin**i**
宾格（宾语）	domin**um**	domin**os**
属格（名词修饰语）	domin**i**	domin**orum**
与格（赋予补语）	domin**o**	domin**is**
夺格（状语）	domin**o**	domin**is**

状语通常直接变夺格，有时变宾格。但是，有些状语之前加介词，比如 *ab*（从……出发），*ex*（在……之外），*de*（从），*cum*（与……一起），*ad*（向，到），*ante*（在……之前），*post*（在……之后），*inter*（在……之间），*per*（通过）。

然而，在晚期拉丁语中，词尾的 *-m* 不再发音，词尾的 *-i* 与 *-e* 发音接近，*-u* 与 *-o* 发音接近。所以，发音加速了各个格的混淆，对于许多言语者，格成为很难掌握的东西。于是，介词后加宾格名称的用法扩展开来，用来标志功能，古典拉丁语中用于使用直接变格结构的地方，尤其用于名词补语（名词补语此后用介词 *de* 或 *ad* 构成）和赋予补语（用介词 *ad* 构成）。

从拉丁语变格之中，后来的古法语仅保留了两个格：一个是主格（sujet），源自过去的拉丁语主格，另一个格被称为"宾格"（régime），有时也称为"间接格"（oblique），用于所有补语（包括名词补语），这种形态源自于拉丁语的被人混淆起来的宾格和夺格。词尾的 *-s* 得到保留，这是在高卢和瑞士部分地区残存下来这种两格的变格法的源头，这种变格法从未包含全部的名词和形容词，因为有阴性词和某些不变化的词，还因为那些以 *-s* 或 *-z* 结尾的词始终是不遵守这种变格法的。在诸罗曼语中，只有古法语、古奥克语和罗马尼亚语曾经保留了名词变格法。

2. 法语中的复数标记

a. 规则的复数形式

古法语中曾经存在一种两个格的变格法，一个格用于主语和主语词组，另一个用于所有补语（宾语）。这些格中，主格起源于拉丁语主格（即主语格），宾格起源于拉丁语宾格（直接宾语的格），仅来自于拉丁语第二变格法，因为类推作用有助于最常用的变格法。情况如下：

阳性名词

132

	单数	复数
主格	*(li) murs < murus* 墙	*(li) mur < muri*
宾格	*(le) mur < muru(m)*	*(les) murs < muros*

此处应用的语音规律是 /a/ 之外的词尾元音脱落，而词尾 /s/ 保留下来（参见本书第 286 页）

中世纪的这种变格法没有维持下来，它在 13 世纪末消失了，而留下来的是最常用的形式，即宾格的形式，因为在语句中名词性的主语要比宾语少得多。

阴性名词没有变格，类推作用很早就发挥作用，将最初以 *-ae* 结尾的拉丁语复数的主格变为以 *-as* 结尾，如同拉丁语第一变格法的复数的宾格形式，它们是来自这一变格法的词。

阴性名词

	单数	复数
唯一形式	*(la) rose < rosa* 和 *rosa(m)*	*(les) roses < rosas*

此处应用的语音规律是词尾的 *a* 变成脱落音的 *e*，随后变成不发音的，而词尾 *s* 保留下来。

实际上，同样存在过另外两种变格，用于不规则单数主格——是以一个不同的词干构成的——一种变格用于阳性词，一种变格用于阴性词，但是这两种变格法在后来法语的演变中未起过作用。

因此，法语复数的 *-s* 的形式是拉丁语宾格复数的遗存，拉丁语变格中词尾的 *-s* 在高卢–罗马居民的发音中曾经保留下来。

b. 不规则的复数形式

不规则的复数来自另外一种语音演变：在辅音前面的 /l/ 元音化，比如拉丁语 *alter* "另外" 和 *ultra* "超出……之外"（古法语 *altre* 和 *oltre*)，在法语中变成 *autre* "另外" 和 *outre* "除了"。这种元音化同样发生在词尾 *-s* 之前，以至于在古法语中说 *le cheval*（单数马），*les chevaus*（复数马），还有 *le rossignol*（单数夜莺），*les rossignous*（复数夜莺)；*le chevel*（单数头发），*les cheveus*（复数头发)；*le col*（单数脖子），*les cous*（复数脖子)。这种元辅音交替仅在以 *-al* 结尾的这类词中保留下来，对于其他词，发生了类推再造，通常是以复数形式为基础。

最后，正字法中词尾加 *-x* 的这些词保留着对中世纪书吏的书写习惯的记忆，他们用 *-x* 来略写 *-us* 这一字母序列（比如，他们那时写 *les chevax* "马的复数"）。

二、名词的性来自何处？

对于无生命的东西，性别并非一个逻辑范畴：虽然 *poule* "母鸡"与 *coq* "公鸡"对立，*chienne* "母狗"与 *chien* "公狗"对立，但却没有任何理由让 *mur* "墙"是阳性的，而 *muraille* "城墙"是阴性的。而且，性别依照语言不同而改变：比如德国人讲 *der Salat*（生菜，阳性——法语 salade 为阴性）和 *die Schokolade*（巧克力，阴性——法语 chocolat 为阳性）。

原始印欧语中似乎有两个性：有生命的和无生命的。在拉丁语中存在一个中性，代表着印欧语中无生命的性，但是有生命的性却分为阳性与阴性，它们还汇集了一些在象征意义上被视为阳性或阴性的词（如大地、树木、结果的植物被视为阴性的）。拉丁语的变格中，多数形容词以 *-us* 结尾的形态是阳性的，以 *-a* 结尾的是阴性的，但是对于名词而言，属于这种或那种变格法并不指示名词的性（*rosa* "玫瑰"是阴性的，*agricola* "农夫"是阳性的，*dominus* "主人"是阳性的，*populus* "杨树"是阴性的）。至于中性，单数以 *-um* 结尾，复数以 *-a* 结尾。

诸罗曼语保留了阳性和阴性的对立，这一对立部分地覆盖了雄和雌对立，但是对于那些无生命的东西，性别划分倾向于将那些以 *-us* 结尾的词归入阳性，把以 *-a* 结尾的词归入阴性。因此，除了变成

main "手" 的 *manus* 之外，所有以 *-us* 结尾的词都变成了阳性。

中性则消失了，代词除外；这一演变早在古典拉丁语的时代就在民众拉丁语（通俗拉丁语）中开始了，词尾 *-m* 的脱落加剧了混淆：中性单数被同化为阳性，复数被同化为阴性。因此，中性复数的集合名词如 *folia*（全部的叶子）被人们认为是阴性的，单数的，它的复数形式重造出以 *-as* 结尾。水果的名称发生了同样的事，在拉丁语中它们通常是中性的（是按照前文所描写的象征意义的逻辑：树木是母性的，产品是中性的）。比如，*pira*（梨子，*pirum* 的复数）被人理解为是一个单数名词，它被重新造出一个复数的 *piras*。

所有的树木名称都变成了阳性，大概是因为它们以 *-us* 结尾，但它们同样经历了一次词尾再造：梨树过去叫 *pirus*（阴性），李树叫 *prunus*（阴性），但它们的法文名称（*poirier* 和 *prunier*）来自 **pirarius* 和 **prunarius*。

最后，一些变化甚至发生在一些有性别的生物身上，发生在动物名称上：阳性的 *vervex*（指阉割的绵羊，公羊是 *aries*）变成了法语的 *brebis*（母羊），中性的 *jumentum*（指拉车的马），变成了法语的 *jument*（母马）。

在历史中，一些词改变了性，尤其是当它们是以 *-e* 结尾，而又以元音开始时，让人无法用前面省音的 *l'* 来区分它们的性。过去，人们曾说 *un horloge*（钟表，阳性）、*une incendie*（火灾，阴性）、*une âge*（年龄，阴性）、*une abîme*（深渊，阴性）、*un période*（时期，阳性），这些词都改变了性。举一些更晚近的例子，*autoroute* 的性曾长时间摇摆不定，而我参考的大多数语言学著作都刻意不对 *isoglosse*（同言线）这个词进行性数配合。

三、名词的限定语的使用

1. 在拉丁语中某些限定语是不存在的

拉丁语用来限定名词的有：数词，如 *unus* "一"、*duo* "二"、*tres* "三"、*quattuor* "四"、*quinque* "五"、*sex* "六" 等；主有形容词，如 *meus* "我的"、*tuus* "你的"、*suus* "他的，他们的"、*noster* "我们的"、*vester* "你们的"、*sui* "他的，他们的 [复数]"；泛指形容词，如 *aliquis*（某个）、*quidam*（某个）等；和指示形容词，如 *hic* "这个"、*iste* "靠近你的那个"、*ille* "那个"（见后文），但是拉丁语既不使用定冠词，也不使用不定冠词。

冠词的出现要与人称代词、比较副词、助动词的出现和介词的发展联系起来看，也就是说那种将一些自主的词素放在词根词前面，以代替拉丁语的后置的从属词素的趋势。冠词在法语中几乎不可或缺，其多项功能中的一项是指示性和数。

2. 冠词得到系统化使用

a. **现代法语中的冠词与参照关系**

限定词的问题同样应该从参照关系的角度来看，即对人们所谈论事物的识别。

在现代法语中，定冠词在下列情况得到使用：

——或者因为**参照对象**（référent）（谈论的物、人、概念）是谈话对象可以识别的。此时，我们称这是些**特指**用法（emplois spécifiques）。所指对象是可以识别的，要么是因为它处于交谈者的周边（称为指示词用法），要么是因为人们在前面已经提到过（前指、复指用法）；

——或者因为涉及一个参照物的类群（*l'homme est mortel* "人是会死的"）；此时，我们称之为定冠词的**类指或通指**用法（emplois génériques），对所指对象的识别问题并不被提出，因为涉及整个人类。

我们可以将全部所指对象的识别不成问题的情况都与这些类指用法联系起来，要么并不真正存在所指对象（*J'ai la fringale!* "我很饿"，指哪个饿？），要么对象是唯一性的（*la lune* "月亮"），要么涉及的是一个抽象事物或一种物质（*l'or* "黄金"，*le pain* "面包"，*l'amitié* "友谊"）。民族的名称同样属于这一范畴。

对于不定冠词，虽然所指对象并不被谈话对象认为是可识别的，但它同样可以是：

135　——特指的：此时涉及的是一个明确的所指对象（*un homme entra alors* "一个男人此时进来"）；

——类指的：当这个类群的任何对象都可能被涉及（*un pain mal cuit, c'est pâteux* "没烤熟的面包是黏的"，或者 *il est blanc comme un pain mal cuit* "他像没烤熟的面包一样白"）。

然而，冠词的系统化使用似乎服从了语言的某种漂移，达到了指示性与数的目的，而过去性与数是通过后置的自主的词素黏接在词干上来指示的，这种漂移并非偶然形成，而是依据一种明确的语义历程。冠词的使用仅仅在很晚时候才扩展到那些并没有所指对象的识别问题的句子（类指与统称）。

b. 冠词使用的扩张：从特指到类指

在民众拉丁语（通俗拉丁语）中，仅仅在展示一个具体的，可以被言语者识别的东西的时候，才使用指远的指示词 *ille* "那个"（在首语重复中，为了强调已经提到过这件东西，人们使用表示强调的前指词 *ipse* "其本身"）。罗马帝国后期拉丁语的定冠词，是通过一种语法化现象形成的，出自于这个指示词 *ille*。

在同一时代，出现了 *unus* "一个" 代替 *quidam* "某一个"，即用在一些虽然不确定的但是专指意义的用法中。当 *unus* 并始被语法化，在最初的用法中，它具有一种强调意义（"从其他的当中选出的一个"，这恰好符合对特指意义的不定冠词的定义，我们对它的定义是 "它在符合相同定义的一个物的类群中进行一种非随机性的选取"）。

在古法语中，在所指对象问题不被提出的情况下，倾向于不使用定冠词，即大多数的类指用法（*souvent femme varie* "女人多变"），唯一事物（*lune* "月亮"，*terre* "大地"，*ciel* "天空"，*paradis* "天堂"），国土和民族的名称，抽象词汇，不具有所指对象的用法（在动词短语或介词短语中：*faire guerre* "作战"，*à peine* "勉强"，*mettre pied à terre* "脚着地"）。

至于不定冠词，则仅仅用于所指对象是特指的情况下。比如，我们可以比较下面两个例子：*Il prit une pierre* "他拿起一块石头"（指"某块石头"）和 *Pierre qui roule n'amasse pas mousse* "滚动的石头不积青苔"（指"任何石头"）。另外，不定冠词仅仅出现于单数（古法语复数的 *uns* 只用于由一系列类似的元素组成的物件：*uns soliers* "一双鞋"，*unes denz* "一口牙"）。复数不定冠词 *des*，还有所谓"部分"冠词 *du*、*de la*，在古法语中都尚不存在（人们说 *il donna chevax* "il donna des chevaux 他赠送几匹马"，*boire vin* "boire du vin 喝些酒"）。复数的不定冠词 *des* 在中古法语中才出现，而部分冠词在 19 世纪才普及。

冠词的使用自然倾向于扩张，它成为 16 和 17 世纪主张语言规范的语法学家大力干预的对象。

136   当心不要堕入一种陋习，即便对于那些最精通于我们语言的人也难免，那就是忽略冠词。

J. 杜·贝莱:《保卫和发扬法兰西语言》[J. du Bellay, *Défense et illustration de la langue française*, II, chap. IX]

因此，定冠词在 17 世纪变得规则化，甚至用于类指用法。但是，人们并不总是将定冠词用于抽象名词（用法摇摆不定，莫帕同时接受 *Noblesse provient de vertu* 和 *La noblesse provient de la vertu* "高贵出自美德"）和专有名词（塞维涅夫人说 *Ma provision pour Bretagne* "我为布列塔尼进行的储备"）。与此相反，语法学家要求冠词用于名词由一个关系从句来限定的句子：继马勒布之后，沃热拉谴责 *il a été blessé d'un coup de fleche qui estoit empoisonnee* "他被一支毒箭射伤" 这样的句子（应该说 *d'une flèche*）。

至于不定冠词，在某些没有所指对象的用法中仍旧可以不使用它：在 *c'est* 之后，如 *c'est crime* "这是犯罪"，*c'est médisance* "这是诽谤"，这种用法中有一些幸存下来，如 *c'est folie* "这是发疯"，*c'est pitié* "真可怜"。在比现代法语中多很多的动词短语或介词短语中也不用不定冠词，如 *promettre mariage* "许诺婚事"，*faire bouclier de son corps* "拿身体当盾牌"，*faire habitude de* "养成习惯"，*de traîtresse manière* "以背信弃义的方式"。这些用法中的一些幸存下来，如 *faire compliment* "恭维"，*en pareille occasion* "在这样情况下"。

最后，不论定冠词还是不定冠词，过去都不用在 *tout*、*même* 和 *autre* 的前面。

在现代法语中，冠词甚至用于没有所指对象的句子: *avoir la trouille* "感到害怕"，*avoir les boules* "感到烦躁"，*avoir la haine* "嫉恶如仇"，*faire la manche* "乞讨"。

3. 指示词

拉丁语有一个由三个指示词构成的系统：

——*hic*，指靠近说话者的；

——*iste*，指靠近谈话对象，距说话者中等距离的；

——*ille*，远离说话者与谈话对象的。

对于这一系统，还应加上一个复指词 *is*，这是用来照应前面的简单代词，它没有存留下来；相同情况的还有一个指示用语 *ecce*（这是），后来被用来加强指示词。

这一系统后来在古法语中被完全改造了，这也许是受日耳曼语的影响，因为法兰克人只有两个指示词：

——指示词 *hic* 消失了，中性的 *hoc* 仅残存于普罗旺斯语 *oc* "是"（奥克语）、现代法语的 *oui* "是"（*hoc ille oïl oui*）和古法语的 *ço* "这"中（*ecce hoc*）。

——两个指示词的系统形成，是通过强化指示意义，通过结合指示语 *ecce* 和指示词 *iste* 和 *ille*：

• *ecce iste* > *cist*，中世纪法语指近的指示词（=*celui-ci* "这一个"，靠近说话者）；

• *ecce ille* > *cil*，中世纪法语指远的指示词（=*celui-là* "那一个"，远离说话者）。大家会注意到，*ille* 既是定冠词的祖先，又是加强形式的指远的指示词的祖先。

这些指示词既是代词又是形容词；它们在 14—17 世纪被现代的系统替代，现代的系统将代词系列与"名词限定语"系列（指示形容词）对立起来：

• *celui* / *celle-ci* / *là*，代词，源自 *cil*；

137

• *ce* / *cette* / *ces-ci* / *là*，形容词，部分源自 *cist*，部分由于 *le*、*les* 的类推作用。

克里斯蒂安娜·马切罗-尼西亚（《法语的演变》）指出，这种演化发展到了在词法上具有连贯性的两个宏观系统的形成，一方面是代词 *celui*、*celle*、*ceux*、*celles* / *lui*、*elle*、*eux*、*elles*，另一方面是限定语 *ce*、*cette*、*ces* / *le*、*la*、*les* / *un*、*une*、*des* / *mon*、*ma*、*mes*。

四、词序是一种功能指示

1. 在名词词组或动词词组层面

原则上，在拉丁语中，限定语在受限定语之前：形容词和名词补语位于名词词组的前部（*insigna officia* = 重要的职务；*Ciceronis officia* = 西塞罗的职务）。如果名词伴随着两个扩展，那么这两个扩展都放在名词前面（*insigna in Ciceronem officia* = 对西塞罗的重要效劳）。副词在动词前（*funditus vicit* = 完全地他战胜了，"他取得完全胜利"）。这种词序后来很快被抛弃；在古法语中，只有几个古老的短语（*La Dieu merci* = 上帝的宽慈；谢天谢地）仍证明其存在。现代法语的词序是"受限定语 + 限定语"：补语跟在名词后面。

2. 在句子层面

在句子中，拉丁语的动词在最后位置，最常见的词序是"主语 + 状语 + 宾语 + 动词"：*Scipio in Africa Poenos funditus vicit* = 西庇阿，在非洲，迦太基人，（他）完全打败了；"西庇阿在非洲大败迦太基人"。

在古法语中，动词在第二个位置（语言学家称这是一种 V2 语言，即动词居第二位的语言）。主语的位置不固定，宾语可能被前置，于是导致主语后置：*Mon pere tua une foldre del ciel = une foudre tombée du ciel tua mon père* "从天上落下的雷杀死了我父亲"。

人们认为是变格的存在让这种结构成为可能（但我们应看到，在我们所举的例子中，主语是个阴性词，所以是没有变格的）。状语或者副词同样导致主语后置：*Vers lui vient li chevaliers = le chevalier s'avance vers lui* "那个骑士向他走来"。

在现代法语中，宾语前置是不可能的，词序是固定的，因为动词前面的位置是主语功能的标志，而动词后面的位置是宾语功能的标志：*Pierre bat Paul* "皮埃尔打保罗"；*Paul bat Pierre* "保罗打皮埃尔"。但是存在修辞性的主语倒装的可能：*Restait cette formidable infanterie de l'armée d'Espagne* "还剩下西班牙军团的出色的步兵"，但是宾语却始终是后置的。

按照 Chr. 马切罗－尼西亚（《法语的演变》）的看法，法语的词序的特征不在于主语位置的固定（在某些情况下是可能倒装的），而更多在于必须遵守"动词＋宾语"的词序，这一词序早在 12 世纪就开始普遍化了。

五、品质形容词

1. 形容词的阴性形式

拉丁语的大多数品质形容词都按照我们在本章开头处所附的两种模式变格：法语形容词通过加一个 *e* 来形成阴性，*e* 是词尾 *a* 的正常演变：*bonu(m) > bon, bona > bone*（拼写法随后变成 *bonne*）。实际上，除了 *a* 之外的其他词尾元音脱落了，这解释了阳性的形式；元音 *a* 在

词尾以脱落音 *e* 的形式保留下来，这解释了阴性的形式。还曾有过一种中性的变格法，但已经消失了。

a. 一些没有阴性形式的形容词

曾经存在数量不少的其他一些形容词，它们是按照另外一种变格法，阳性与阴性的形式相同。拉丁语的系统是双重的：一系列形容词有性的配合，另一系列形容词不标志阴阳性。（但是，与其他系统相反，比如英语的系统，所有拉丁语形容词都有数的配合）。

古法语继承了这一系统，拥有相当多数量的标志阴阳性的形容词，比如 *tel* "那样"、*quel* "哪样"、*gentil* "高贵"、*fort* "强壮"、*grant* "大"（现代法语 *grand*）和所有源自现在分词的形容词如 *pesant* "沉"、*ardent* "大胆"、*vaillant* "勇敢" 等等。对标志阴性的形容词形成规则是在中古法语中进行的，只有两个例外：前置的 *grand* 的不配合的情况（*grand-mère* "祖母"，*grand-ville* "大城市"，*grand-rue* "大街"，*pas grand-chose* "小事"）和以 -ment 结尾的某些副词的构成形式。

139

b. 以 -ment 结尾的副词

拉丁语的副词构成方式在罗曼语中被一种迂说法的语法化代替，这种迂说法是在有阴性形式的形容词后加一个意思为 "精神，意图" 的阴性名词构成，即 *mens*, *mentum* 这个词（参见 *mental* "精神的"，*mentalité* "心态"）。这种迂说法变格为夺格，即状语的格；比如 *iniqua mente*，意思是 "这一种糟糕的状况下"。

这些副词是以形容词阴性形式为基础构成的，所以遵守阴性的构成规则，中世纪人们说 *belement* "很美地"、*bonement* "很好地"，但是用不变形式的形容词构成 *forment* "强烈地"、*granment* "大大地"、*vaillanment* "勇敢地"、*meschanment / meschantement* "邪恶地"。语言的规范化消灭了这些变体。现代法语对于那些以 *-ent*、*-ant* 结尾的形容词保留了古老的形态，它们构成一个数量足够大的类群，得以被保留下来。

2. 形容词的级

形容词不仅变格，而且它们在变格的词尾前面加入一个后缀来指示比较级，比如 *doctus*（博学的）这个词的宾格形式：

——零后缀，无比较级：*doctum*（*doct-um*）= 博学；

——后缀 *-ior-*，比较级：*doctiorem (doct-ior-em)* = 更加博学；

——后缀 *-issim-*，最高级：*doctissimum (doct-issim-um)* = 最博学。

在这些形式之外，早已存在一些复合形式，同法语中一样，是由形容词前加副词构成：副词 *magis*（大），*minus*（小），*multo*（多）。在后古典拉丁语中，这些复合形式正在得到语法化，越来越扩张开来，后来中世纪说 *moult*（< *multo*）*savant* "非常博学"、*le plus savant* "最博学"，随后 *moult* 被 *très* "非常" 取代。但是，现代法语中还留下几处古代拉丁语比较级的遗迹：世代相传的形容词 *meilleur* "更好"（古法语 *melior*）和 *pire* "更坏"（古法语 *peior*，我们在 *péjoratif* "贬义的" 这个借用词中可以找到它）；向拉丁语借用的词：*inférieur* "更低"，*supérieur* "更高"，*antérieur* "更早，更前"，*postérieur* "更晚，更后"，*majeur* "重大"，*mineur* "次要"；向意大利语借用（16 世纪）以 *-issime* 结尾的词：*richissime* "极富"，*rarissme* "极少"；一些属于运动词汇的未经法语化的词：*junior* "青年级"，*senior* "成年级"；最后还有些词，它们的词源是让人意想不到的：*maire* "市长"（< maior "最大的"），*seigneur* "领主"（< senior，"最年长的"）。

在这一变化中，我们再次看到相同的倾向，即从拉丁语词根后面的非独立词素地位的词缀过渡到现代法语的词干前面的具有独立词素地位的词。

140　　**3. 品质形容词的位置**

　　从拉丁语的"限定语＋受限定语"的词序过渡到现代的"受限定语＋限定语"的词序，在这一整体框架下，我们看到越来越确定的品质形容词后置的倾向。颜色形容词直到 17 世纪都是前置的（*blancs manteaux*"白色大衣"、*rouge gorge*"红色的胸膛"、*vert galant*"绿林好汉"），直到 18 世纪之前，一些并列形容词可以围绕着名词（*de vaillans hommes et sages*"一些勇敢而明智的人"）。形容词的位置过去并不具有我们现今认为它有的区分价值：*un sacré mont*（现在意思为"该死的山"）过去可以指奉献给某个神灵的山（现在说 *un mont sacré*"圣山"），*une certaine nouvelle*（现在意思为"某个消息"）可以指一个可靠消息（*une nouvelle certaine*"一条可靠消息"）。然而，语法学家早就注意到 *une grosse femme*"胖妇人"和 *une femme grosse*"孕妇"之间的差别，尤其从 17 世纪末开始，语法学家依据 *grand*（伟大／高大）、*brave*（诚实／勇敢）、*bon*（亲切／善良）、*galant*（文雅／风流）、*sage*（规矩／明智）等词的前后位置不同来区分其意义。

───◆　综　述　◆───

　　从拉丁语到法语的演变，对于名词词族的元素来说，是向后置的性和数、形容词比较级的词尾变化分崩离析的方向进行的，这些词尾的功能此后由一些放在名词或形容词前面的独立的词素来承担。词序同样被改变，主语和宾语彼此相对动词的位置变成它们的功能标记，"受限定语＋限定语"的词序在名词词组中确定下来：这些变化改变了法语的句法结构。

───────────────── 欲了解更多，请参阅

Chr. 马切罗-尼西亚:《法语的演变》[Chr. Marchello-Nizia, *L'Évolution du français,* Paris, Armand Colin, 1995]
这是历时语言学的现代研究方法的典范。词序问题与指示词问题的研究依据了大量语料。适于程度高的学生。

G. 塞尔巴:《拉丁语的结构》[G. Serbat, *Les Structures du latin*, Paris, Picard, 1980]
清楚地回顾了印欧语向古法语的演变。适于非专业读者，甚至初学者。

O. 苏泰:《古法语与中古法语研究》[O. Soutet, *Études d'ancien et de moyen français*, Paris, PUF, 1992]
第三章《指示词系列》：关于拉丁语的指示词系统及其向古法语的发展。适于程度高的学生。

J. 皮科什和 Chr. 马切罗-尼西亚:《法语史》[J. Picoche et Chr. Marchello-Nizia, *Histoire de la langue française*, Paris, Nathan, 1994 (3ᵉ éd.)]
第四章《词法》，论及本书第十和第十一章探讨的问题。有许多例子。

第十一章　法语的形成：动词

词法：形态的演变
语义：走向一个不同的系统
主语人称代词

　　在拉丁语动词系统向法语动词系统的演变中，不仅发生了简单的类推性的修复再造，以便重新赋予动词变位法以统一性，还发生了时态表达的一次真正的扰动。

一、词法：形态的演变

　　拉丁语的动词变位通过在动词词根上加后缀来指示动词的人称、时与式及主动和大多数的被动形式。没有很多不规则变化，后缀虽然是非重读音节，却是清楚发音的。

1. 人称的标记

人称的标记通过：

单数	复数
第一人称：-o/-m (amo/amem：我爱，让我爱)	第一人称：-mus（amamus：我们爱）

续表

单数	复数
第二人称：-s（amas：你爱）	第二人称：-tis（amatis：你们爱）
第三人称：-t（amat：他爱）	第三人称：-nt（amant：他们爱）

　　单数第一、二人称在现在完成时有些不同：amavi（我曾爱），amavisti（你曾爱）。

　　这些人称的词尾是不加重音的，受到了语音剥落的很大影响。我 142
们在前文（第八章）看到过，为了重建第一人称的标记（在现代法语
中纯粹是正字法意义的），并对 nous"我们"和 vous"你们"人称规范
化，类推作用是如何起作用的（参见本书第 299 页资料 8）。

　　2. 时态系统

　　在式（直陈式和虚拟式）的内部，时被分成两个系列，明确以词
根的差别加以对立：

　　——一个时的系列——现在时、未完成过去时、将来时——被称
为"infectum"（未完成时）；

　　——另一个时的系列——完成过去时（指简单过去时或复合过去
时）、愈过去时、先将来时——被称为"perfectum"（完成时）。

　　它们在形态上的对立是明确的，而它们在语义上的对立则有争议
（居伊·塞尔巴:《拉丁语的结构》）。

未完成时	完成时
——直陈式与虚拟式现在时	——直陈式与虚拟式的完成过去时
——直陈式与虚拟式的未完成过去时	——直陈式与虚拟式的愈过去时
——直陈式将来时	——直陈式的先将来时

在这两个系列内部，放置于词根与词尾人称标记之间的一些词缀标志着时与式的各**时体式动词变位表**（tiroirs）：

——所有动词的共同词缀：比如 -*ba* 用于未完成过去时（*amabam: j'aimais* "我曾爱"），-*re* 用于虚拟式未完成过去时（*amarem: que j'aimasse* "让我过去爱"），-*iss* 用于虚拟式愈过去时（*amavissem: que j'eusse aimé* "让我爱过"）；

——或者依照动词不同而不同的词缀：用于虚拟式现在时和直陈式将来时。

语音的演变扰乱了这一系统。比如 *amarem*（que j'aimasse "让我过去爱"）和 *amaverim*（que j'aie aimé "让我爱过"）与 *amare*（不定式的 "爱"）混淆；*amabit*（il aimera "他将爱"）的发音如同 *amavit*（il aima "他曾爱"）。

3. 未完成时的修复再造

古法语中除了简单过去时与直陈式和虚拟式现在时，任何时体式分配格局都不是原封不动从拉丁语继承：

——未完成过去时早在 13 世纪就经历了最频繁使用形态的类推的普遍化，即拉丁语词根元音是 ē 的形态（-*ēbam*, -*ēbas*）；这些形态随后经历语音演变和类推的修复再造（*je chantoie*，随后 *je chantois*，再后来 *je chantais* "我那时在唱"，参见本书第七章和第八章）；

——拉丁语虚拟式未完成过去时（*amarem*）消失了，法语的虚拟式未完成过去时的形态来自拉丁语虚拟式愈过去时（即 *j'aimasse* 来自拉丁语 *amavissem*，意思是 "希望我曾爱过"）；

——将来时完全被重造（*amare habeo, *amarayyo, amerai, aimerai*）；

——除了将来时，一个新的形态出现了，是在动词 *avoir*（有）的未完成过去时基础上构成的（*amare habebam* 变成 *j'ameroie*，随后经历与未完成过去时相同的演变，变成 *j'aimerais* "我有可能会爱"）：这便是我们称作以 *-ais* 为结尾的形态或 "条件式" 形态。

未完成时的演变

直陈式现在时	*amo*	变成 *aim*，然后 *j'aime* "我爱"（类推）
直陈式未完成过去时	*amabam*	统一后成为 *amoie*，随后 *j'aimais* "我那时爱"（类推）
直陈式将来时	*amabo*	被 *amare habeo* 代替，后者成为 *j'aimerai* "我将爱"
创新	*amare habebam*	变成 *j'aimerais* "我可能爱"（条件式）
虚拟式现在时	*amem*	变成 *aim*，随后 *j'aime* "希望我爱"（类推）
虚拟式未完成过去时	*amarem*	消失，被虚拟式愈过去时 *amavissem* 代替，后者变成 *j'aimasse* "希望我那时爱"

但是，时态系统的最大扰动来自助动词的大规模使用，用于表述被动态和完成时，这再次符合了词素前置的需要，把因词尾发音的演变而变得听不到的词素前置。

4. 被动态

拉丁语的被动态仅仅对于完成时才是复合时态。对于未完成时，"我被爱" 说成 *amor*，"我那时被爱" 说成 *amabar*，凡此种种（参见下页框内内容）。所以，我们再次注意到拉丁语的黏着倾向，它用后缀来标志语态，而各罗曼语则使用助动词 "是"（*être*）。完成过去时、愈过去时和先将来时（完成时系列）中包含唯一一个助动词 *être*，它被变成未完成时系列的时态，而罗曼语则使用助动词的复合形态：

amatus sum 即复合过去时 *j'ai été aimé* "我曾被爱"，*amatum eram* 即愈过去时 *j'avais été aimé* "我在那之前曾经被爱"，等等。

144　　　　在后期拉丁语中，被动态变成完全迂说性的：

未完成时	完成时
古典拉丁语 → 后期拉丁语	古典拉丁语 → 后期拉丁语
amor → amatus sum	*amatus sum → amatus fui*（复合过去时 *j'ai été aimé* 和简单过去时 *je fus aimé*）
amabar → amatus eram	*amatus eram → amatus fueram*（愈过去时 *j'avais été aimé*）
amabor → amatus ero	*amatus ero → amatus fuero*（条件式过去时 *j'aurais été aimé*）
amer → amatus sim	*amatus sim → amatus fuerim*（虚拟式过去时 *j'aie été aimé*）
amarer → amatus essem	*amatus essem → amatus fuissem*（虚拟式愈过去时 *j'eusse été aimé*）
	创新：条件式过去时 *j'aurais été aimé*

也即是说，发生了一种连锁反应：

——黏着的形态（*amor* 等）消失了；

——使用未完成时助动词（*sum* 等）的迂说法的形态取代了黏着形态；

——使用完成时助动词（*fui* 等）的形态代替了 *sum* 等助动词的形态，来表达被动态的完成时。

完成时的时态的再造，即主动态的复合时态的出现，完成了剩余的工作：*fui*、*fueram*、*fuero*、*fuerim* 和 *fuissem* 将被新的形态取代，由此产生法语的复合体 *j'ai été*、*j'avais été*、*j'aurais été*、*j'aie été* 和 *j'eusse été aimé*。

5. 完成时的再造：复合时态的形成

除了这些被动态，拉丁语没有复合时态。现代法语中那些复合形态所反映的概念过去是借助完成时的简单形态来表达的，其中之一即完成过去时，它产生了法语的简单过去时（*venit* 产生了 *[il] vint* "他来了"，*vidit* 产生了 *[il] vit* "他见到了"）。拉丁语的其他形态消失了，被一些借助于助动词的复合形态的迂说法取代。从而在晚期拉丁语及法语和其他罗曼语中，产生了一系列的复合形态，即"助动词＋过去分词"，它们是拉丁语中不存在的；它们中的一个是拼凑而成，那就是法语的复合过去时。

完成时的再造

145

古典拉丁语		法语
直陈式完成过去时	*amavi*	变成 *j'aimai*（简单过去时）
后期拉丁语的创造：变成法语 *j'ai aimé*（复合过去时）		
直陈式愈过去时	*amaveram*	被 *j'avais aimé* 取代
先将来时	*amavero*	被 *j'aurai aimé* 取代
虚拟式完成过去时	*amaverim*	被 *j'aie aimé* 取代
虚拟式愈过去时	*amavissem*	被 *j'eusse aimé* 取代
Amavissem 变得无用之后，被用来代替虚拟式未完成过去时 *amarem*，后变成了法语虚拟式未完成过去时 *j'aimasse*		
后来的类推创新：*j'aurais aimé*（条件式过去时）		

复合时态的创造应该与其他许多创造联系起来看，它们是词尾语音剥落造成的，因为复合时态通过一个独立词素即助动词取代了词尾变化，这个助动词放在动词的过去分词的左侧：这一创造完全再造了直陈式愈过去时和先将来时，拼凑了一种在拉丁语中不存在的时态，即复合过去时，复合过去时的出现最终将带来重大的语义上的后果。

6. 助动词 avoir 和 être 的起源

这些助动词从何而来？它们的频繁使用最终取代了动词的简单形式。

Avoir

助动词 *avoir* 的创造是一种语法化：这个助动词在拉丁语中不存在，但是存在动词 *avoir*（*habere*），意思是"有"。古典拉丁语可以将它与过去分词一起使用，条件是这个过去分词是动词 *avoir*"有"的宾语的表语（*litteras scriptas habeo*：我有写好的信，有信写好了）。但是在许多用法中，特别是与一些判断意义的动词一起使用时，*habere* 已经在丧失它的"有"的完整意义，因为宾语不是一个具体事物的名词，而是一个主张。在拉丁语中这个动词仅仅构成描述过去某个行为在当下的后果的迂说法；G. 塞尔巴从西塞罗的作品中举出 *deliberatum habeo*（我斟酌过）、*cognitum habeo*（我了解到）。这个用法在晚期拉丁语中变得普遍，后置的助动词转到意群的前部，过去分词不再总是配合，这显示出言语者感觉涉及的是一种复合动词形态，而非直接宾语的表语。在古法语中，这种形态扩展到一些不及物动词：

> *Carles li reis, nostre emprerere magnes, / Set ans tuz pleins* **a estet** *en Espaignes.*
>
> （Charles le roi, notre très grand empereur, sept ans tous pleins a été en Espagne. 查理国王，我们的伟大的皇帝，在西班牙待了足足七年。）

Être

助动词 *être* 在拉丁语中用于被动态的过去时；这个助动词得到发展是因为异相动词的类推作用，异相动词是拉丁语中的一种奇怪现象，动词的形态是被动态，但意义是主动的，通常是把人当作某个进程的中心："出生""死亡""享受"，乃至"说话"。与真正的被动态相反，这些异相动词没有主动态的形态，没有施动者补语。这些动词在罗曼语中过渡到主动形态（*nacitur* 变成 *nascit* "他出生"），对于这些动词，被动形态的过去时没有进行改造（*natus est*："他诞生了"）。在高卢和意大利，某些不及物动词受到了这些形态的类推作用的影响；效仿着 *natus sum* "我诞生了"这样的过去时，出现了诸如 *venitus sum* "我来了"（法语 *je suis venu*，意大利语 *é venuto*，但是西班牙语为 *ha venido* "我来了"）。

7. 一些时态消失了

某一些时体式的变位形式消失了，它们是被称作无人称时态的目的式（supin）和副动词（gérondif）两个时态以及与将来时相关的一系列变位形式。实际上，在拉丁语中存在一种将来命令式、一种将来不定式和一种将来分词。

二、语义：走向一个不同的系统

1. 新的时态与陈述方式

从语义上看，重要的事件是两个时态的发明，因为它们将会导致那些时态对立系统的扰动，那就是复合过去时和"条件式"。从词法上看，我们看到可以通过走向切分的倾向来解释这些时态的起源（就条件式和将来时而言，切分之后又有黏着）。

但是，还有其他一些理由，属于陈述层面的理由。实际存在两种看待过去与将来的方式：我们可以把它们看作是一些与言语者的现时完全分割开的时期，它们自成一体，具有自己的前与后（如同在历史叙事中，对于过去：*il arriva ce jour-là*，*il était parti la veille et le lendemain il repartirait* "他那天到，他是前一天出发的，次日他会再出发"，但在对将来的预测为：*il arrivera tel jour*，*il sera parti la veille et il partira le lendemain* "他将在某日到达，他将于前一天出发，此后一天他会再出发"）；我们同样可以从言语者的现时的角度来看待它们，把它们看作一些过去的行为，其结果仍旧是现时的，或者看作一些将来的行为，其预备已经处于现时中（这正是法语中复合过去时 *je suis venu* "我来了"和迂说法的将来时 *je vais partir* "我要出发了"所表达的）。似乎口头拉丁语的这些迂说法的创造与言语者的这种现时视角有关。根据 G. 塞尔巴的看法，完成时的时态具有一种完成的现时的价值，当西塞罗谈到一些刚刚死去的人时，他说 "*viverunt*"（他们曾活过），他翻过一页，把他们生活的时期与自身的现时分离开。与此相反，当拉丁语使用者代替将来时，使用一种用将来分词与 *être* 构成的迂说形式（*venturus est*：他会来），他们是从现时的角度来看待这种将来的。*Venire habeo* "我必须来"，这是更加通俗的表达，是一种更加明确的从现时视角看待将来的方式。当这种方式固定下来，代替因语音原因而注定消亡的将来时，法语将会再次给自己一种新的迂说法，它是与现时关联的：*je vais venir* "我要来"。同样，过去时的迂说形式（*habeo litteras scriptas*：我有些写好的信）强调过去的行为的现时结果。

然而，如果我们看看表现拉丁语未完成时和完成时发生的变化的那两个表格，我们会看出迂说形式的创造导致了拉丁语时态结构中的两个重大变化：

——两种时态共同存在，旧的过去时后来变成法语的简单过去时

（为何它没有像其他完成时的时态一样被替换掉？），而迂说法的过去时后来变成法语的复合过去时；

——产生了与迂说法的将来时并行的两个时态，条件式现在时和条件式过去时，它们是在不定式后加 *avoir* 的过去时的基础上构成的。

2. 简单过去时与复合过去时

a. 简单过去时

在拉丁语的动词系统中，过去时（在词法上是法语简单过去时的祖先）没有与它对立的先前完成的时态，如同法语复合过去时与简单过去时的对立，因此拉丁语过去时能够表达一些与言语者的主体相关联的已经完成的进程，这在现代法语中是不可能的。在现代法语中，如同 É. 本维尼斯特（É. Benveniste，《普通语言学问题》[*Problèmes de linguistique générale*, Gallimard, 1966, I, pp. 237-250]）所指出的，复合过去时标志着言语者个人化身其中的陈述（本维尼斯特称之为"话语"），而简单过去时标志着言语者自我隐没的陈述（他称之为"历史"）。比如，恺撒可以用过去时说：*veni, vidi, vici* "我来，我见，我胜"，而 20 世纪的言语者却不能用简单过去时说：**je vins, je vis, je vainquis*，而必须用复合过去时说：*je suis venu, j'ai vu, j'ai vaincu*。

148

在古法语中，简单过去时的用法很广泛：

——它可以在直接引语中，与表示"今天"和"明天"的时间标记一起使用（这在现代法语中是不可能的），也可以用于第一人称：

"*Rollant li tranchat ier le poing*"（Roland lui trancha le poing hier "罗兰昨天砍断了他的手"，现代法语用复合过去时 *a tranché* "砍断了"）。

"*Hoi matin vos vi plorer*"（Aujourd'hui au matin je vous vis pleurer "今天

早上我看到你哭"，现代法语用复合过去时 *ai vu* "看到"）。

——它可以用于描写：

"*La dame fu bele*"（La dame fut belle "那女士很美"，现代法语用未完成过去时 *était* "是"）

"*Li chevalier tint l'espee*"（Le chevalier tint l'épée "骑士拿着剑"，现代法语用未完成过去时 *tenait* "拿着"）

——它可以用于陈述先于另一个过去的行动的一个行动，即用在现代法语的愈过去时的位置上：

"*Il li demanda ce que tu contas*"（Il lui demanda ce que tu racontas "他问他你之前讲了什么"，现代法语用愈过去时 *avais raconté* "讲了"）。

在现代法语中，简单过去时几乎完全从口语中消失，因为在口语中所叙述的事件几乎总是与言语者的现时相关联，但是简单过去时在书面语中仍然活跃，包括用第一人称（尤其是在那些假托的自传体小说里。加缪的《局外人》是在 1942 年完全用复合过去时写作的，但是他的做法并没有太多人追随。

b. 复合过去时

至于复合过去时，在中世纪的时候，它通常只反映现在的完成（这意味着在那个时代，它可以用来表达相当于现代法语 *j'ai terminé mon travail* "我完成了工作"的意思，即我的工作在这里，完成了，在我面前，但却不能表达 *il y a trois ans, j'ai écrit un livre* "三年前我写了本书"，在后面这种用法中，复合过去时具有了过去时的价值）。

渐渐地，复合过去时变成一种过去时态，一种其影响仍然存在于现时的过去时。比如，在 16 世纪，语法学家亨利·埃蒂安提出了 24 小时法则：对于 24 小时之前的事，必须用简单过去时，对于所有这

24 小时之内的事，用复合过去时。这种情况很快发生变化，因为莫帕在 17 世纪初发现人们只能在某个人已经死去时才可以用简单过去时说 *il naquit* "他出生"，那个时代简单过去时仍旧出现于人们的交谈中；比如，拉摩的侄子是用复合过去时谈到他的，但是却用简单过去时来反映久远的过去：

> [...] *De Socrate ou du magistrat qui lui fit boire le ciguë, quel est* 149 *aujourd'hui le déshonoré?*（苏格拉底与让他喝下毒堇汁的法官，如今看来是哪个丧失名誉？）
>
> 狄德罗：《拉摩的侄儿》[Diderot, *Le Neveu de Rameau*]

复合过去时在口语中的普遍化是比较晚近的：在法国南部，复合过去时的普遍化仍是不完全的。

c. 叙事的时态

简单过去时与复合过去时的结构研究同样应当考虑其他时态在叙事中所占的位置。然而，在 13 世纪骑士传奇的作者们所使用的那种时态系统与我们如今所使用的时态系统之间，表面的相似性掩盖着一些完全不同的功能。

比如，按照 R. 马丁（《时与体：中古法语中叙事时态的用法》1971 年），20% 的动词在中世纪的叙事中是用叙事现在时（历史现在时）的，这个比例早在 14 世纪便大幅缩减，那时显现出用简单过去时来构建叙事的倾向。（从那之后，我们看到一种逆转，有一些小说完全用叙事现在时写作。）但是，在 20 世纪的读者看来古旧的东西，是同一个句子中叙事现在时、简单过去时和未完成过去时交替使用，如同《亚瑟王之死》的这个段落所证明的：

Lors s'affiche Lancelos sur les estriés et se met enmi les rens et fiert un chevalier que il encontra premier en son venir si durement que il porta a terre et lui et son cheval ; il hurte outre pour parfaire son poindre, car ses glaives n'estoit point encore brisiez...（18 章）

（逐字对译：*Alors Lancelot prend appui sur les étriers et se jette parmi les rangs et frappe un chevalier, le premier qu'il rencontra en avançant, si violemment qu'il le porta à terre ainsi que son destrier ; il heurte plus loin pour parfaire sa charge, car sa lance n'était pas encore brisée.* 于是朗思洛夹紧马镫，冲向他前进中遇到的第一个骑士，他撞击得很猛烈，把他连人带马撞翻在地；他向更远地方冲击，发挥他冲击的威力，因为此时他的长矛尚未折断。）

在同一个句子里混用时态，这受到了沃热拉的谴责，这种用法的最后例子是在高乃依的笔下，而他后来进行了纠正。

让人吃惊的是，叙事现在时今日常常使用于直接语体的叙事中（*Alors, j'arrive et qu'est-ce que je vois ? Mon garagiste en train de donner des coups de pieds dans ma voiture!* "于是，我到了，我看到了什么？给我修车的人正在踢我的车！"），但是在中世纪，这个时态几乎不用于此。比如，在特鲁瓦的克雷蒂安的《狮子骑士》中一个人物讲述的故事（卡罗格勒南的故事）的 213 个诗行中，我们只看到三个诗句是用叙事现在时。

至于未完成过去时，在最古老的文本中，它很少使用，因为那时描写可以用简单过去时，因为叙事现在时频繁使用，压制了未完成过去时与简单过去时之间的未完成体和完成体的差别。用于描写的未完成过去时在 14 世纪才取得其地位。未完成过去时作为讲述《追寻圣杯》中人物的梦境的时态被 G. 穆瓦涅研究过（《〈追寻圣杯〉中的梦境语法》[La grammaire des songes dans *La Queste del saint Graal*, 1978]），人们将它与非直接语体的陈述联系起来（所谓的"间接"语境，即并非由转述者做出肯定的语境）。间接引语的未完成过去时早在最早期文本中就是常见的，但是就本文研究的现状而言，似乎未完成过去时作为自由的间接引语标志（在中世纪更多用将来时），其普遍化要等到 17 世纪才完成。最后，所谓"断裂"（前后都是简单过去时用法，用未完成过去时来突出行为——译者注）的未完成过去时（*Huit jours après, il mourait* "八天后，他将死去"）是一种比较晚近的创新，人们认为其最早的使用始自莫泊桑。

按照 É. 本维尼斯特的看法，现代法语提供一种叙事时态的双重系统：

——一个"言语"类型的系统，接纳现在时、未完成过去时、复合过去时和愈过去时，在这个系统中过去是强烈地带入言语者的主体性的（加缪的《局外人》的类型）；

——一个"历史"类型的系统，只接纳简单过去时、未完成过去时和愈过去时，是与言语者的主体性隔绝的（左拉的《萌芽》的类型）。

这个双重系统是慢慢形成的：显然在 12 和 13 世纪的那种语言中它是无法存在的，那个时代人们是将现在时与简单过去时并列使用的。

3. 条件式与虚拟式未完成过去时

前文在第 141 页，我们研究过虚拟式未完成过去时第三人称变位的错误是如何产生的：这是因为这个时态越来越少被人使用。我们同样看到了它的源头，它并非来自拉丁语的虚拟式未完成过去时

（*amarem*），而是来自虚拟式愈过去时（*amavissem*），后者由于复合形态的出现而变得必不可少。虚拟式未完成过去时用于依托于一个过去时的主句动词的虚拟式从句中，以保持时态一致性（*je craignais que tu ne vinsses* "我那时担心你会来"），在这一用法中，它现今通常被虚拟式现在时取代，这倾向于消灭现在时与过去时的对立，有利于表达虚拟性。但是，虚拟式未完成过去时在古语中具有一个重要作用，在古语中，借助拉丁语的残存形式：*si tu voulusses, tu peusses* "你想做，就可以做到"，可以表达现在时、过去时和将来时的假设（即现代法语的 *si tu avais voulu, tu aurais pu* "如果你曾经想要做，你本来是可以做到的"，*si tu voulais, tu pourrais* "如果你现在想做，你是可以做到的"，*si tu peux, tu pourras* "如果你今后想做，就一定可以做到"）。这一假设系统在对于过去的假设中最早被虚拟式愈过去时取代（*si tu eusses voulu, tu eusses pu* "如果你曾经想做，你本来可以做到"）。

但是，这些虚拟式尤其受到了在再造将来时的时候出现的一些的动词形式的竞争。我们看到，在将来时的一些新形态（*cantare habeo* "我要唱歌"）之外，借助不定式和 *avoir* 的未完成过去时的形式，形成了一个并行时态：*cantare habebam* "我需要唱歌"——即现代法语的条件式 *je chanterais* "我或许会去唱歌"。条件式过去时是借助助动词构成的：*j'aurais chanté* "我原本会唱了的"。

151　条件式具有双重价值：

——具有过去将来时的时态价值：*il disait qu'il viendrait* "他那时说他会来" 对应着现在时的 *il dit qu'il viendra* "他说他会来"；

——具有语式的价值，特别是在假设句中：*si tu voulais, tu pourrais* "如果你想要，你就能够（做到）"。

早在最早的文本中，条件式便取得这些价值，但它的使用仍然很有限。

然而，正是这些形态后来在假设句中取代了虚拟式未完成时，随后取代了虚拟式愈过去时。在 12 世纪出现了"直陈式 + 条件式"的句型（*se tu voleie... je te donreie*"如果你愿意……我会给你……"），更晚时出现"直陈式愈过去时 + 条件式过去时"的句型（*si tu avais voulu... je t'aurais donné*"如果你当初想要……我原本会给你"），这一形式在 16 世纪仍属罕见，而 *si tu voulusses... je te donnasse*"如果你想要，我会给你"这一句型在那个时期正走向消亡。在 18 世纪，法兰西学院不建议使用完全由虚拟式未完成过去时构成的假设句系统（*si tu eusses voulu, tu eusses pu*"如果你当初愿意，你原本可以的"），法兰西学院认为它是过时的，但却接受 *si tu eusses voulu, tu aurais pu*"如果你当初愿意，你原本可以"、*l'eusses-tu voulu que tu l'aurais pu*"当初想要的话你原可以的"和 *si tu avais voulu, tu eusses pu*"如果你当初想要的话，你原本可以的"。虽然我们在 20 世纪初的作家笔下仍旧遇到这些形式，但它们似乎在现代法语中消失了。

三、主语人称代词

随着词尾变化的弱化，我们看到主语人称代词的使用在扩大。

拉丁语仅仅对于被本维尼斯特（《普通语言学问题》第 225—236 页）称为"人称"（personne）的内容才使用"人称"代词：我（*ego*），你（*tu*），我们（*nos*），你们（*vos*）。本维尼斯特把第三人称称为"非人称"，在拉丁语里只有自反意义的 *se*。拉丁语已有的代词仅在极少情况下使用：动词的词尾变化已经足够用了。代词的使用是一种强调形式，比如在 "*tu diliquis, ego arguor*" 中，应当理解为"犯错的人是你，受到指控的人却是我"（G. 塞尔巴：《拉丁语的结构》）。

　　在有必要进行首语重复时，人们使用首语重复指示词 *is* 作为第三人称代词。这个代词后来消失，被 *ille* 取代，这同一个指远的指示词产生了定冠词和指示词 *celui*，产生了现代法语的代词 *il*、*elle*（连同其所有变格形式：*le*，*la*，*les*，*lui*，*leur*，*eux*，*elle*）。

　　至于泛指代词 *on* "人们"，它的来源是名词 *homme* "人"，来自这个词在古法语中变格的形态，它在古法语中的主格为 *om*（这是个不规则变格）。这个代词曾在 17 世纪风行一时，那时它常常替代 *je* "我"）（*on a pour vous quelque tendresse* "我对你有些情意"），或者取代 *tu* "你"、*vous* "您，你们"（*Gardes, qu'on se retire !* "卫兵们，你们退下！"）。如今，这个代词倾向于取代 *nous* "我们"（出于减少指代变化的需要？）。

152　　如同冠词的情况，主语人称代词在古法语中也不必要表述，在古法语中话语的人称 *je* "我" 和 *tu* "你" 只是在强调的时候才得到表述："*Quand tu es mor, dulur est que jo vif*"（*Puisque tu es mort, toi, il est triste que moi je vive* "既然你已死去，我活着是多么痛苦"）。

　　至于第三人称，当主语倒装的时候，即每当句子是由宾语或者副词开始的时候，不使用它是正常的。当紧邻主语的动词是并列动词的时候，人们也不用代词来重复主语："*La dame vint avant et a vois haute s'escria*"（*La dame s'avança et elle cria très fort* "那夫人走上前，她大声叫喊"）。

　　然而，人称代词的表述在 14—16 世纪越来越多，虽然省略代词的情况仍然是许可的，尤其是在并列动词一起使用的时候。主语人称代词的强制使用是由 17 世纪的主张语言规范的语法学家强加的。

◆ 综 述 ◆

动词的形态系统遭遇了许多类推的重造；助动词的使用扩展开来，主语代词变成必不可少的人称标记。

然而，语义学意义的变化更大，变化主要发生在叙事中时态的使用和对于假设的表达。两个新的时态，即复合过去时与条件式，最终把简单过去时和虚拟式未完成过去时从日常语言中淘汰了。

——— 欲了解更多，请参阅

H. 博纳尔和 C. 雷尼耶：《古法语小语法》[H. Bonnard et C. Reignier, *Petite grammaire de l'ancien français*, Paris, Magnard, 1989]
关于动词的一章包含一些对于古法语动词用法的有益见解。

H. 于奥：《词法：法语词的形态与意义》[H. Huot, *La Morphologie. Forme et sens des mots du français*, Paris, Armand Colin, 2001]
第九和第十章是对现代法语中动词词形变化的一种有理据的研究方法。

J. 皮科什和 Chr. 马切罗-尼西亚：《法语史》[J. Picoche et Chr. Marchello-Nizia, *Histoire de la langue française*, Paris, Nathan, 1994 (3ᵉ éd.)]
第四章《词法》，论及本书第十和第十一章探讨的问题。有许多例子。

G. 塞尔巴：《拉丁语的结构》[G. Serbat, *Les Structures du latin*, Paris, Picard, 1980]
第四部分《动词》包含对于动词语态、时态和语式及其在后期拉丁语中的演变的浅显易懂的语义研究。

第十二章　法语的形成：正字法

缓慢的演变
一些新符号
几个奇怪拼写法的起源

一、缓慢的演变

专家们区别出两种类型的文字：表音文字和表意文字。表意文字，即古埃及和中国的文字，是用一个代表它的图形来表示一个字。表音文字则用一个符号（字素或字位）来表示每个音；理想的表音文字是这种音位／字位的对应关系单向双系列对应（bi-unique），即一个字位绝不表示多个音位（法语中 *c* 标记 /k/ 或 /s/），而一个音位绝不用多个字位或字位群来表示（法语中 /k/ 音标记为 *k*、*c* 甚至 *ch*）。人们将接近于这一理想的正字法称作表音正字法（orthographe phonétique，有时用 phonographique "表音" 一词）；通过扩展，对于并非如同表意文字那样每个字用一个图形表现，而是将一个词分成音位，给予音位视觉上可识别的样貌，让人们可以将它与同词族的其他词联系起来，或者在视觉上把它与同音词区分开（*saint* "神圣"，*seing* "签名"，*sein* "乳房"），人们称之为表意类型的正字法。法语的标示词源的文字的形成，是由于在诸多世纪中，一种重要的拉丁语的约定俗成的书写符号系统与法语的约定俗成的书写符号系统曾经并存，法语的文字被视作一种表意类型的正字法。

1. 最古老的文本：一些标音问题

154

拉丁语的正字法[1]是一种表音正字法，具有字位与音位的很好对应关系，但是各罗曼语已经大大远离了拉丁语的发音。那些最早开始书写当地语言的文士们必须解决的问题是一种正字法问题：他们所拥有的文字，即拉丁字母，对应着拉丁语的语音，但是必须使用拉丁字母来记录各种新出现的语音，它们往往受到日耳曼语发音的影响。拉丁语是文士们唯一会写的文字，当然，尽管有加洛林王朝的改革，他们的拉丁语发音与他们母语的发音比较接近。但是，早在最早的文本中，我们便看到他们犹豫的地方在何处：词尾元音的书写法、某些元音如起源自拉丁语长音和短音 *o* 的一些音的书写法，乃至对词的单位的识别。比如，《圣莱热传》的书吏写道："*Rexschielpering ilsefud mors*"（ le roi Chilpéric était mort "希尔佩里克国王早就死了"），这是因为意群 *Rex Chielperings*（希尔佩里克国王）和 *il se fud* (il se fut) 在他看来是形成一个单位的。

2. 古法语：一种表音文字（écriture phonétique）

从 11 世纪中叶开始，古法语的正字法开始确定其规则，这并不排斥变体：在同一稿本中，看到一个词隔着几行距离被拼写为不同形式不足为奇。在最早的文本中，正字法的标音只是近似的，因为文本的

1　虽然正字法是对书写形式进行规范时产生的，但出于简化和统一的需要，笔者在本章与其后章节只使用正字法这个词，应理解为"记录口语的最佳方式"。——编者原注

传播是通过口语进行的，那些稿本仅仅为那些高声背诵的说书人充当备忘录：*uile* 的发音是按照 *uile*（huile "油"）还是按照 *vile*（ville "城市"），*pie* 是表示 pie "喜鹊" 还是 pied "脚"，对于一个将文本熟记于心或者几乎背诵的朗读者来说并不重要。

因此，随着人们拥有一些字素来反映人们听到的语音，文字仅仅是表音的（*fere* 表示 faire "做"，*ki* 常常表示 qui "谁"），但元音系统难以记录，因为那个时代的发音有超过 15 个二合元音和三合元音（*eu, ue, oi, au, eau, ieu*，等等）。

最后，因为这些文本是韵文（同时代的拉丁语文本并非全部如此），所以除了某些段落起首的一些彩绘的大字母，并没有标点。

3. 中古法语：一种表意文字（**écriture idéographique**）

155

从 13 世纪开始，文本的传递不再仅仅是口头的，散文体开始取得地位：人们同样用法语来起草一些司法和行政文本。随着散文体，出现了与我们现在了解的标点非常不同的一种标点法：文本被一些彩绘的段落首字母划分为段落，这些字母是红蓝交替的，通常各自标记段落的起首与结尾，但并非总是如此，一些点对应着一些停顿，通常在意群的结尾处，但并不一定在句末。稿本变得不那么稀缺，成为买卖的对象，它们不再由僧侣抄写，而是由一些世俗抄书匠抄写，他们使用一种带有许多略写法的书写很快的文字。人们换了文字：代替加洛林书体的是哥特体和杂交体，其中某些字素（尤其是 *u*、*n* 和 *m*）被化为一些纵画线。从这时起，出现了最早的正字法转变，或多或少具有词源提示意义的添赘的字母有时具有一种区分功能。在 14—16 世纪，*hiver* "冬天"、*pied* "脚"、*febve* "蚕豆"（其中 *b* 让人不会读成 *feue*），*mais* "但是"（与 *mes* "我的" 区别开）的拼写法确定下来；同样是在那时，词尾的 *y*、*x* 和 *z* 发展起来。但是，虽然一些标示词源的选择具有真正的区分意义，但许多看起来却是添赘的，是学者们随自己喜欢去做的，目的是要将法语词语与真正的或推测的拉丁词源拉近（于是 *savoir* "知道" 被写成 *sçavoir*，因为人们以为它源自 *scire* "知道"，但是这个词实际上源自 *sapere* "感觉；知道"）。正是在这个时期，法语正字法变成了表意类型的，即每个词开始具有一种独特样貌，让人们可以通过一种整体感知来识别它。高声朗读对于解读文本不再是必要的，词能够以整体的方式在默读中被人识别。

在 15 世纪初，第一部正字法论著《法语正字法》（*Orthographia Gallica*），出版于英国。

4. 印刷术：变音符号的发明

在 16 世纪，印刷术的发明导致对明晰性的更高要求：在稿本中经常使用的略写法消失了，人们建立起一套大写字母系统，引入一些标点符号，很快就在某些 *e* 字母上采用了一些音符。人们将词与词分开。字素 *j* 和 *v* 于 1558 年在里昂的马罗作品的出版商那里第一次出现。这同样是最早尝试改革正字法的时代，比如语法学家梅格雷的正字法改革，他在自己的出版物中采用了他所提出的正字法，还有佩尔蒂埃和拉缪所提出的正字法改革。

标点符号是何时普及的？　　156

16 世纪	句号，逗号，冒号，分号，问号
17 世纪	分号和惊叹号普及，发明了引号
18 世纪	省略号
19 世纪	破折号，方括号

5. 一些相继的改进

对于记录和固化一些往往早就被出版商使用的变化，词典起到了很多作用。我们可以举出罗伯特·埃蒂安的法语—拉丁语词典（1549 年）和里什莱的法语词典（1680 年）。

在 17 世纪末（1694 年），出现了第一部《法兰西学院词典》，它开始对前几个世纪"词源"文字进行清洗：取消了一些添加在词尾的辅音字母，如 *ung* "一"、*nud* "裸的"、*bled* "麦"、*nuict* "黑夜"，和添加在词中的辅音字母，*apvril* 变成 *avril* "四月"、*adiouter* 变成 *ajouter* "添加"。不发音的元音字母脱落了：*rheume* 变成 *rhume* "感冒"，*aage* 变成 *âge* "年纪"。法兰西学院词典一版再版，继续简化用法，第三版（1740 年）使用字母上的开音符，规范了长音符的用法，在第四版中长音符将仅仅放在长元音的上面。于是，*fenestre* 变成 *fenêtre* "窗"。

在 18 世纪，出版商开始采用所谓"伏尔泰"的正字法，虽然伏尔泰并非其发明者，也就是说未完成过去时词尾的 *-ais*、*-ait*、*-aient* 代替了 *-ois*、*-oit*、*-oient* 的书写方式。这种书写法肯定了 16 世纪以来所获得的发音，但是直到法兰西学院词典的第六版（1835 年）才被接受。

1835 年这一版同样规范了 *-en* 和 *-an* 结尾的单词复数（比如直至那时之前，人们都写 *un enfant* "一个孩子"、*des enfans* "一些孩子"［现代法语 enfants］），这一改革意义重大，因为它规范了所有现在分词。但是，同一版词典却重新引入了带有希腊字母（*y, th, ph*）的各类书翰写体，用在一些如 *asyle* "庇护所"、*anthropophage* "食人"的词中，这是之前的版本已经消灭的。

还有没什么创新的第七版（1878 年）和第八版（1932—1935 年），第九版正在编纂：2012 年以来，前三卷（*A-"recez"*）已经就绪。

6. 正字法的固化

正字法的调整主要关系到出版商，是他们在确定规范，而手写体可以非常乖张（参见下文框内容）。

Sire, trans porté de ioye et de gratitude des effets de clemance quil plait A Vostre Maiesté de repandre sur moy; ie demeure confondu Sire dans leimpuissance où, ie suis danployer des paroles a des graces qui me sont aussi sansible. "陛下加于我的宽大让我无比快乐与感激；我不知所措，没有能力用言语来说出我感受的恩泽。"——洛赞（17 世纪）

Il nia heure dans la journee que vous ne Soyez fort bien traitee chéz moy; nen Soyez point Scandalisee Cella ne vous fera point daffaire. "您在我这里没有一刻不被善待；别太恼怒了，这对您没什么好处。"——沃邦（17 世纪）

Vous voudres bien quejevous donne encore celle cy. Jevous demande encore destrepersuadee de mon respect etdemarecognaissance etjesuis plus quhomme du monde v^re treshumble et tres obeissant serviteur. "请您接受我再给您表明下面的话。我再次请您相信我的敬意和感激，我比世上任何人都更像您谦卑和顺从的仆人。"——拉罗什富科（17 世纪）

Monsieur vous me permettres de souhaitter la paix car ietrouve auec vostre permissionquune heure de Conuersation vaut mieux que cinquante lettres... "先生，您允许我讲和，因为我觉得蒙您允许，一个小时的谈话胜过五十封信……"——塞维涅夫人（17 世纪）

Ils veule me fere de la Cademie, cela miret come une bague a un chas. "他们想要让我进学士院，这适合我，就像一枚戒指适合一只猫。"——萨克斯元帅（18 世纪）

根据 F. 布吕诺：《法语史》[D'après F. Brunot, *Histoire de la langue française*, IV-I, pp. 150-156]

要等到拿破仑帝国倒台，正字法才由在师范学院中规范小学教师培养的文件固定下来，文件要求他们通过"师资资格证书"，证明他们了解语法和正字法。这种正字法的教育很快就传授给所有法国孩子，成为承认完成小学教育的"学业证书"的考试项目。一个人们不想要的副作用由此而来，那就是文字的演变遭到阻断：因为辛苦获得的知识被人们当作某种社会层级的象征，乃至成为了解法语所有精妙之处的证明。本来仅仅是工具的东西，后来变成了一种信仰对象（比如，请看看"贝尔纳·毕佛听写"的成功，这是每年都仍然组织的拼写比赛），它将所有不规则用法加以固化，禁止任何演变。

比如，1901 年的法令要求在考试中宽容下面写法 *des habits de femme* 或 *de femmes* "女装"［过去 femme 不可用复数］，将复数标记用于前面已有复数冠词的专有名词上（*les Duponts* "杜庞家"［过去 Dupont 不可加复数］），*une demi* 或 *demie heure* "半个钟头"［过去只能用阴性］，*avoir l'air doux* 或 *douce* "她看着很温柔"［过去用阳性］，*ils ont leur chapeau* 或 *leurs chapeaux* "他们拿着帽子"［过去 leur chapeau 用单数］，允许使用 *quatre cents trente hommes* "430 个人"［过去有零头的百不加复数］和 *une nouveauée* "新生女婴"［过去没有阴性形式］，甚至允许以 *avoir* 作助动词的过去分词都不进行配合，但这一条从未得到实行，虽然在 1977 年又被重申了一次。

最近一次的改革尝试是由法语高级委员会提出的，但并非强制执行，1990 年关于拼写改革的报告，其最大胆处在于规则化所有合成词的配合形态，将连字符加以普及（*des gratte-ciels* "摩天大楼"［过去是不变复数的］），消除那些不再标记元音加长的长音符，因为它们如今在法语中不再有长音，而这份报告引起了公愤。依据丽丝洛特·比德曼–帕斯科的调查（2002—2004 年），这些改革在比利时、加拿大法语区和瑞士，要比在法国更好地得到了传授，所以也更加为人所了解。

1990 年的报告提出的主要改革

——合成的数词由连字符合在一起（比如 *vingt-et-un* "21"，*deux-cents* "200"，*trente-et-unième* "第 31"）。

——在 *pèse-lettre* "信件秤" 这一类（动词＋名词）或 *sans-abri* "无家可归者" 这一类（介词＋名词）合成名词中，在词用于复数时，第二个元素标记复数（比如 un *compte-goutte*, des *compte-gouttes* "滴管"；un *après-midi*, des *après-midis* "下午"）。

——在某些词中（为了将它们的拼写法规则化）和一些按照 *céder* "让" 的模式变位的动词的将来时和条件式中使用开音符（而非闭音符）（比如 *évènement* "事件"，*règlementaire* "规章的"，je *cèderai* "我将让步"，ils *règleraient* "他们会结账"）。

—— *i* 和 *u* 上的长音符消失（例如 *cout* "成本"，*entrainer* "导致"，*nous entrainons* "我们训练"，*paraitre* "出现"，*il parait* "似乎"）。尽管如此，在简单过去时和虚拟式的动词词尾中仍旧保留长音符。

——以 *-eler* 和 *-eter* 结尾的动词，变位同 *peler* "剥皮" 或 *acheter* "买"。以 *-ment* 结尾的派生词也遵循相应动词的变位形式。但动词 *appeler* "叫"、*jeter* "扔" 及其合成词（包括 *interpeler* "招呼"）是这个规则的例外（例如 j'*amoncèle* "我堆积"，*amoncèlement* "堆"，tu *époussèteras* "你将掸土"）。

——借用词（外来语）的复数的构成与法语词相同，它们的重音也按照法语词适用的规则（例如 des *matchs* "比赛"，des *miss* "小姐"，un *révolver* "手枪"）。

——在某些词中必须进行接合，特别是包含在 *contr(e)-* 和 *entr(e)-* 的词中、在象声词和外来语中、在由书翰词元素构成的词中（比

如 *contrappel* "核对"、*entretemps* "在此期间"、*tictac* "嘀嗒声"、*weekend* "周末"、*agroalimentaire* "食品加工的"、*portemonnaie* "零钱包")。

——那些曾经以 *-olle* 结尾的词和曾经以 *-otter* 结尾的动词只写成单个辅音。动词的派生词同样也写成单个辅音。这个规则的例外是 *colle* "胶"、*folle* "疯"（阴性）、*molle* "软"（阴性）和以 *-otte* 结尾的名词的同族词，如来自 *botte* "靴子" 的 *botter* "穿靴子"（例如 *corole* "花冠"、*frisoter* "使微微卷曲"、*frisotis* "小卷发"）。

——分音符移至 *-güe-* 和 *-güi-* 序列之中的发音字母 *u* 的上面，也在某些词上添加分音符（例如 *aigüe* "尖锐"、*ambigüe* "含混"、*ambigüité* "含混性"、*argüer* "推论"）。

　　根据关于官方建议的法语新正字法的信息网站 [D'après le « site d'information sur la nouvelle orthographe française officiellement recommandée »]

159　二、一些新符号

1. J 和 V

在中世纪，*j* 和 *v* 作为字母形态是存在的，但是并非字素：*i* 和 *j* 既用作元音也用作辅音，*V* 充当 *u* 的大写字母，而 *u* 既可用作元音也可用作辅音。因此，在 11—12 世纪的表音文字中，*iver* 可以被读为 *iver*（hiver "冬天"）或者 *juer*（jouer "玩，演奏"）；*iure* 可以读为 *ivre* "醉" 或 *jure* "发誓"；*seue* 可读为 *seue*（sue "出汗"）或 *seve*（sève "汁液"）；*feue* 可以读为 *feve*（fève "蚕豆"）或 *feue* "已去世的"（阴性）。在中古法语中，添加提示词源的辅音，具有一种区分功能，用来指示下面接着的字素应该被读作一个辅音：*apvril* "四月"，*febve* "蚕豆"，*debvoir* "义务"，*ensepvelir* "埋"，*adiectif* "形容词"，*adiouster* "添加"，*advenir* "发生"，*brefve* "简短"。然而到了后来，在某些例子中，拼写中有些原本不发音的字母也被人发音（*adjectif* "形容词"，*advenir* "发生"）。用来标记两个辅音的 *j* 和 *v* 出现于文艺复兴时代，在 17 世纪被荷兰的印刷商首先采用，随后在法国得到采用。它们的使用让人们在首版《法兰西学院词典》中就能通过删除一些提示词源的辅音字母来进行了一些简化。

2. 音符

在古法语中，音符不存在，因为拉丁文中仅仅存在一个 /e/ 音（或长或短）。然而，中世纪的语言中拥有几个发音近似的音，开口度或大或小，音长或长或短——因为法语在长时期里曾拥有一些长元音和短元音。比如，曾经存在一个 *e*，它源自拉丁语重音的 *a*（*cantare* 变成了 *chanter* "歌唱"），对这个字母的韵脚和半谐音韵的研究显示它具有一种特别发音，但是哪个音呢？回到我们只讨论的保留下来的语音的问题，字素 *e* 在那个时代既记录脱落音 *e*，也记录（长音或短音的）开口音 *e* 和闭口音 *e*，以至于 *pie* "喜鹊" 和 *pied* "脚" 被写作 *pie*，而 *porte* "门" 和 *porté* "被抱着" 只能从上下文来进行区别。

从 13 世纪开始，人们进行了一些尝试来弥补这种不足。有时，我们看到出现一种下面加软音符的 *e*，用来将开口音 *e* 和闭口音 *e* 与脱落音 *e* 区分开来。但是，那些提示词源的辅音字母同样有此功能，这些辅音字母被补加进来，如同在 *pied* "脚" 中，人们用它来与 *pie* "喜鹊" 区分开，或者人们保留下来一些已经很久以前就不发音的辅音字母（*teste* "头"）。甚至在词源意义上不需要的地方，人们同样添加辅音字母（*esgal* "平等的"）。

　　闭音符出现在 16 世纪，但是它仅用在真正有用的地方：人们曾长期书写阳性的 *porté* 和阴性的 *portee*，因为两个 e 的序列只可能被读成 -*ée*（阳性复数作 *portez*，其中 z——见后文——同样导致读 /e/ 音，阴性复数为 *portees*）。这个音符来自于当时印刷活字的创新，似乎源自于意大利，最初是为了标志拉丁语文本中的重音字母。辅音前面的 s，双写的辅音字母（*peler* "剥皮"，*pelle* "剥"），词尾的辅音字母（*pied* "脚"，*bled* "麦"）同样用于反映这个音。开音符和长音符要更迟些，但我们在 17 世纪末的里什莱的词典中看到了它们。

3. 用来书写外来语的两个字素

　　在 20 世纪初，w 被用于外来语，总是用作首字母；19 世纪的词典称它为 "外语字母"。/w/ 音则被标记为 *ou*（*oui* "是"，*ouate* "棉絮"，*Edouard* "爱德华"），这个音与 /a/ 音结合，同样出现于不可分解的双字母 *oi*，在其中没有一个字素是对应一个音素（*oiseau* "鸟"，*poire* "梨"）的。

　　在古法语中，k 有时被用来记录来自拉丁语 *qu*（发音为 /kw/）的单辅音，比如 *qui* "谁"被写作 *ki*，后来 k 随着印刷术的普及而消失；从 18 世纪开始，为了标记一些外来词，k 又回归了：*képi* "军帽"，*kirsch* "樱桃酒"，*kiosque* "亭子"，等等。

三、几个奇怪拼写法的起源

1. 双字母：一些古老的二合元音

用来标记 /o/ 的 *au* 和 *eau*，以及标记 /œ/ 和 /ø/ 的 *eu*，这些**双字母**

（digraphe）（或者三字母 [trigraphe]）从何而来？这总是与中世纪的一些古老的二合元音（或者 *eau*"水"的三合元音）有关，它们后来缩减成这些书写法今天所代表的音。最初这些字母是用来记录在辅音前面的元音化的 *l* 所取得的音，它发音有点像拉丁语的 *u*（比如：*alter* 变成了 *altre*"另外的"，当时的发音是 /awtr/）。书写法 *eu* 最先出现，用来记录人们在以 *-el* 结尾的词的复数词尾所听到的二合元音（*chevel*，*cheveus*"头发"），它的用法扩展到记录由拉丁语的长音和短音 *o* 以及短音 *u* 变成的相同的二合元音：*fleur*"花"最初写作 *flor*，*peut*"可以"最初写作 *puet*。*Beaus*（现代法语 beaux"美的"［复数］）在 16 世纪的时候仍旧发音为 /beaos/。

由辅音前面的 *ol* 发展成的二合元音 *ou*（*moldre* 变成 *moudre*"磨"），曾经被用来解决一个正字法问题。我们在前文中看到，在 7 世纪保留下来的全部的拉丁语 /u/ 都过渡到了 /y/——*pur(um)*"纯净的"，它过去的发音是 *pour*，过渡到了 *pur* 的发音——但拼写却未变。但是，随着时间过去，一些新的 /u/ 音出现了，它们是闭口的而且非重读的 *o* 演变成的。如何记录它们呢，既然 *u* 这个字素已经被使用了？*moudre*"磨"中的新的双字母因此被推广开来记录新的音素，中世纪稿本中写成 *por*"为了"、*voloir*"想要"、*cort*"跑"的地方，因此将变成 *pour*、*vouloir*、*court*。 161

记录 /wa/ 的书写法 *oi* 可上溯到一个非常古老的发音 /oj/（参见本书第 123 页）。当前，这个书写法的奇怪之处在于它通过约定俗成记录 /w/ 和 /a/ 两个音，但它们与这个书写法没有任何共同之处（与 *ouate*"棉絮"的发音相比较）。

用来记录 /ɛ/（开元音 *e*）的书写法 *ai* 同样来自一个古老的二合元音，它通常从中世纪的正字法中消失，中世纪的正字法写 *fere*"做"、

plere "让人喜欢"、*mes* "但是"，但在词尾的位置上却写 *parlerai* "我将说" 和 *parlai* "我曾说"。当词源允许的情况下（拉丁语中曾存在 *a*），它被重新引入来记录 /ɛ/ 音：*mais* "但是" 来自 *magis* "但是"，*faire* "做" 来自 *facere* "做"。

2. 非词源性的 H

H 通常是词源性的，要么是拉丁语的，它在拉丁语中已经不发音（*homo* 变成 *homme* "人"），要么是日耳曼语的，在日耳曼语中它是被着意发音的（*haimgard* 变成 *hangar* "库房"）。因此，通常所谓 "哑音" 的 *h* 来自拉丁语，而所谓 "嘘音" 的 *h* 来自日耳曼语。但是，存在某种非词源性的 *h*，比如在 *huile* "油脂"（拉丁语 *oleum*）、*huis* "门"（拉丁语 *ostium*）、*huit* "八"（拉丁语 *octo*）、*huître* "牡蛎"（拉丁语 *ostreum*）中。在所有这些以 *u* 音开头，后面跟着元音的词中，*h* 曾被用来指示字素 *u* 是一个元音，是为了避免被读成 *vile* "城"、*vis* "脸"、*vit* "阴茎"、*vitre* "窗玻璃"；随后，这个字素扩展到其他词，在这些词中，*u* 被读成辅音的情况是不太可能出现的，比如 *hurler* "嚎叫"（拉丁语 *ululare*）。

另一种非词源性的 *h* 很早就被用来标记一个拉丁语所没有的音，/tʃ/ 后来变成 /ʃ/，中世纪的人用词源意义的 *c* 后面加日耳曼语的 *h* 来书写，他们觉得这样最接近这个发音。因此，拉丁语 *cantare* 的后代写作 *chanter* "唱"。

3. 词尾的 X

我们看到 *cheval* "马" 的复数曾经是 *chevaus*。但是中世纪的书吏们曾使用很多略写法来简化自己的工作。词尾的 *x* 就是一种略写，

它结合了两个字母 *us*。所以，人们曾经写 *chevax* "马"、*Dex* "神"
（*Deus*）、*chevex* "头发"、*cox*（*cous* "脖子"）；在 16 世纪，当人们普
及双字母 *au*、*eu*，取消了略写法，重新写 *chevaus*、*cheveus* 的时候，
人们保留了这个 *x*，包括用于复数标记的时候。在古法语仅限于用一
个 *s* 的地方（*nois* "核桃"，*vois* "声音"），人们甚至添加了几个词源
性的 *x*，因为这个字素获得了一种区分功能，指示这里必须读一些单
音，而非两个元音。16 世纪末的一位语法学家说："古人用 *x* 写某些词
如 *ennuyeux*（烦人）、*voix*（声音）、*noix*（核桃）、*canaux*（运河），他
们这样做似乎是担心人们读作 *enuie-us*、*vo-is*、*no-is*、*cana-us*。"

4. 词尾的 Z

162

词尾的 *z* 同样是一种略写法，是对词尾 /ts/ 音的略写；它在中世
纪出现于拉丁语所有以 *-atis*、*-itis* 结尾的词的词尾，即法语中以 *é* 和 *i*
为词尾的词：用于单数主格和复数宾格如 *amitiez* "友谊"、*partiz* "分
享"，用于过去分词复数和第二人称复数（*vos chantez* "你们唱"），
用于 *assez* "足够"（拉丁语 *ad satis*），并通过类推作用用于 *nez* "鼻
子"。当 /ts/ 这个音不再发音时，*z* 被保留在以 *-é* 结尾的词里，因为这
方便标记它们的发音，避免读成脱落音 e：*(tu) pries* "你祈祷"，不同
于 *(vous) priez* "你们祈祷"。

后来，闭音符的引入解决了这一问题。1762 年《法兰西学院词
典》决定取消词尾的 *z*——这是早在近百年之前就由高乃依提出过的
建议！——并且由此统一以 *-é* 结尾的词的复数，从而统一过去分词的
复数（*amitié*、*amitiés*、*chanté*、*chantés*）。词尾 *z* 仅仅保留在它不标志
复数的词里（*chez* "在……家"、*nez*、*assez*）和复数第二人称的动词
变位里。这是一次词法性质的改革。

5. 动词的第三人称复数

第三人称复数的词尾 *-ent* 对于拉丁文 *-are* 类型变位的词是词源性的（*cantant* 变成法语的 *chantent* "他们唱"），在其他地方则是类推性的。其中的 *e*（拉丁语词尾 *a* 演变的结果）在 16 世纪时不再发音，但是它被保留下来，因为在某些形态中，它维持着词根辅音的发音（*chant-ent*），在另一些形态中，它起着分隔字母的作用，避免在写出 *oint* 和 *aint* 的时候被读成 /wɛ̃/ 和 /ɛ̃/。17 世纪末的一位语法学家写道："决不要写 *ils faisoint*（他们正在做）、*ils disoint*（他们在说），而应写 *ils faisoient*、*ils disoient*"（*oi* 为古典法语时期的形态，19 世纪官方正字法改作 *ai*——译者注）。

6. 双字母 AN 和 EN 的分配

鼻化作用对于元音具有一种开放性，后面跟着鼻辅音的 *e* 与同样位置的 *a* 的发音是相同的。所以 *an* 和 *en* 标记同一个 /ã/ 音。对于许多词发生了某种统一进程: *dedans* "从里面"、*andouille* "肥肠"、*ambassade* "使馆"、*bande* "带" 过去被写成 *dedens*、*endouille*、*embassade*、*bende*。但是，这种标准化对于 *gent* "族类" 和 *cent* "百" 是不可能的，因为会导致它们被读成 *gant* 和 *cant*。不管怎样，许多词没有被改造，比如介词 *en* "在……"，如果改造的话，它可能会与 *an* "年" 混淆，但在 *sentir* "感受"、*dent* "牙" 等词中也没有改造，人们在这些词里保留了词源形态。

7. 几种双写辅音字母

163

许多双写辅音字母是由 R. 埃蒂安引进的，目的是指示它们前面 *e* 的读音为 /ɛ/，不论它们是否是词源性的: *appelle* "我叫"，*terre*

"土地"。

　　古法语将 *femme* "女人" 写作 *feme*，发音为 *fan-me* /fãmə/，将 *pomme* "苹果" 写作 *pome*，发音为 /põmə/，也就是说在鼻辅音前面的 *e*、*o*、*a* 被鼻音化，不论鼻辅音是否在词尾，不论鼻辅音后面跟着辅音还是元音（这种情况一直持续到 17 世纪初，那时，在发音中，后面跟着鼻辅音的鼻化元音开始非鼻音化）。但是，在 16 世纪，人们开始将正字法加以合理化，当同一个字素既反映口腔音又反映鼻化音的时候，这是很碍事的。第一次改革未能成功，它是在元音上面加一个鼻音符 õ。我们在 R. 埃蒂安的词典中看到的被人们采用的方案，是使用双写的 *n* 或 *m* 来代替鼻音符（双写的第一个辅音标志着这个元音是鼻化的，第二个标志着第二个辅音是独立发音的）。但是，这种双写的辅音并不出现于以借用的后缀结尾的词里（在拉丁语中没有鼻化）：*donation* "捐赠"、*bonifier* "改良"、*introniser* "即位"、*donataire* "受赠人"、*donateur* "捐赠人"，而在世代相传的后缀中却能看到双写辅音字母：*sonnaille* "铃声"、*sonneur* "敲钟人"、*donnée* "资料"。

　　不可以总是信赖古籍版本中的正字法，特别是以 17 世纪文本为基础的版本，它们被人现代化了，目的是为了方便阅读。

　　　相继的调整造成错误的印象，认为正字法始终是不变的，凑巧同我们现代的一样。主要是 19 世纪，由于现代的整齐划一的版本的大规模发行，帮助传播了存在某种永恒的从而不会改变的正字法的这种教条而贫乏的观念。

　　　　　　　　　　　妮娜·卡塔施:《正字法》[Nina Catach,
　　　　　　　　　　　L'Orthographe, *op. cit.*, p. 46]

—◆— **综 述** —◆—

　　法语正字法的问题一直是人们使用拉丁语的字素，而语音相对于拉丁语模板却发生了巨大演变，这些拉丁语字素常常不太适合记录新的音素，在拉丁语与法语两种约定俗成的书写法的共存中，拉丁语对于法语具有很大制约。不论是真正的还是臆想的词源的影响，功能目的的使用、挪用，拉丁语提供给文士们的手段，这些赋予了法语正字法的样貌，法语正字法更多是表意性的，而非表音的。

164　　　正是在正字法这一领域，我们看到人们表现出对改变的最大抗拒。

────────────── **欲了解更多，请参阅**

C. 布朗什−本维尼斯特和 A. 谢韦尔：《正字法》[C. Blanche-Benveniste et A. Chervel, *L'Orthographe*, Paris, Maspero, 1969]
两位作者采取功能的视角，尝试用文字的必要性来解释中古法语所谓的指示词源的发明。本书在本章中未对该书太多提及。对于程度高的学生，该书容易阅读。同时，可以参考 C. 布朗什−本维尼斯特在 M. 雅盖罗主编的《法语全书》[M. Yaguello, *Le grand livre de la langue française*, Seuil, 2003] 中撰写的一章。

B. 切尔奎利尼：《记忆的音符》[B. Cerquiglini, *L'Accent du souvenir*, Paris, Minuit, 1995]
关于法语音符的历史，特别是长音符。

N. 卡塔施：《正字法》[N. Catach, *L'Orthographe*, Paris, PUF, coll. « Que sais-je ? » 1978 (6ᵉ éd. corrigé 1995)]
对于正字法及其改革的简明历史。可轻松阅读。

第三部分
历时语言学研究

第十三章　一种新语言从拉丁语中挣脱

5—6世纪的民众拉丁语
原始法语：《斯特拉斯堡誓言》
古法语（13世纪）：雷诺·德·博热的《英俊的陌生人》

一、5—6世纪的民众拉丁语

1. 文本 [1]

5—6世纪基督徒墓葬铭文

Hoc tetolo fecet Montana, coniu sua, Mauricio, qui uisit con elo annus dodece et portauit annus qarranta. Trasit die VIII kl lunias.

誊写成拉丁语

Hunc titulum fecit Montana, coniux eius, Mauricio, qui uixit cum ea annos duodecim et portauit annos quadriginta. Transit die octauo ante kalendas lunias.

1　文本、注释与法语译文根据 P. 布莱、D. 孔索和 F. 凯格鲁根：《拉丁语语言系统入门》[P. Boulet, D. Conso, F. Kerglouegan, *Initiation au système de la langue latine*, Paris, Nathan, coll. « Fac », 1975, p. 219]。本引文摘自 E. 迪尔：《古老的基督教拉丁语铭文》[E. Diel, *Inscriptiones latinae christianae veteres*, II, Berlin, 1961, 85 § 2917]。——编者原注

法语译文

C'est pour Mauricius que Montana son épouse a fait cette épitaphe, [lui] qui vécut avec elle pendant douze ans et qui avait quarante ans. Il mourut le 8ᵉ jour avant les calendes de juin.

（是为了莫里休斯，他妻子蒙塔娜立了这块碑，他与她共同生活了 12 年，死时 40 岁。他于 6 月朔日前 8 天去世。）

2. 注释

——*Hoc* "此"：/k/ 音前的鼻辅音脱落，或者因为词性的混淆而变成中性。

——*Tetolo fecet* "立碑" < *titulum fecit*：拉丁语元音的音色改变，短元音的开口度变大（短元音 *u* 变成闭元音 *o*，短元音 *i* 变成闭元音 *e*）。

——*Coniu sua* "他妻子"：自反意义的主有词 *suus*（自己的）与非自反意义的主有词 *eius*（他的）混淆。罗曼语系在 7 世纪得到确立：*suus* "他的" 指单一的所有者，*eorum* "他们的" 和 *illorum*（变成现代法语 leur "他们的"）指多个所有者。

——*Con* "与"：词尾辅音的非典型处置，它没有脱落（如 *titulum* > *tetolo*），以 *n* 的形式保存下来。

——*Elo* "她"：这是有待解决的问题，按理说这里应使用 *ela* "她"；*elo* 要么是错误，要么是一种阴性形式（参见《圣女欧拉利亚的颂歌》，我们在其中遇到一种阴性形式 *lo* "她"）；指远的指示词 *illa* "那" 代替了复指词 *ea* "她"。

——*Trasit* "过世"：*s* 前面的鼻辅音脱落。

——*Die VIII kl lunias* "6 月朔日前 8 天"：日子是倒数的，6 月朔日前 8 天对应着 5 月 25 日。

二、原始法语:《斯特拉斯堡誓言》

1. 文本（路易的誓言）

Pro deo amur et pro christian poblo et nostro commun saluament.
d-ist di en auant. in quant deus sauir et podir me-dunat si-saluarai-
eo. cist meon fradre karlo. et in aiudha et in cadhuna cosa. si-cum
om per dreit son fradra saluar dift. In-o quid il-mi-altresi fazet.
Et ab-ludher nul plaid nunquam prindrai qui meon uol cist meon
fradre Karle in damno sit.

注意：我们保留了正字法和标点，以及大写字母。我们没有保留文本中的略写法；略写涉及 *deo*，*nostro*，*christian*，*commun*，*deus*，*si cum*，*nunquam* 这些词。文本中没有分开写的词在我们的誊写中用连字符连接。

169

2. 法语译文

Pour l'amour de Dieu et pour le salut commun du peuple chrétien et le nôtre, à partir de ce jour, autant que Dieu m'en donne le savoir et le pouvoir, je soutiendrai mon frère Charles ici présent [mot à mot: ce mon frère] de toute mon aide et en toutes choses, comme on doit, selon la justice, soutenir son frère, à condition qu'il m'en fasse autant. Et je ne prendrai jamais aucun accord avec Lothaire qui, intentionnellement [mot à mot: (selon) ma volonté], soit au détriment de mon frère Charles que voici [mot à mot: ce mon frère].

（为了上帝之爱和基督教民众的共同得救和我们的救赎，从此日起，只要上帝给予我知识与能力，我将支持此时我面前的我兄弟查理，尽我全力，在全部事务中，如同人们依法理应做到的，去支持自己的兄弟，条件是他也对我做到同样的事情。我绝不会与洛泰尔订立故意损害我面前的兄弟查理的利益的任何协议。）

3. 古典拉丁语译文

根据 F. 布吕诺：《法语史》第 144 页。

Per Dei amorem et per christiani populi et nostram communem salutem, ab hac die, quantum Deus scire et posse mihi dat, servabo hunc meum fratrem *Carolum, et ope mea et in quamcumque re, ut quilibet fratrem suum servare jure debet, dummodo mihi idem faciat, et cum Clotario nullam unquam pactionem faciam, quae mea voluntate huic meo fratri *Carolo, damno sit.

4. 注释

842 年的这一文本是现存的第一个完全用当地语言撰写的文本。它见证了一种语言状态，同时见证了 9 世纪的书吏们在尝试给予母语以一种书面形式时所遇到的困难，他们习惯用拉丁语进行书面表达。应该注意到，这一文本并非经由尼塔尔的手稿留传下来，而是通过一份 100 多年后的稿本。

a. 词汇

Di : jour "天"（拉丁文：*diem*）；*aiudha* : aide "帮助"（根据拉丁语 *adiutare*）；*cadhuna* : chacune "每个"（后期拉丁语 *cata una*）；*altresi* : aussi "也"（拉丁语 *alter + sic*）；*plaid* : 任何法律行为（拉丁语：*placitum* "约定，协议"）；*meon vol*，直译为 mon voloir，意思为 "依我所愿，按我意志"；*nunquam* 也是拉丁语形式，用来表达 jamais "绝不"。

b. 正字法

我们注意到文字多数受到拉丁语的影响。比如，词尾发音的音素难以辨识。所以，我们看到同一个词尾元音，有时写作 *o*（*Karlo* "查理"），有时写作 *a*（*fradra* "兄弟"），有时写作 *e*（*fradre* "兄弟"，*Karle* "查理"）。以 *-o* 结尾的书写法对应着 7 世纪拉丁语的词尾，以 *-a* 结尾的书写法同样是过时的，但它见证了书吏的某种类推的努力：这个拉丁语词尾在那个时代通常演变为脱落音 *e*（参见 *dunat* "给"，*cadhuna* "每个"，*cosa* "事情"）。以 *e* 结尾的书写法是最接近于真实发音的：人们使用拉丁语的字素来标记与它比较接近的，又没有专门的字素来标记的音。因此，*e* 代表着两个音素：/e/（*Deo*、*Deus* "上帝"，*dreit* "法律"，*meon* "我的"，等等）和 /ə/（*fradre* "兄弟"，*Karle* "查理"，等等）。

170

与此相反，虽然同一个元音 + 鼻辅音写作 *en* 或 *in*（*d'ist di en avant* "从今往后"，*in quant* "只要"），但是也许应从中看到《斯特拉斯堡誓言》的语言与 10 世纪末的抄写者的语言之间的一种干扰作用，如同 *e* 在其中被划掉改成 *i* 的一个稿本显示给我们的（参见 B. 切尔奎利尼《法语的诞生》，第 94 页）。

字素 *u* 被用来记录来源于它在拉丁语中所记录语音的那些音，即源自拉丁语 /u/ 音的 *cadhuna* "每个" 中的 /y/ 音，来自拉丁语 /w/ 音的 *saluament* "得救"、*saluerai* "我将救"、*saluar* "救"、*uol* "意愿" 中的 /v/ 音，以及 *dunat* "给予" 中的 /o/ 音。

字素 *i* 同时标记 *di* "日"、*qui* 中的 *i* 音和 *savir* "知"、*povir* "能" 中的二合元音 *ei*。

音素 /k/ 在 *christian* "基督徒" 中被记为 *ch*，在 *quant*、*qui*、*quid* 中被记为 *qu*，在 *cadhuna* "每个"、*cosa* "事"、*contra* "反对" 等中记为 *c*，在 *Karlo*、*Karle* 中记为 *k*。但是字素 *c* 同时标记 *cosa* "事" 中的 /k/ 音和 *cist* "这" 中的 /ts/ 音。

文本区分了两个不同音素，我们在 *fradre* "兄弟" 中听到的 *d* 和我们在两个元音之间位置听到的持续的齿音 /ð/，文本在 *cadhuna* "每" 和 *aiudha* "帮助" 中将这个音记为 *dh*。

大家还应注意到标志着语音停顿的标点，大写字母的分布（似乎在第一次提到 *Karlo* "查理" 这个名字时没有大写）和某些词的接合，如 *ilmialtresifazet* "他也对我做同样的事"。

c. 词法

大家可以注意合成性的将来时 *saluarai* "我将救"（源自 *saluare habeo*，*saluarayyo* "我要救"），*prindrai* "我将取得"；注意直陈式现在时的形态，*dunat* "他给" 仍旧保留着拉丁语词尾的写法，然而 *a* 的

发音已经变成 /ə/；*dift* 无疑是 *debet* "应该" 的演变结果；虚拟式现在时 *sit* "是" 的发音应该记录为 /seit/。

第一人称的人称代词出现为 *eo* "我" 的形态（在士兵们的誓言中则出现为 *io* "我" 的形态）："*salvare eo*"（我将救），它的宾语形式是 *me* "我"；第三人称的代词具有现代的形态 *il* "他"。我们已经看到代词 *on* "人们" 以其古老形态 *om* "人"（源自 *homo* "人"）出现，这个词正经历语法化（"*cum om per dreit son fradra salvar dift*" 仍有这个词的古老意思："就如同一个人理应支持自己的兄弟"，但是同样可以按照现代的意思理解："就如同人们理当支持自己的兄弟"）。

上帝（Dieu）这个词的词尾变化在文本中的宾格为 *pro Deo amor* "为了上帝之爱"，主格为 *Deus* "上帝"。

d. 句法

171

拉丁语的词序往往将动词放在句子末尾，这种词序有时得到保留：*in quant Deus sauir et podir me **dunat*** "只要上帝给予我知识和能力"；*si cum om per dreit son fradra saluar **dift*** "就如同一个人理应支持自己的兄弟"；*in o quid il mi altresi **fazet**, et ab Ludher nul plaid nunquam **prindrai*** "条件是他也对我做到同样的事情，而我绝不会跟洛泰尔订立任何协议"，但是我们看到了一处主语 *eo* "我" 的倒装句，是在副词 *si* "因而，于是" 的后面，这已经形成了古法语的句法的特色：*si saluarai **eo** cist meon fradre Karlo* "我将支持此时我面前的我兄弟查理"。

Pro Deo amor "为了上帝之爱" 名词补语的直接结构，是从拉丁语继承的（*per Dei amorem*），在中世纪很常见，仍旧遵循限定词 + 受限定词的词序，这是拉丁语的词序。

我们遇到一些限定语的序列，它们后来被语言排除了："指示词 + 主有词"：*cist meon fradre* "这个我的兄弟，我面前的我的兄弟"。

在 *d'ist di en avant* "从此日起"中，指近的指示词以世代相传的形式 *ist* "这"（来自 *iste*）出现，在 *cist meon fradre* "我面前的我的兄弟"中以重读形式 *cist* "这"出现。此处，使用它是因为语言学家所说的"语境参照"（référence situationnelle），即指称一个在言语者和对话者的眼前出现的元素。确实，*ist di* "此日"即"我本人路易与诸位所有士兵所经历的这一日"，*cist meon fradre* 即"我们眼前这个人"，"我眼前的我兄弟，我这个兄弟"的译法由此而来。我们在 *o*（*in o quid* "条件是"）中看到拉丁语中性指示词 *hoc* "这"的残留。

人称代词用于强调，将 *il* "他"与 *eo* "我"对立起来：我嘛，我会支持他……条件是他也做同样的事。

e. 一些方言形式

依据 B. 切尔奎利尼的看法，在这一文本中，我们既遇到奥克语的形式：*sagrament* "誓言"（奥克语 *sagramento*）、*poblo* "民众"、*sendra* "领主"和 *ab* "与，对"，也遇到奥伊语的形式：*savir* "知"、*fazet* "他应做"、*cosa* "事"、*sit* "是"（奥克语为 *sia*）。与那些提出这一文本具有方言起源——普瓦捷方言或里昂方言，即奥克语和奥伊语交界干扰地带的方言——的语言学家相反，B. 切尔奎利尼从中看出书吏们的意志，他们想要将罗曼语的俗语形式化为一种共同的约定俗成的书写形式。

三、古法语（13 世纪）：雷诺·德·博热的《英俊的陌生人》

1. 文本

下面是一个古法语（13 世纪）的例子，描写露宿的一夜，取自雷诺·德·博热的骑士传奇《英俊的陌生人》（[Renaud de Beaujeu, *Le Bel Inconnu*, éd. G. P. Williams, Paris, Champion, 1978]）。

620   *Vait s'ent li jors, vient li seris.*   172

            De la nuit ert grant masse alee,

            Si ert ja la lune levee.

            Li Descouneüs se dormoit

            Sor l'erbe fresce, u il gisoit;

625   *Dalés lui gist la damoissele,*

            Deseur son braç gist la pucele ;

            Li uns dalés l'autre dormoit,

            Li lousignols sor els cantoit.

            Quant li chevaliers s'esvilla,

630   *Sor la fresce herbe s'acota [...]*

法语译文

Le jour disparaît, l'obscurité vient. Une grande partie de la nuit s'était déjà écoulée, la lune s'était déjà levée. L'Inconnu dormait sur l'herbe fraîche où il s'était allongé. Près de lui était couchée la noble demoiselle: la jeune fille reposait sur son bras. Ils dormaient, l'un à côté de l'autre et le rossignol chantait au-dessus d'eux. Quand le chevalier s'éveilla, il s'accouda sur l'herbe fraîche [...]

（白日消尽，黑夜来临。夜已过大半，月亮已经升高。无名者躺在清新的草地上睡着。他身边躺着出身高贵的少女：年轻女子枕着他的手臂。他们并排睡着，夜莺在他们上方歌唱。当骑士醒来时，他撑起肘，在清新的草地上……）

2. 注释

上面的文本是所谓"校勘"文本，即由研究者勘定的（这一文本的校勘者是格雷斯·P. 威廉姆斯），校勘者可能会比较现存的各个版本，将略写法复原，必要的时候用 *v* 和 *j* 来代替字素 *u* 和 *i*，并加上标点，当稿本包含一些奇特形态时，如有必要，则通过与其他现存版本进行比较来加以改正。在此处抄录的这个文本中，稿本的比较是不可能的，因为跟通常的情况相反，存留给我们的只有一个版本。同样，可以按照人们称为"古代文献学刊本"（édition diplomatique）的方式来刊出一个稿本：这种方法仅限于将稿本誊写为印刷字母，不做任何改变。这第二种刊本对于语言学家特别宝贵。

a. 正字法

文中正字法更多是表音的，多于表意：*erbe* 即 *herbe* "草"（拉丁语 *herba*），*fresce* 即 *fraîche* "清新"（词源为日耳曼语：**friska*），其中辅音前面的 *s* 不发音，仅仅是标记前面的 *e* 的发音为 /e/，因为中世纪的正字法没有音符。*els* 这一书写法用于标记现代法语的 *eux* "他们"，是一种常用的书写法；*els* 源于 *illos* "那个"，最初的发音为 /ews/，但在 13 世纪，二合元音收缩，这个词的发音跟现代法语一样。所以，这个书写法是过时的，但它记录了语言中的一个新的音 /ø/，这是拉丁语所没有的一个前部的唇化的元音。在 13 世纪，辅音前面的 *l* 不再存在，可以使用双字母 *al*、*el*、*ol* 记录现今写成 *au*、*eu*、*ou* 的那些音；而当人们开始重新借用一些包含辅音前的 *l* 的词的时候（比如 15 世纪的 *calme* "平静"），因为音变是局限于自己的时代的，这些 *l* 并不发生元音化，这些双字母 *al*、*ol*、*el* 就变得无法使用了。

这一稿本不包含音符：当一个词也可能被读成以脱落音 *e* 结尾的时候，在词尾添加闭音符，这是中世纪文本校勘的一种约定俗成的做法：*dalés* "在旁边" 避免读成 *dales* "石板"；与此相反，对于阴性的过去分词 *alee* "过去"、*levee* "升起"，*ee* 序列不会造成混淆，第一个 *e* 总是读成重音的。同样，*Desconeüs* "无名者" 的 *u* 上的分音符也是校勘者的约定俗成，用来指示 /desconəys/ 的发音。字素 *u* 标记 *lune* "月亮" 的 /y/ 音，并且标记 *u* "哪里"（*u il gisoit* "在他躺着的地方"，现代法语 *où*）的 /u/ 音，而在 *lousignol* "夜莺" 中双字母 *ou* 同样标记这个 /u/ 音。这个文本在书写法 *ss* 和 *s* 之间有所犹豫，它们有时用来标记 /z/ 音：如 *gisoit* "躺着"，*damoissele* "小姐，少女"；有时用来标记 /s/ 音：如 *masse* "大块"，*lousignol* "夜莺"。

我们还可以注意到，正字法并不像我们今天这样是固定的：隔着几行距离，*erbe* 和 *herbe* "草" 这两种书写法并存着。

b. 词汇

几种形式如今经过了重造：

——*lousignol* "夜莺" 变成了 *rossignol*，经历了异化作用（或者经历了俗词源学 *roux* "红" + *signol*，其中只有第一个元素是有意义的）；

——*sor* "在……上" 表示 *sur*：古老的形式是 *soure* 或 *sor*（拉丁语 *super* 或 *supra*），但曾经存在一个意思相近的副词 *sus* "在上面，到上面"（*Or sus！* "上去"），这两个词之间发生了语词交感。

有几个词改变了意义：

——*grand masse de* 的意思是 "许多"；人们也说 *plenté* "满；许多"。*Beaucoup* "许多" 是一个更晚近的词，它最初的意思似乎是 "从一个整体切下的一大部分"（*une belle coupe* "漂亮的一刀"）。

——*gésir (gist, gisoit)* 的意思是 "躺下，休息"，它的词源是拉丁语 *jacere* "伸展，躺下；位于"，这个词留在现代法语中的 *ci-gît* "这里安息着"和 *gisant* "（雕在墓石上的）死者卧像"中——这两种用法与死亡有关，但在古法语中却并非如此。

　　——*pucele* 的意思是"少女"，*damoissele* 的意思是"贵族少女"。*pucele* 的词源不为我们所知（或者存有争议），但意思为"少女"的拉丁语词 *puella* 在这个词的形成中肯定起过作用。这是个中性意义的词，指少女，没有特别的内涵（参见圣女贞德的称呼 *la pucele d'Orléans* "奥尔良少女"）；这个词现代的意义明显具有贬义（*pucelle* 指少女、处女，但是戏谑的口吻——译者注），是对少女的这一称呼经历贬值的例证。*Damoissele* "小姐，少女"是按照 *dominicella* "小女主人"这个词构成的，它是 *domina* "女主人"的指小词，人们用这两个词来称呼女主人和她的女儿们。

c. 词法

动词的形态常常与现代法语不同：

　　——未完成过去时以 -*oit* 结尾（*dormoit* "睡着"，*gisoit* "躺着"，*cantoit* "唱着"），以 -*ait* 结尾的拼写法要到 18 世纪才确立，这个词尾的发音为 /we/；*être* "是"的未完成过去时是 *ert*（来自拉丁语 *erat*），但同样存在 *estoit* 的形式（古法语是一种不排斥语言变体的语言）；

　　——现在时中，*aller* "去"第三人称是 *vait*；

　　——*gist* "躺"是简单过去时，其现在时应为 *git*。

我们还可以发现，阳性主格的形式：*li jors* "白日"，*li Descouneüs* "那无名者"，*li uns* "其中之一"，*li lousignols* "夜莺"，*li chevaliers* "骑士"（它们的宾格形式应该是 *le jor*，*le Descouneü*，*l'un*，*le lousignol*，*le chevalier*）；阴性词 *la lune* "月亮"是不变格的。

d. 句法

这个文本有八句诗行是在进行描写（*De la nuit ert [...] cantoit*）。

我们看到在描写中，简单过去时 *gist* "躺下" 可以与未完成过去时（所有其他动词的形态）交替使用，这在现在是不可能的。但是，用于描写的未完成过去时开始占据上风。三行诗为描写定下框架：第一行诗用叙事现在时，后两行用简单过去时。

词序具有古法语的特征：

——句首的状语或副词导致主语倒装：*Dalés lui gist la damoissele* "贵族少女躺在他身边"（第 625 行），甚至导致对主语不加表述：*Sor la fresce herbe s'acota* "在清新的草地上支起肘"；当动词是复合时态时，倒装的主语被放置于助动词与过去分词之间：*Si ert ja la lune levee* "月亮已经升起"（第 622 行）；

——句首的主语可以被一个状语与动词隔开：*Li uns dalés l'autre dormoit*, *Li lousignols sor els cantoit* "他们并排躺着，夜莺在他们上方歌唱"；状语同样可以放在句末：*Li Desconeüs se dormoit sor l'erbe fresce* "无名者睡在清新的草地上"；

——主从复合句中，现代法语的词序占主导（从属连词或代词＋主语＋动词）：*u il gisoit* "他躺下的地方"，*Quant le chevaliers s'esvilla* "当骑士醒来"；

——"动词＋主语" 的词序：*Vait s'en li jors, vient li seri* "白日过去，黑夜来临"，并非习惯的词序，这是一种强调的词序，此处属于这个文本的诗歌文体的特点。

这部骑士传奇是韵文体：在法语的初期，虚构文本一直是用韵文体；散文体是较晚才有的（13 世纪）。

第十四章　法语的稳定化：一种文学语言

文艺复兴时期的法语（16 世纪）：拉伯雷《巨人传》
古典法语（17 世纪）：德·拉斐特夫人《克莱芙王妃》
古典法语（18 世纪）：狄德罗《拉摩的侄儿》

一、文艺复兴时期的法语（16 世纪）：拉伯雷《巨人传》

1. 文本

下面是拉伯雷《巨人传》（1534 年）第十三章的开头。

> *Sus la fin de la quinte année, Grandgousier, retournant de la defaicte des Canarriens, visita son filz Gargantua. Là fut resjouy comme un tel pere povoit estre voyant un sien tel enfant, et le baisant et accolant, l'interrogeoyt de petitz propos pueriles en diverses sortes. Et beut d'autant avecques luy et ses gouvernantes, esquelles par grand soing demandoit entre aultres cas, si elles l'avoyent tenu blanc et nect. A ce Gargantua feist response que il y avoit donné tel ordre qu'en tout le pays n'estoit guarson plus nect que luy.*

（在高康大满五岁的那一年，高朗古杰战胜了加拿利人归来，来看望他的儿子。一个这样的父亲，看见这样的儿子，该多么喜欢吧，又是亲，又是抱，一面又用各式各样小孩的话来逗他。他和高康大以及高康大的保姆们喝了酒，详细地问了她们许多话，特别是有没有经常把孩子洗干净。对于这一点，高康大回答说，他曾表示过要成为全国最干净的孩子。——摘自成钰亭译《巨人传》，译者注）

2. 注释

a. 正字法

标点、省文撇和某些音符开始被普及。

音符被用于词尾，是为了避免它读成 *e* 的脱落音 /ə/：比如 *donné* "给"；音符还用于词尾的 *ée* 序列：如 *année* "年"（这与中世纪文本校勘者的做法相反）。几乎在《巨人传》出版的同一时代，人们开始使用音符来区分 *a* 与 *à*、*la* 与 *là*、*ou* 与 *où*（这是典型的表意性的正字法）。

在词的内部，/e/ 和 /ɛ/ 的语音在 *defaicte* "打败"、*pere* "父亲"、176 *pueriles* "孩子的" 中没有被标记出，以至于没有什么能将它们与 *retournant* "归来"、*petitz* "小"、*demandoit* "问"、*tenu* "保持" 中的 /ə/ 音区分开来。但是，存在一些情况，在 *interrogeant* "询问"、*esquelles* "向她们"、*elles* "她们" 中，发音用辅音字母的双写来标记，或者通过一个不发音的辅音字母来标记（如 *nect* "干净"、*avecques* "与，同"），或者通过词尾辅音的发音（*tel* "这样的"）或不发音（*et* "和"）来标记。辅音前面的 *s* 已经不再发音，被保留下来标记长音的 /e/：如 *estre* "是"、*resjoui* "高兴"，甚至 *esquelles* "向她们"。

相反，元音前面的 *e* 是一个过时的书写法，它维持着元音分读状态的 /ə/，但当时它在 *feist* "做" 和 *beut* "喝" 中已经不发音了。

z 标记 /ts/ 音，在 *petitz* "小" 和 *filz* "儿子" 中也是过时书写法，中世纪曾把它们写作 *petiz* 和 *fiz*：人们保留了词尾的 *z*，不管它是否是复数的标记，而人们又补充了词源上的辅音。

存在双字母 *ou*，是为了标记 /u/ 音；之所以在 *povoit* "能" 中没有它，是因为主张语言纯洁性的人坚持保留 /o/ 的发音，它是符合词源的。

我们还应注意存在许多不发音的辅音字母，不管是否是词源性的：*defaicte* "打败"、*nect* "干净"、*soing* "照料"、*aultre* "其他的"，而 *y* 用在元音后面，同时用于书写副代词 *y*（中世纪是写出 *i* 的）。人们总是倾向选择最复杂的书写法：*avecques* "与，同"。

在 *guarson* "男孩" 中，*u* 是无用的，但是 *s* 却避免将 *o* 前面的 *c* 发成 /k/（现代法语 garçon）。

我们面对的是一种非常注重词源的文字，非常具有表意性，但其中某些问题，如 /e/ 与 /ə/ 的区分，正在得到解决。

我们还应注意到，我们面对的校勘本是按照某些现代的校勘法来出版 16 世纪文本：字素 *v* 要到 16 世纪的后半叶才取得现代的功能。

b. 词法

未完成过去时仍旧用 -*oit* 结尾（甚至 -*oyt*），发音为 /e/，考究的发音除外。一些简单过去时形式如 *feist* "做"、*beut* "喝"，后来没有确立起来。

但 *pueriles* "孩子的"，词尾的 *e* 只是拼写上的，它标记着 *l* 是发音的（与 *gentils* "和善" 中的 *l* 相反）。*Puéril* "孩子的" 属于拉丁语和古法语中不区分阴阳性的形容词。

c. 词汇

我们应注意简单动词 *visiter* 以人做宾语的用法（*visiter quelqu'un*

"拜访某人"），而我们今天只将它与地点连用（*visiter Rome*"参观罗马"，*visiter une maison*"看一所房子"）；现代法语对于拜访人，使用复合形态 *rendre visite à*"拜访"。但相反地，在有些情况下则倾向用一些复合形态，如用 *faire demande*"询问"，而不用 *demander*，用 *donner ordre*"命令"而不用 *ordonner*。

　　超越词汇与句法的界限，我们应注意 *sus* 用作介词的用法，这个词在中世纪更多是副词；序数形容词 *quinte*"第五"，现代法语用 *cinquième*"第五"代替，*un sien*"他的一个"等于主有形容词 *son*"他的"（并没有从中取一个的意思：他并不必须有几个孩子才能说 *un sien filz*"他的一个儿子，他的儿子"）。

d. 句法

　　总体上，句法是非常"拉丁化"的，它标志着向书面拉丁语结构的一种回归，这让语言变得与古法语非常不同。唯有词序既与古法语不同（古法语动词通常处于第二位置），又与拉丁语不同（拉丁语动词通常在句尾）。当主语被表述出来的时候，总是按照"主语＋动词＋宾语"的词序，不再有主语倒装。

　　相反，我们注意到复指的主语不表述出来的用法得到系统化。对于主语为 *Grandgousier*"高朗古杰"的所有动词，主语是不表述出来的——这里的主语应该是 *il*"他"，而 *il* 在拉丁语中不存在。这一习惯做法使得 16 世纪的书面语让人难以理解，17 世纪的语法学家以语言的明晰性为理由，要求表述出主语代词（相反，当复指的对象是一个名字时，复指则使用复合冠词 *ledit*"所说的那个"、关系形容词 *lequel*"那个"或指示词来强调：*ledit Grandgousier*"所说的那个高朗古杰"，*lequel Grandgousier*"那个高朗古杰"，*iceluy Grandgousier*"那个高朗古杰"）。

　　Lequel"那个"这一类型的复合的关系词的普及同样是一种拉丁

语风格，尤其是用作复指形容词的时候（*lequel Grandgousier*"那个高朗古杰"），但在我们的文本中不属于这种情况。它被用作关系代词，可以让人们区分代词的性和数。但 *esquelles* "向她们"中，*es* 最初是 *en les* "在他们中，关于他们"的缩合形式，但在此处应该理解为 *à les* "向她们"（现代法语 *auxquelles*）。

效仿拉丁语句法，16 世纪倾向于使用一些以 *-ant* 结尾的形式，用作副动词，即状语。鉴于这一不变位的动词形式可以有宾语，人们便对主语与主句主语相同的状语从句进行精简（*tandis qu'il retournai* [retournant] "当他归来"，*quand il voit un sien enfant* [voyant] "当他看到自己的孩子"，*pendant qu'il le baisait et accolait* [baisant et accolant] "当他亲他，抱他"）。后来，17 世纪的语法学家要求副动词前面始终加 *en*。

除了拉丁语风格，还有一些约定俗成的书写形式的特色，我们不应认为它们代表着口语用法，甚至不应认为它们属于官方语言的用法，我们应注意到中性指示词 *ce* 可以用在强调的重读位置，跟在介词后面：*à ce* "对此"（现代法语 *à cela*）；还有一些固定的短语：*sur ce* "值此"，*parce que* "因为"。现代法语只能将 *ce* 用在不是意群结尾的重读位置，即用在主语位置或者放在关系代词前面。

二、古典法语（17 世纪）：德·拉斐特夫人《克莱芙王妃》

1. 文本

《克莱芙王妃》发表于 1679 年。下面的节选出自 A. 亚当主编的"七星文库"版《17 世纪法国小说》（第 1200—1201 页）。在德·拉斐特夫人发表小说的时候，17 世纪多数主张语法规范的文字已经发表，但是《法兰西学院词典》的第一版（1694 年）尚未出版。

M. de Clèves ne se trompoit pas: la confiance qu'il tesmoignoit à sa femme la fortifioit davantage contre M. de Nemours et luy faisoit prendre des résolutions plus austères qu'aucune contraincte n'auroit pu faire. Elle alla donc au Louvre et chez la Reine Dauphine à son ordinaire ; mais elle évitoit la présence et les yeux de M. de Nemours avec tant de soin qu'elle luy osta quasi toute la joye qu'il avoit de se croire aimé d'elle. Il ne voyoit rien dans ses actions qui ne luy persuadast le contraire. Il ne sçavoit quasi si ce qu'il avoit entendu n'estoit point un songe, tant il y trouvoit peu de vraysemblance. La seule chose qui l'assuroit qu'il ne s'estoit pas trompé estoit l'extrême tristesse de Mme de Clèves, quelque effort qu'elle fist pour la cacher: peut-estre que des regards et des paroles obligeantes n'eussent pas tant augmenté l'amour de M. de Nemours que faisoit cette conduitte austère.

（德·克莱芙先生没有弄错：他对妻子表现出来的信任让她更加坚定地抵抗德·内穆尔先生，让她下一些严苛的决心，要比约束她而能达到的结果更加严苛。她如常前往卢浮宫，觐见太子妃。但是，她避免德·内穆尔先生在场的时候，回避他的目光，她做得如此仔细，以至于剥夺了他以为自己被她所爱而感到的全部快乐。从她的行为中，他看不到任何能让他相信她不爱他的。他几乎搞不清楚自己从前听到的是不是在梦里，他觉得那不太真实。唯一能让他确信的是，他没有看错德·克莱芙夫人的极度伤感，不管她如何掩盖：或许殷勤的目光与话语反不如她这种严苛的举止如此增大德·内穆尔先生的爱慕。）

2. 注释

a. 正字法

正字法仍接近于 16 世纪的正字法：

——保留了辅音前面的不发音的 *s*（*osta* "去除" 和虚拟式未完成过去时 *persuadast* "让人相信"），它尤其标记着长音 /e/：*tesmoignoit* "证明，表现"，*estre* "是"。

——未完成过去时的传统拼写法；

——保留了一些不发音的辅音字母：*contrainctes* "约束"；保留一些伪词源的书写法：*sçavoit* "知道"（与拉丁语 *scire* "知道"，书写接近，但它实际来自 *sapere* "尝，知道"）；保留了一些双写辅音字母：*conduitte* "举止"。

—— 在 *luy* "他"、*joye* "快乐"、*vraysemblance* "逼真" 中，在词尾和元音后面使用 *y*；在其他情况下，*y* 标记为半辅音 /j/：*voyoit* "看"。

179　——保留元音分读中的 *e*，它在发音中早就脱落了：*asseuroit* "使确信"。

b. 词汇

应该注意到词汇的极度贫乏，以及其抽象和暗示特点：*fortifier* "加强"，*prendre des résolutions* "下决心"，*contraincte* "约束"，*actions* "行动"，*conduitte* "举止"，*chose* "东西"，*joye* "快乐"，*tristesse* "悲伤"。只用了三个形容词：*obligeantes* "殷勤的"，*extrême* "极度的"，*austère* "严苛的"（最后一个重复使用）。动词 *tromper* "搞错，欺骗" 也是重复的。

Quasi 的意思是 "几乎"，*à son ordinaire* 的意思是 "照常"。

c. 时态

叙事的时态是未完成过去时与简单过去时，属于叙事者被完全隐去的叙事时态。仅有的简单过去时是 *alla* "去" 和 *osta* "去除"，未完成过去时与简单过去时的对立在此处表现为感情与行为的对立。一处愈过去时，*ne s'estoit pas trompé* "没有看错"，构成了叙事之前的过去。

虚拟式未完成过去时，*rien ... qui ne luy persuadast le contraire* "没有任何东西让他确信相反的情况" 和 *quelque effort qu'elle fist pour la cacher* "不管她多么努力掩盖" 是用于保持主从句时态一致的未完成过去时，而且必须用虚拟式。表述出来的假设用条件式过去时（*plus austères qu'aucune contraincte n'auroit pu faire* "要比约束她而能达到的结果更加严苛"，也用虚拟式愈过去时（*peut-estre que des regards et des paroles obligeantes n'eussent pas tant augmenté l'amour de M. de Nemours* "或许殷勤的目光与话语反不会如此增大德·内穆尔先生的爱慕"）。

d. 句法

应注意到，词序是现代法语的词序，复指的代词主语总是表述出来的（省略代词主语受到 17 世纪语法学家的谴责）。

否定形式是有趣的，因为古法语中存在的三种完全否定的表达法都得到了使用：

——*ne... pas*（*M. de Clèves ne se trompoit pas* "德·克莱芙先生没有弄错"，*il ne s'estoit pas trompé* "他没有弄错"，*des paroles obligeantes n'eusse pas tant augmenté l'amour de M. de Nemours* "殷勤的目光与话语反不会如此增大德·内穆尔先生的爱慕"）。

——*ne... point*（*n'estoit point un songe* "不是一个梦"）。

——ne 单独使用于 *sçavoir* "知道" 之前（*Il ne sçavoit quasi si* "他几乎搞不清楚是否"）。

——我们还看到 *ne … rien* 的部分否定形式（*Il ne voyoit rien dans ses actions* "从她的行为中看不出任何东西"）。

在 *plus austères qu'aucune contraincte n'auroit pu faire* "要比约束她而能达到的结果更加严苛" 和 *qui ne luy persuadast le contraire* "让他确信相反的情况" 中，涉及的并非否定的用法，而是我们继语言学家达穆雷特（Damourette）和皮雄（Pichon）之后一致称为现代法语中的 "表述意见有分歧的"（discordanciel）赘词，*ne* 表示额外的虚拟性，与它共同使用的语式不是将所提及的行为放在现实世界里，而是放在一个虚构出来的世界里。

180 与现代法语的最后两个区别是：

——使用复指的动词 *faire* "做"，却不用中性代词 *le* "它" 表述出宾语：*luy faisoit prendre des résolutions plus austères qu'aucune contraincte n'auroit pu faire* "让她下一些严苛的决心，要比约束她而能达到的结果更加严苛"；*n'eusse pas tant augmenté l'amour de M. de Nemours que faisoit cette conduitte austère* "反不如她这种严苛的举止如此增大德·内穆尔先生的爱慕"。

——动词 *persuader* "说服，让相信" 的结构发生改变：如今，on persuade quelqu'un de quelque chose "说服某人相信某事"，在古典法语中 on persuade quelque chose à quelqu'un "说服某人相信某事"：*Il ne voyoit rien dans ses actions qui ne luy persuadast le contraire* "从她的行为中，他看不到任何能让他相信她不爱他的"。动词结构的改变在法语史上常见；目前，*se rappeler* "回想起" 因为与 *se souvenir* "回忆起" 的类推作用正倾向过渡到一种间接及物的结构（指加介词的——译者注），这是让主张语言纯洁性的人绝望的事。

三、古典法语（18 世纪）：狄德罗《拉摩的侄儿》

1. 文本

> *LUI — Et que, puisque je puis faire mon bonheur par des vices qui me sont naturels, que j'ai acquis sans travail, que je conserve sans effort, qui cadrent avec les mœurs de ma nation, qui sont du goût de ceux qui me protègent, plus analogues à leurs petits besoins particuliers, que des vertus qui les gêneraient en les accusant depuis le matin jusqu'au soir, il serait bien singulier que j'allasse me tourmenter comme une âme damnée pour me bistourner et me faire autre que je ne suis [...]*
>
> 狄德罗：《作品集》[Diderot, *Œuvres*, éd. A. Billy, Paris, Gallimard, coll. « Bibliothèque de la piéiade », pp. 455-456]
>
> （他：而且，既然我可以通过一些我本性上有的恶习来达到幸福，那么要我像一个遭天谴的灵魂一样去折磨自己，去扭曲自己，去变成别的人，这是多么奇怪的事。这些恶习是我不经劳动就得到的，我不需努力就保留下的，它们符合我的同胞们的风俗，符合我的保护人的品味，比那些让他们感到别扭而且从早到晚在控诉着他们的美德更加接近他们的卑微需要。）

2. 注释

从 18 世纪开始，将正字法现代化成为了惯例，特别是对于未完成过去时采用所谓"伏尔泰"正字法，改为 *-ait* 词尾，不考虑文本最初版本的做法。

我们所选的文本是 *Lui* "他" 与 *Moi* "我" 之间的对话。所以，我们面对的这个文本企图模仿口语句法，如同以承接前句的 *Et* 开头的句子所表现出来的。不论 18 世纪的口语句法是怎样的，我们可以肯定这里的行文并未把它再现出来：句子的结构如同拉丁语时代，两个用连词 *puisque* "既然" 并列的从句，第二个从句本身统领着四个关系从句，其中有一个并列句（*qui sont du goût [...] et [qui sont] plus analogues* "符合……品味而且更加接近"），这个并列句又统领一个比较从句。显然，通俗的口语表达中不会出现这样的句子，即便考虑到有教养的听众（至少男性公众）是在中学接受过拉丁语表达的教育的，这样的句子也是无法让交谈者理解的。

但是，我们看到一种想要创造俗语谈话效果的愿望，是通过使用 *bistourner* "扭，拧"，这是个中世纪的古词（*bistourner, bestourner*）从 "扭断致残" 和 "变成白痴" 的意思，过渡到 "扭曲" 的意思。这样的词在 17 世纪大概会被禁止的。

最后，应该注意，在狄德罗眼中，*je puis* "我能" 和虚拟式未完成过去时 *j'allasse* "让我去"，两者似乎都是可以用于通俗语言的。

第十五章　一些非标准语变体

文艺复兴时期的法语（16世纪）：16世纪的巴黎方言

"国王的语言"

一、文艺复兴时期的法语（16世纪）：16世纪的巴黎方言

1. 文本

《巴黎少年的来信》，又称作《想学雅人说话的傻情人给心上人的信，附女方回信》（*L'amant despourveu de son esperit escripuant a sa mye, voulant parler le courtisan, avec la Responce de la dame*），文本嘲笑巴黎的市民阶级和民众的方言，这种方言受到正确语言用法即官方语言规范的谴责。

> *C'est au iardin: mon peze entry,*
>
> *D'avantuze me rencontry*
>
> *Aupres de vous, et si j'avoy*
>
> *Touriou l'yeu dessu vostre voy,*
>
> *Laquelle me sembly depuy*
>
> *Aussy claize que l'iau du puy [...]*

法语译文

C'est au jardin, mon père entra, par aventure il me rencontra auprès de vous et si j'avais toujours l'œil sur votre voix, laquelle me sembla depuis aussi claire que l'eau d'un puits [...]

（那是在花园，我父亲进来了，碰巧他遇到我在您身边，我过去一直注意您的声音，从此我觉得它与井水一样清澈……）

---

183   **2. 注释**

这一文本显示了 16 世纪主张语言规范的语法学家谴责的一些语言现象：

——*peze* "父亲"、*aventuze* "巧合"、*cleze* "清澈"：两个元音之间的 /r/ 音过渡到 /z/ 音，同时由于矫枉过正，/z/ 音过渡到 /r/ 音，如文本中 *touriou* "总是，一直" ——这里的 *i* 是如今写作 *j* 的辅音字母的古老写法——对应着 *tousjours* "总是"。这些混淆解释了双式词 *chaise* "椅子" / *chaire* "教席" 的存在。而且，在同一文本中，我们发现了 *les murailles ont des oreilles* "隔墙有耳" 的有趣的变形：

> *Madame, je vous rayme tan*
> *May ne le dite pa pourtant*
> *Les musailles ont de-rozeilles*
> （夫人，我很爱您
> 但您不要说出来
> 隔墙有耳）

——*iau* "水"：使用三合元音 /iaw/，当时的官方语言是确立使用

/eo/ 的。巴黎地区说 *un siau d'iau* "一桶水"。

——*entry* "进入"、*rencontry* "遇见"、*sembly* "似乎"：以 *-i-* 结尾的简单过去时形态在扩展。比如：*tu peschis* "你捕鱼"，*j'engagis* "我保证"，*nous alimes* "我们去"，*frapismes* "我们打"，*chassimes* "我们驱赶"，*donnimes* "我们给"。在 17 世纪，德·古尔奈小姐（Mlle de Gournay）声明，*j'allis* "我去"、*je donnis* "我给"、*je baillis* "我转让"这些词，宫廷的那些酸溜溜的矫揉造作的人是听得懂的（布吕诺《法语史》，第二卷，第 337 页）。

——*dessu* "在……上"；词尾的辅音不发音，这里涉及的是词尾的 /s/。语言观察者对词尾辅音的消失无能为力，同时做着保守的斗争，当时的一位语法学家说："就算要消灭它，也应该让这个音节稍微长一些。"词尾 /s/ 不发音保持到我们现代的发音中，这使得口语中复数标记消失，除了在一些以元音开始的词中（*des-z-enfants* "一些孩子"，*les quatre-z-art* "四艺"，*quatre-z-officier* "四个军官"，这些复数容易错但合乎逻辑）。在其他辅音中，我们还应注意词尾 /r/ 不发音（在前面的文本中，*touriou* 表示 *toujours* "总是"，证明这个尾音的消失），词尾辅音的消失保持在以 *-er* 结尾的不定式中，保持在 *faucheux* "盲蛛"、*piqueux* "骑马带猎犬的仆人"中，而古老的发音却在以 *-eur* 结尾的词和其他不定式（以 *-ir*、*-oir* 结尾）中得到恢复。路易十三在幼年时曾说喜欢加斯科涅人，*pouce que ie sui de leu païs* "因为我是他们的同乡"。

属于 16 世纪巴黎方言特色的还有其他语言现象。我们在下文将指出。

a. 语音

——/r/ 音前面的 /e/ 音开口度变大成为 /a/：*Mon frare Piarre habite*

place Maubart "我兄弟皮埃尔住在莫巴尔广场"。然而，由于矫枉过正，人们纠正了按照规范应该是 *-ar-* 的形态。巴黎的女士们自愿标榜语言讲

184 究，她们说 *Mon mery habite à Peris* "我丈夫住在巴黎"（这一现象保留下来的只有 *asperge* "芦笋"，它对应拉丁语的 *asparagus*）。

——对于古老的二合元音 /oj/，发音从 /we/ 过渡到 /e/ : *Pontoise* "蓬图瓦兹" 写为 *Pontèse*，*Oise* "瓦兹" 写为 *Ese*，*par ma foi* "毫无疑问" 写为 *par ma fé*。但是，与此相反，巴黎方言同样将 /wa/ 发音为 /we/，因此将 *bois* "木"、*françois* "法国的"、*gloire* "光荣" 写作为 *boas*、*françoas*、*gloare*。这种发音通常保持下来（*bois, gloire*）。由于扩展作用，巴黎地区对于 /wa/ 代替 /e/ 是有些随机的：*voarre* 对应 *verre* "玻璃"，*foare* 对应 *faire* "做"。在《巴黎少年的来信》中，我们看到 *Voua, ie ne m'en foua que rize*（*Vois, je ne m'en fais que rire* "你看，我对此一笑置之"）。

——/jɛ̃/ 的开口度变大成为 /jã/ : *Je vi monsieur le Doyan, lequel se portoit tres bian* "我见到了院长先生，他身体很好"。

b. 词法

——动词的第一人称复数用在第一人称单数的位置上：*j'avons* "我有"，*je sommes* "我是"，*j'allons* "我去"。这个形式在 17 世纪很顽固，包括在统治阶层中。布吕诺注意到，在 18 世纪，真正的农民说 *j'ons* "我有"：

Jolisbois: *On dit: j'ons été là et là.*

Sans-Regret: *J'ons esté... N'est-ce pas vrai qu'il faut dire: j'avons esté ?*

La Ramée: *J'avons! gn'es pas non pus, toi avec ton j'avons. On dit: nous ont esté queuque part.*

（若丽布瓦：人们说：j'ons été là et là "我到过某地某地"。

桑雷葛莱：J'ons esté……难道不应该说 j'avons esté（我曾到过）吗？

拉腊美：J'avons! 也不对吧，你和你的 j'avons，人们说：nous ont été queuque part "我们曾到过某地"。）

　　　　　　　　　瓦代：《兜揽生意的人》，布吕诺引用 [Vadé, *Les Racoleurs*, cité par Brunot, II, p. 335]

——以 *-on* 结尾的形式尤其扩展到未完成过去时——既用于第三人称复数，也用于第一人称单数：*j'estions* "我是"，*tu estois* "你是"，*il estoit* "他是"，*nous estions* "我们是"，*vous estiez* "你们是"，*ils estiont* "他们是"。这些形式受到了马罗（Marot）的谴责：

le dit que il n'est point question

De dire *j'allion* et i'*estion*.

（我要说，不应该说 j'allion "我那时正要去"和 i'estion "我那时是"。）

——第一组动词变位的简单过去时仍旧是以 *-a* 结尾的形式，*-a-* 的形式扩展到第三人称复数：*ils aimarent* "他们曾爱"，*ils trouvarent* "他们找到了"。由此发生了某种动词变位词形变化的类推性的统一：*je trouvai, tu trouvas, il trouva, nous trouvasmes, vous trouvastes, ils trouvarent*。

　　这些言语方式被看作是通俗的，受到当时语法学家的谴责。但这些用法不仅见于民众，它们甚至在宫廷也很普遍。似乎，至少在初期，官方语言规范的确立并非从宫廷的语言出发的，也不是从占统治地位的社会和文化集团的语言出发的，因为根据语法学家的说法，宫廷是"被意大利语化"和"加斯科涅语化"的。

185 　　最终，谁确立规范呢？规范是统治集团的语言，还是说统治集团试图将自身的语言建立在遵守规范的基础上呢？下面是 17 世纪末一位观察者的清醒的判断，作为总结：

> 　　那些只想遵从习惯的人，他们说这是官廷的最正宗的那部分人的用法；当有人告诉他们官廷的正宗的这部分人走得太远，而另外那些人仅仅服从权威，他们支持让正宗的这部分人必须听从作家中最正宗的那那分人的用法。如果问他们这些作家是谁，按照他们的说法，那就是《论法语》的那些作者……如果告诉他们这些作者之间意见并不一致，他们每个人都会大胆地回答：我是正统派，我找到了精致、细腻的作者，我要让公众醒悟。
>
> 　　库尔坦：《论懒惰》，1677 年，布吕诺引用 [Courtion, *Traité de la paresse*, 1677, cité par Brunot, VI-I]

二、"国王的语言"

　　尽管在旧政时代，"国王的语言"指的是官方法语，但下面的几个例子却表明君主们的语言并不一定给这种被认为"美"的标准法语充当榜样。

1. 亨利四世

> *Mon belange sy a toutes heures yl mestoyt permys de uous ymportuner la memoyre de u[ost]re fydelle sujet, ie croys que la fyn de chaque lettre seroyt le comancemant dunautre et aynsyn cyncessammant ie vous antretelyendroys, puys que l'absance me pryue de le fayre autremant [...].*

（我美丽的天使，允许我随时可以打扰你，作为你忠实的臣属，我认为每封信的结尾都是另一封信的开始，这样我就能-直不停地跟你谈下去，既然你不在我身边让我不能真的这样做）。

亨利四世给加布里埃尔·德·爱斯特雷的信，布吕诺引用

[Lettre à Gabrielle d'Estrées, cité par Brunot, IV]

注释

应注意到词汇的不准确：*cyncessamment* 是 *incessamment* "不停地"，*antretelyendroys* 就是 *entretiendrais* "谈下去"。在 *belange*（bel ange "美丽的天使"）、*mestoyt*（m'était "对我是"）和 *dunautre*（d'une autre "另一封的"）这些意群中词语没有分开，这在那个时代的文字中是十分平常的。

2. 弗朗索瓦一世

l'avons esperance que il fera beau temps, veu ce que disent les estoilles que i'avons eu le loysir de voir.

（我预计会是晴天，根据我有暇看到的星象。）

给塔尔贝的信，布吕诺引用 [Talbert, cité par Brunot, II]

注释

国王自然而然地使用了第一人称单数的形式 *j'avons* "我有"，是按照第一人称复数进行类推的形式，这是被语法学家谴责的巴黎方言的现象。

3. 玛丽·德·美第奇

玛丽·德·美第奇是后来的路易十三的母亲，她说话掺杂着意大利语和法语，正如同太子的医生艾鲁亚所见证的，他讲述了玛丽分娩的情况：*Oimé je morio!* "哎呀我要死了！"。她在孩子诞生后问：*E maschio?* "是男孩吗？" 后来，艾鲁亚听到她对儿子说：*Mon fils, donnez-moi votre soucre* "儿子，把你的糖给我"，而孩子纠正她：*Du soucre! du sucre!* "不是 soucre，是 sucre！"。

4. 童年时的路易十三

童年时，他说话带有巴黎民众的口音（见前文《巴黎少年的书信》）：*Ce voleu qui volé su la code eté Ilandés?*（Ce voleur qui volait sur la corde était Irlandais? "那个偷绳子上的东西的小偷是爱尔兰人？"）。

注释

艾鲁亚医生的语音记录忠实再现了：

——r 的消失：*voleu* "小偷"，*su* "在……上"，*code* "绳子"，*Ilandés* "爱尔兰人"；

——/e/ 的发音代替官方语言的 /we/：*volé* "偷窃"，*eté* "是"，*Ilandés* "爱尔兰人"。

还应注意到，提问没有主谓倒装，仅仅通过提问的语调做了标记。

5. 成年的路易十三

他后来使用正确的但是非常无趣的方式进行表达：

> *[...] Je ne vous en diray davantage sur ce sujet, pour ma santé elle va toujours de mieux en mieux, je vas a pied un car de lieue sans mincomoder la chaize et le brancart sont licenties je monetray sil plait au bon Dieu demain a cheval et seray à Versaille mardy de bne heure et le tout du consentement des medecins. Je finiray donc celle cy en vous assurant demon affon qui sera toujours telle que vous la pouvés désirer.*
>
> （就这一话题，我以后会告诉你更多内容，就我的健康而言，情况越来越好，我走路四分之一法里也不会不舒服，椅子和担架都不用了。如果老天眷顾，明天我会去骑马，星期二很早就可以到凡尔赛，这都是医生许可的。我要结束这封信了，我向您保证我的情意将永远如您期望。）
>
> 致黎塞留的信，布吕诺引用 [Lettre à Richelieu, cité par Brunot, IV-I]

注释

187

用 *car* 表示 *quart* "四分之一"，是 "在表意上" 碍事的典型错误。与此相反，*je vas* "我去" 并非错误，如果我们相信这是借自沃热拉 "临终的话" 的用法：*Je m'en vais ... ou je m'en vas... les deux se dient... ou se disent* "我走了，je m'en vais 还是 je m'en vas，se dient 或者 se disent，两者都有人说"。

6. 路易十四

> *Jay souferplusieursennees [= plusieurs années] desafoiblesse de sonopniastreté et desonjnaplication il men acousté desschosescon-*

> *cidérables je naypas profitéde tous les auantages queje pouuoissauoiret*
> *toutcela parcomplaisance etbonté enfin il a falu quejeluyordonase*
> *deceretirer [= de se retirer] parcequetout cequipassoit parluy*
> *perdoitdelagrandeur et delaforce quondoitavoir enexecutantles ordres*
> *dun roy defrance quinaist [= qui n'est] pasmalheureux et jauois pris*
> *leparty delesloigner plutostjaurois esuisté [= évité] lesjnconueniens*
> *quime sontarriues etjemereprocheroispas quema complaisance pourluy*
> *a pu nuirea lestat jayfaitcedestail pourfaire uoirune exemple qui de*
> *ceque jaydit cy deuant.*

（我忍受了多年他的固执和不尽心的缺点，他让我付出了很大代价，我没有享受到我能够享受到的所有利益，而这一切都是因为我的纵容和好心。最后，我不得不命令他隐退，因为他经手的一切都会丧失在执行法国国王的命令之时所应有的伟大与力量，这个国王并非是个可怜虫。我决定让他离开，我可以避免我所遇到的那些不利，我可以不再自责说我对他的纵容可能有损于国家，我详细记下这一切，是为了对我前面所说的举个例子。）

《回忆录》，布吕诺引用 [*Mémoires*, cité par Brunot, IV-I]

注释

这种奇特的词间空格的安排让人吃惊，就如同中世纪的标点，这种空格似乎标记着停顿，为了呼吸而进行的停顿，无法总结出任何规律性。另外，应该注意到一种正字法，它让一些词汇的"表意"识别变得困难：如 *ennees* 表示"年"，*ce (retirer)* "隐退"中 *ce* 代替"自反的" *se*，*aist* "是"，*esvisté* "避免"；句子的结构仅通过并列句，以至于很难把握陈述的不同部分的逻辑关系；最后，文本最后错误的关系代词呈现的奇怪句法是一种有违语言交流的明晰性的错误。

但是，如果我们相信下文中逸事的内容，国王"比他所保护的法兰西学院更善言辞"，那么他在语言方面同样是"超越其他所有权威的权威"，是语言规范的绝对主宰：

M. de Langres [...] m'a dit que tous les joüeurs de distinction disent perds-je mon argent, et non pas perdé-je. Et si j'osois prendre la liberté de me servir d'une authorité au-dessus de toutes les autres, je vous dirois [...] qu'il m'a assuré que le Roy, qui parle mieux que l'Académie dont il est le Protecteur, disoit ces jours passez : Depuis six ans que j'ay tant d'ennemis sur les bras, perds-je un seul pouce de terre ?

（德·朗格尔先生告诉我，所有出色的赌徒都说 perds-je（我输）钱，而不说 perdé-je（我输）钱。我斗胆援引一位超越其他所有权威的权威，朗格尔向我保证说，国王，作为比他所保护的法兰西学院更善言辞的人，他曾说：六年来我被那么多敌人缠住，perds-je（我输，我丧失）一寸土地了吗？）

布尔索，布吕诺引用 [Boursault, cité par Brunot, IV-I]

但是，对于我们来说，即便是在太阳王的朝代，尽管有廷臣们的 188 吹捧，国王个人的语言（他毫不犹豫地使用 *avoir quelqu'un sur les bras* "被某人缠住"）并非王国的官方语言。公认的"国王的语言"这个表述实际应该理解为"王国的官方语言"。

第十六章　处于古典主义与自由创新
之间的现代法语

18 世纪的法语：夏多布里昂《墓畔回忆录》
1845 年中学生的黑话
然后呢？

一、18 世纪的法语：夏多布里昂《墓畔回忆录》

1. 文本

下面是《墓畔回忆录》的第一页，在这部自传中叙述者我（je）同样是故事中的人物，引文依据 P. 克拉拉克（P. Clarac）为"袖珍丛书"校勘的版本（1973 年）：

> *La Vallée-aux-Loups, près d'Aulnay, ce 4 octobre 1811.*
>
> *Il y a quatre ans qu'à mon retour de la Terre-Sainte, j'achetai près du hameau d'Aulnay, dans le voisinage de Sceaux et de Chatenay, une maison de jardinier, cachée parmi les collines couvertes de bois. Le terrain inégal et sablonneux dépendant de cette maison n'était qu'un verger sauvage au bout duquel se trouvait une ravine et un*

taillis de châtaigniers. Cet étroit espace me parut propre à renfermer mes longues espérances: spatio brevi spem longam reseces. Les arbres que j'y ai plantés prospèrent, ils sont encore si petits que je leur donne de l'ombre quand je me place entre eux et le soleil. Un jour, en me rendant cette ombre, ils protégeront mes vieux ans comme j'ai protégé leur jeunesse.

（狼谷，近奥尔内，1811 年 10 月 4 日。

四年前，我从圣地回来时，在离索克斯和夏特努不远的奥尔内村附近，买了果农的一栋房子，房子藏匿在树木繁茂的山林里。房屋四周高低不平的沙质地是一片荒弃的果园，果园尽头是一条小溪和一排矮栗树。我觉得这狭小的空间适于寄托我长久以来的梦想: spatio brevi spem longam reseces "生命是如此短促，你不要抱长久的希望吧"（字面意思是：距离窄小，缩短你漫长的希望吧）。我在那里种下的树正在成长。它们现在还很矮小，我站在它们和太阳之间，可以荫蔽它们。某一天，它们将偿还我的荫蔽，像我呵护它们的青春一样，护佑我的迟暮之年。——摘自程依荣译本，译者注）

2. 注释

190

a. 正字法

文本再现了 1849 年初版内容：我们看到现代的正字法已经确立。尤其应注意，/e/ 和 /ɛ/ 的标记问题已经解决，即通过：

——使用开音符与闭音符；

——位置放在除 *s* 之外的不发音的词尾辅音字母前面，如 *jardinier* "果农"（发音为 /e/）；

——或者位于一个内破裂辅音前面（发音的辅音后面跟着另一个辅音，或是口语发音中的词尾辅音，这里的发音是 /ɛ/）：*espace* "空间"，*espérances* "预期，希望"，*soleil* "太阳"，*jeunesse* "青春"。

Châtaigniers "栗树" 中 *a* 上面的长音符在那个时代符合一种与 *charme* "魅力" 中的 *a* 不同的发音。

b. 句法

虽然文本本身向我们显示出夏多布里昂的拉丁语修养（他引用了贺拉斯的诗句："生命如此短促，你不要抱长久的希望吧"），但是句子的句法特点已经是 R. 巴利巴尔（1985 年）认为是小学教师们的文体风格的东西：简短的句子，与模仿古典拉丁语的那些长而复杂的结构非常不同（参见狄德罗的文本）。"主语＋动词＋宾语" 的词序，形容词的后置（*étroit espace* "狭小的空间" 除外），复指代词和冠词得到表述，这些都与现代法语丝毫无异。

c. 时态的用法

这段文字的价值在于向我们显示出与现代法语不同的过去时态的用法：我们看到简单过去时与复合过去时的交替使用，这种交替的特色是两者几乎对应着同一时间段，树木的种植似乎是在获得土地后不久，即 "四年前"。两个时态都关系到主语 *je* "我" 引导的动词，简单过去时用于自传式叙事在现代法语中是比较罕见的，虽然这一时态在假托自传体的叙事（第一人称叙事的小说）中还能碰到，它在其中扮演虚构的执行者的角色（即简单过去时一下子就打破了自传的契约，通知读者这叙事是虚构的）。

在夏多布里昂的文本中，复合过去时的功能仍旧是现时已完成的行为，即从陈述的现实出发来看待那些树，也就是 "1811 年 10 月 4 日"，此时这些树 "还很矮小"。*J'ai protégé leur jeunesse* "我呵护了它们的青春" 也是现时完成的行为，如果是将来完成，那会是 *j'aurai protégé*。

简单过去时是讲述过去事件的时态，不论这过去是很近还是最近，不论它对于叙述者的现时有无造成反响。使用简单过去时似乎是时间状语的强制要求，"四年前，我从圣地回来时"：这个状语设定了时间参照系，人们是在这个参照系里来看待过去的。

二、1845 年中学生的黑话

下面的引文根据 G. 古根海姆《历史与语言中的法语词》（1966, III, pp. 153–156），这份《中学生小词汇表》是从阿尔巴内斯（Albanès）1845 年出版的著作《中学的秘密》（*Les Mystères des collèges*）中选取的。

Bahut s. m.［名词，阳性，下同］中学。Marion est au Bahut Charlemagne 马里翁上查理大帝中学。

Bûcher v. act.［动词，及物，下同］揍，见 *Pile*。*Se bûcher* v. pronom.［代词式动词］互相殴打。

Cafard s. m. 向老师告状的学生，打小报告的。Laveau est un cafard 拉沃打小报告。

Cafarder v. n.［动词，不及物，下同］打小报告。

Cancre s. m. 学渣；懒惰无知的学生。

Cassine s. f.［名词，阴性，下同］教室，街区。Je vais à la cassine 我去教室。

Cavaler (se) v. pronom.［代词式动词］逃跑。

Chien adj.［形容词，下同］严厉。Notre pion est diablement chien 我们的学监很严厉。

Chiper v. act. 偷不值钱的东西，小偷小摸。这个词变成俗词，起源于中学。Chiper une bille 偷走一个弹子球。

Chipeur s. m. 小偷小摸的人。On méprise les chippeurs 大家看不起偷东西的人。

Coller v. act. 惩罚，没收。Le pion m'a collé ma traduction d'Homère 学监因为我的荷马的翻译惩罚了我（如今，仅仅表示扣留。Se faire coller à un examen 考试没通过）。

Copain s. m. 朋友。

Cornichon s. m. 以此称呼要上圣西尔军校的学生，他们还仅仅类似木材，要把他们塑造成军官。

Culotte s.f.（user de sa ~ sur les bancs du collège 在学校的凳子上磨裤子）去上学却毫无收获。这个表达法，老师们也经常使用。

Émoucher v. act. 揍。On émouche les cafards 大家揍那些告密的人。

Enfant (bon) s. m. 全部取笑的对象。Coyard est le bon enfant de la cassine 夸亚尔是班里的受气包。

Filer v. n. 是说那些走读生逃学。Les élèves de Louis-le-Grand filent, soit aux Ours, soit au Luxembourg 路易中学的学生要么逃学去植物园，要么逃学去卢森堡公园。

Fileur s. m. 习惯逃学的人。Adrien est un fileur 雅德里安爱逃学。

Fion s. m. 高雅，与 chic 同义；纨绔风格。 Quel fion il lui donne! 他多讲究衣着！

192

Fionner v. n. 臭美，讲究。Depuis qu'Ernest a une paire de bottes, regarde un peu comme il fionne 自从埃内斯特有了双靴子，瞧他显摆的。

Gosser v. n. 说谎。

Gosseur s. m. 说谎者。

Maison de campagne s. f. 禁闭。Bonnanis va souvent visiter la maison de campagne 伯纳尼斯经常被关禁闭。

Monaco s. m. 对学监的新称呼，大概因为摩纳哥钱币仅仅值两里

亚（每里亚等于四分之一苏）。

Monnaie s. f. 豁免。Avoir de la monnaie 有豁免。Faire de la fausse monnaie 假装有豁免。

Peau de lapin 典礼的时候对教师的称呼，因为他们的教阶标志是白釉皮。Les peaux de lapin font leur entrée triomphante 教师们威风地进来了。

Petits, Grands, Moyens 小，大，中。学生被分成三类，小班包括低年级，包括初一的；中班是高一高二的；大班是所有高年级的。

Piger v. act. 当场抓住。

Pile s. f. (donner une ~) 揍，比 émoucher 更重。

Piocher v. n. 用功。

Piocheur s. m. 用功的学生。Il y a peu de piocheurs dans notre classe 我们班很少用功的学生。

Pion s. m. 学监。

Pompiers s. m. 以此称那些准备中学会考的学生，因为考试要求他们学很多科目。

Raccroc s. m. 偶然。Être premier par raccroc 偶然得了第一。

Repiger v. act. 再次当场抓住。

Rosse s. f. 懒而无知的学生，比 cancre 的意思要重。

Soleil s. m. (piquer un ~ , prendre un coup de ~) 脸红。Coyard pique un soleil lorsque le pion lui parle 学监跟他说话时，夸亚尔脸红了。

Taupins s. m. 以此称独占庭院尽头荒废的自习室的学生，被比作鼹鼠（taupe）。

Touche s. f. 面貌，面容。Le portier a une drôle de touche 看门人长相很怪。

Toupie s. f. 头。Je ne puis me faire entrer ma leçon dans la toupie 我脑子里装不进学的课程。

Trac, Taf s. m.（avoir le ~）害怕。Adrien a le trac quand Laveau veut le bûcher 当拉沃想揍他时，雅德里安害怕了。

Trognade s. f. 点心，水果，所有可以吃的东西。Apporte-moi de la trognade 把点心给我拿来。

Trogner v. act. 吃，主要指糖果。这个表述很有活力，表达出一种别的说法无法说出的感情色彩。真希望它进入正式法语。

Trognerie s. f. 吃。S'adonner à la trognerie 喜欢吃糖果。

Trogneur s. m. 吃货。喜欢吃糖果的人。

Truc s. m. 手段，方法。Tillard a le truc pour jouer aux billes 蒂亚尔玩弹子球有一手。

Vache enragée s. f. 煮牛肉。

Voyou s. m. 流氓。教养不好的人，郊区的学生。这是对中学生的最大羞辱。虽然这个表达在《巴黎的秘密》中出现，但它早在欧仁·苏的小说发表前就存在于中学中。

注解

193

俚语（隐语，黑话），表达力的需要尤其借助于它来实现，它可能被看作一种不稳定的词汇。在上述的 48 个词中：

—— 10 个保留在语言中，未改变意思：*bahut* "中学"，*cafard* "告密的"，*cafarder* "告密"，*cancre* "学渣"，*chiper* "偷"，*chipeur* "偷东西的人"，*copain* "朋友"，*cornichon* "报考圣西尔的学生"，*donner une pile* "揍"，*pion* "学监"；

——其他 9 个经历了词义的转移：*bûcher*（如今意思为 "努力"，现代的意思在 1856 年福楼拜的笔下已经出现），*cavaler*（现今意思为 "跑"，它的意思还保留在 en cavale "逃亡" 里，这个词不再出现于中学生语言里），*coller*（如今有两个意思： "留下" 和 "失败"，*se faire coller à un examen*"考试没通过"），*piger*（如今意为"懂得"，这个意思在 1890 年在此引文后一代的学生中已经出现），*taupin*（如今指中学会考准备高等数学或数学专业的考生），*trac*（"怯场，害怕当众讲话"的意思早已出现），*touche*（如今举止的意思多于相貌），*vache enragée*（如今仅仅出现于 *manger de la vache enragée* 中，意思是"没有钱"），*voyou*（在过度表达而损耗的作用下，早就不再是最大的辱骂。如今大概会说 *racaille*"渣滓"！）。

三、然后呢？

© Claire Brétecher

图中文字意思：

上：我们连遗产都不会有，我们的父母会跟一些铁打的老年痴呆一起
　　活到 120 岁。

下：也许把大家的待业最低收入放在一起，我们可以租一个带露台的豪宅。

194   **注解**

这一文本是一种约定俗成的书写法，就像我们在前文中研究过的那些。

从正字法和标点符号的角度看，应该注意到 *biomanes* "生化人"，*pantouze* "复式住宅" 这些词的法语化。

句法是传统的，否定甚至用 *ne... pas*，这在法语口语中是少见的——但是，确实在 *on* "人们" 之后，在一个以元音开始的动词前，省音的 *n'* 仅仅是拼写意义上的，因为从语音上，它可能仅仅是 *on aura* "我们将有" 之间的联诵。*On* 已用于第一人称复数，迂说将来时有时也叫 "即近将来时"（*vont vivre* "将生活"），也因话语性陈述引导（说话者个人的投入）而使用：这里的将来并非即近的，因为言语者的年龄可以让我们将把这个将来定位到距陈述的现时 80 年之后，但这是一种从现时的视角来看待的将来。

让人觉得最有趣的当然是词汇。这是一种加密的语言，是少年的黑话（1995 年），目的是获得表达力。*RMI* "最低待业收入" 和 *Alzheimer* "阿尔茨海默病" 都已属于日常词汇：前者是 *revenu minimum d'insertion* "最低待业收入" 的首字母缩写，后者是略语，即从一个专有名词用作普通名词，伴有语义转移，因为这里不再确指阿尔茨海默病，而是泛指普通的老年糊涂（或老年精神病）。另外两个新词是 *pantouze* 和 *biomanes*，*pantouze* 借用美语 *penthouse*（复式公寓，"豪华公寓" 的意思由此而来），*biomanes* "生化人" 用来指父母，这个词是用 *biologique* "生物的" 截短词 "bio-" 加英文词 *man* "人" 当后缀构成的，这是个在这类语言里构词力很强的后缀，这里的意思是 "人类"，它的复数不再按照英语的词根变化（*men*）。同 *pantouze* 一样，正字法试图反映法语的发音。所有这些词汇似乎都属于注定短暂即逝的那类词汇创新。

资料集

资料 1：历史纪年

关于世界语言和印欧语系诸语言的史前史的最新的假设还有待证明，在文中以斜体表示。

一、世界语言的史前史

5000 万到 4000 万年前：在非洲出现了南方古猿。

160 万年前：直立人占领欧洲与亚洲。

85 万年前：欧洲最早的人科出现。

公元前 10 万年之前：智人出现于欧洲（尼安德特人）和亚洲（梭罗人）。

公元前 *10* 万年：*一小群生活在非洲（或者中东）的智人开始迁移，他们重新殖民了地球。另外的一些智人灭绝了。（这是从某些基因做出的假设，是卡瓦利-斯福扎的团队和朗加内的团队提出的，被称为"瓶颈命题"。）*

公元前 4 万年：语言首次出现？

二、印欧语系诸语言的史前史

公元前 1 万年：多尔多涅省的马格德林文化。在美洲首次出现人类。

公元前 *7000* 年：*最早的印欧语系语言在安纳托利高原诞生（伦弗鲁的假设）。*

公元前 *6500* 到公元前 *5500* 年：印欧民族开始波浪式迁移（伦弗鲁的假设）。

198 公元前 *4500* 年：印欧民族占据欧洲西部（伦弗鲁的假设）。

公元前 *4000* 年或公元前 *3000* 年：印欧民族开始分散（主流的假设）。

公元前 *3500* 年：所谓的坟冢文化，其扩张的开始。

公元前 *3000* 年：波斯的楔形文字，印度的文字出现。在俄罗斯首先有驯化马匹？（公元前 2000 年，出现对骑马者的最早图像表现）。

三、法语的史前史

公元前 *4000* 年或公元前 *3000* 年：建造石冢的文化出现于布列塔尼。

公元前 *3000* 年：凯尔特人的存在在波西米亚和巴伐利亚得到证实。

公元前 *2500* 年：开始使用青铜。

公元前 *600* 年：关于利古里亚人和伊比利亚人的最早证据。

公元前 *600* 年：弗凯亚人水手定居地中海沿岸。

公元前 *500* 年：凯尔特人入侵（此前有渗透？）：被称为高卢人。

四、法语史

公元前 *150* 年：罗马人占领普罗旺斯，渗透到纳博讷地区。

公元前 *59* 年到公元前 *51* 年：罗马人征服高卢。

公元 *212* 年：卡拉卡拉的安东尼努斯敕令给予帝国的所有自由出身的男人公民权。

257 年：阿拉曼人和法兰克人入侵，远及意大利和西班牙。

313 年：君士坦丁将基督教立为罗马帝国的国教。

约 400 年：由圣哲罗姆将《圣经》翻译成拉丁语（武加大本）。

450—650 年：凯尔特人（从大不列颠）迁移到布列塔尼；凯尔特人重新迁入布列塔尼。

476 年：罗马被占领，西罗马帝国皇帝被废黜。

486—534 年：法兰克人占领高卢全境（496 年，克洛维皈依基督教）。

750—780 年：拉丁语不再被国土北方的民众听懂。

800 年：查理大帝加冕为皇帝。

813 年：图尔的主教公会：布道此后将用当地俗语进行。

814 年：查理大帝去世。

842 年：《斯特拉斯堡誓言》，是原始法语的最早官方文件。

800—850 年：在奥克语地区，人们不再懂得拉丁语。

199

800—900 年：维京人入侵。

882 年：《圣女欧拉利亚的颂歌》，是原始法语的最早文学创作。

911 年：维京人在诺曼底定居下来。

957 年：于格·卡佩，第一位不懂日耳曼语的法国国王。

1063 年：诺曼人征服意大利南部和西西里岛。

1066 年：海斯廷斯战役：诺曼人的王朝立足英国，他们在那里说法语，直到百年战争。

1086 年：《罗兰之歌》。

1099 年：十字军夺取耶路撒冷：法语和普罗旺斯语在中东存在的开始。

1252 年：索邦大学建立（用拉丁语教学）。

1254 年：最后一次十字军东征。

1260 年：佛罗伦萨人布鲁内托·拉蒂尼用法语撰写《宝库》。

1265 年：夏尔·德·安茹加冕为西西里王国国王，此后直到 14 世纪，在那不勒斯的宫廷都说法语。

1271 年：说奥克语的图卢兹伯爵领地并入法兰西王国。

1476—1482 年：路易九世将勃艮第、庇卡底、阿图瓦、曼恩、安茹和普罗旺斯并入法兰西王国。

1477 年：印刷术的发明。法语的标准化和官方化加速，最早的正字法的"发明"。

1513 年："快乐知识诗会"变成"修辞学学院"：奥克语的官方文学的结束。

1523—1541 年：法语确立于新教信仰中。

1530 年：建立法兰西公学院（当时罕见的用法语教学的地方）。

1530 年：帕尔斯格雷夫的《法语明解》，是当时在英国出版的最有名的法语语法书。

1534 年：雅克·卡蒂埃以法国国王的名义占领加拿大。

1539 年：《维莱科特雷敕令》，法语成为官方语言。

1552 年：布列塔尼被并入法兰西王国。

1559 年：洛林被并入法兰西王国。

1600 年：宫廷离开卢瓦尔河畔，回到巴黎。

1635 年：黎塞留给予法兰西学院官方地位。

1647 年：沃热拉《论法语》：宫廷的语言规范被当作正确用法的模板。

1660 年：波尔罗瓦亚尔学派的《唯理语法》。

1680 年：天主教《圣经》的最早法译本。

1685 年：南特敕令废除：一百万新教徒离开法国，前往欧洲新教国家，但也有一些前往非洲和美洲。

200 **1694 年**：《法兰西学院词典》首次出版。

1700 年：真正没有拉丁语的初级教育是由拉萨尔创建的基督学校兄弟会开始的。

1713 年：《乌得勒支条约》：法国失去了阿卡迪亚。

1714 年：《拉施塔特条约》，法语取代拉丁语，成为欧洲外交语言。

1757 年：最早的克里奥尔语文本出现。

1759 年：在索雷兹的中学（塔恩省）建立完全使用法语的教育。

1762 年：耶稣会受到驱逐，他们的学校中坚持完全用拉丁语教学；对他们的学校的重组给予了法语更多位置。

1763 年：《巴黎条约》签订，使法国丧失了殖民帝国的地位：殖民地加拿大、印度、安的列斯五岛、塞内加尔和路易斯安那被夺走。

1783 年：法国收复塞内加尔、路易斯安那和安的列斯三岛。

1787 年：W. 琼斯识别出包括拉丁语、希腊语、波斯语、日耳曼诸语、凯尔特语和梵语的语系的存在。

1794 年：关于可疑的惯用语的《巴雷尔报告》（共和二年雨月 8 日）；关于消灭土语的益处的《格雷瓜尔报告》（共和二年牧月 16 日）。

1797 年：尝试将法语引入宗教仪式（格雷瓜尔修士）。

1803 年：拿破仑将路易斯安那出售给美国。

1817 年：法国治理塞内加尔。

1827 年：V. 雨果《克伦威尔》序言，要求语言的所有语域的词汇都可用于文学。

1830 年：法国占领阿尔及利亚。

1835 年：法兰西学院词典第六版，最终接受将 *-ais*、*-ait* 结尾的书写法用于未完成过去时。

1879 年：留声机发明。

1881 年：卡米耶·塞创立了对女孩的公共教育。

1882 年：《茹费里法令》：义务的、世俗的和免费的初级教育（用法语）。

1885 年：刚果（后来称比属刚果）的治理权被交给比利时国王。

1901 年：颁布了一项法令，提出在法语正字法中对某些拼写的宽容。

1902 年：没有拉丁语和希腊语的现代中学教育被承认与古典中学教育
平等。

1902—1907 年：齐列龙和埃德蒙的 7 卷本《法国语言地图集》出版。

201 **1905 年**：准许用法语进行博士论文答辩。

1919 年：《凡尔赛和约》，法语失去欧洲唯一外交语言的地位。

1921 年：通过广播传播的开始。

1935 年：电视的发明。

1951 年：《戴克索纳法令》允许某些地区语言进入中学。

1954—1962 年：法国的前殖民地成为独立国家。

1962—1965 年：第二次梵蒂冈主教公会：弥撒、天主教主要圣事不
再用拉丁语。

1987 年：克里奥尔语成为海地官方语言。

1990 年：《关于拼写改革的报告》提出将合成词的复数规则化，并取
消长音符。

1994 年：首次创建支持法语圈的组织。

资料 2：世界上的语言

一、根据 J. 佩罗:《语言学》,"我知道什么？"丛书 [J. Perrot, *La Linguistique*, Paris, PUF, 1967]

印欧语系
欧洲、印度大多数地区和小亚细亚部分地区的语言。

闪含语系
——闪米特语族：希伯来语、阿拉伯语、阿姆哈拉语:

——埃及语（死语言，其残余为科普特语，是基督教徒的瞻礼语言）；

——柏柏尔语；

——库希特语族：东非，埃塞俄比亚除外。

乌拉尔-阿尔泰语系（存有争议）

乌拉尔语系
——芬兰-乌戈尔语族：匈牙利语、芬兰语、拉普语；

——俄罗斯的萨莫耶德语族；

——可能还有爱斯基摩-阿留申语系。

阿尔泰语系

——突厥语族；

——蒙古语族；

——通古斯语族：满语；

——日语、朝鲜语、阿伊努语（它们是否归属这一语系是成问题的）；

——古西伯利亚语（是否归属这一语系是有问题的）。

汉藏语系（组成存有争议）

——藏缅语族（＋喜马拉雅山麓诸语言？）；

——汉语；

——泰语（暹罗语、老挝语、安南语？、中国南方少数民族语言）；

——孟高棉语族（柬埔寨语）。

南太平洋岛屿（南岛）诸语言

——印度尼西亚语：马来语、某些印度支那语言、马尔加什语；

——波利尼西亚语族；

——美拉尼西亚语族。

高加索诸语言

其中可能包括巴斯克语。

撒哈拉以南非洲（黑非洲）诸语言

苏丹与几内亚诸语言。

班图语支

科伊桑语系

非洲南端诸语言。

美洲

—— 100 多个不同的美洲印第安人的语族；

——许多孤立的语言。

二、根据 J. H. 格林伯格和 M. 鲁伦的看法（参见 M. 鲁伦：204《语言的起源》[M. Ruhlen, *L'origine des langues*, Paris, Belin, 1997] ）

假设仍有争议，关于非洲语言的分类的部分除外。这些划分与基因研究者提出的划分有关，特别是卡瓦利–斯福扎画出的人类基因树。但是，在他们的证明中有些循环论证：基因学家称他们依据语言学家的研究，而语言学家称他们依据基因学家的研究。

亚欧大语系（语门）

印欧语系
欧洲、印度大多数地区和小亚细亚部分地区的语言（参见本书 282 页资料 3）。

乌拉尔语系
——芬兰–乌戈尔语族：匈牙利语、芬兰语、拉普语；
——俄罗斯的萨莫耶德语族。

阿尔泰语系
——突厥语族；
——蒙古语族；
——通古斯语族：满语。

日语、朝鲜语、阿伊努语

古西伯利亚语

爱斯基摩–阿留申语系
（阿拉斯加的一部分和格陵兰岛）

德内–高加索语系（亦称汉–高加索语系，其存在有争议）

北高加索语系

巴斯克语

叶尼塞语系

205　*胡里特语（死语言）*

乌拉特语（死语言）

哈梯语（死语言）

伊特鲁里亚语（死语言，也译作伊特拉斯坎语）

汉藏语系
——藏缅语族（＋喜马拉雅山麓诸语言？）；
——汉语；
——孟高棉语族（柬埔寨语）。

纳–德内语系

美洲原住民语言

北美洲原住民语言
（北美）

南美洲原住民语言
（南美）

印度－太平洋大语系

主要在新几内亚

安达曼语系

巴布亚诸语言

塔斯玛尼亚语

澳洲诸语言

澳洲原住民语言

南方大语系（南方语门）

206

南岛语系
南太平洋、中国台湾、马达加斯加。

南亚语系
——蒙达语族（印度北部）；
——孟高棉语族；
——分散在东南亚的大部分岛屿。

苗瑶语系
东南亚、中国南部、泰国北部。

侗台语系
——泰语（暹罗语、老挝语、安南语？、中国南方少数民族语言）；

——老挝语。

亚非语系（旧称闪含语系）

闪米特语族

希伯来语、阿拉伯语、阿姆哈拉语（埃塞俄比亚）。

埃及语

灭绝语言，其残存为科普特语。

柏柏尔语族

库希特语族

（东非，埃塞俄比亚除外。）

乍得语族

尼日尔-科尔多凡语系

撒哈拉以南非洲语言。

科伊桑语系

非洲南端诸语言（搭嘴音或吸气音的语言）。

另外一组科学家，A. 杜尔戈波尔斯基和 V. 伊里奇-斯维提奇提出"诺斯特拉语系"（或译总语系、超语系）的分组，主要将印欧语系和亚非语系看作是具有亲缘关系的，这一假设同样是有争议的。

世界上的语系

■ 科伊桑语系	■ 达罗毗荼语系	▨ 南方大语系
▢ 尼日尔-科尔多凡语系	▪ 南高加索语系	■ 印度-太平洋大语系
▨ 尼罗-撒哈拉语系	▨ 亚欧大语系	▢ 澳洲原住民语言
▢ 亚非语系	■ 德内-高加索语系	▨ 美洲原住民语言

来源：M. 鲁伦：《语言的起源》[M. Ruhlen, *L'origine des langues*, op. cit., p. 119]

资料 3：印欧语系诸语言

印度-伊朗语族

——印度-雅利安语支吠陀梵语、巴利语、普拉克里特诸语言（古印度土语）、中期印度-雅利安语、印度斯坦语、孟加拉语、古吉拉特语、马拉地语、僧伽罗语；

——梵语（古代书面语）；

——罗姆人语言；

——伊朗诸方言、古波斯语、阿维斯陀语、米底亚语、斯基泰（西徐亚）语、粟特语、中古波斯语、波斯语、库尔德语、阿富汗达里语、奥塞梯语。

波罗的语族

——拉脱维亚语；

——古普鲁士语；

——立陶宛语。

斯拉夫语族

——古斯拉夫语；

——俄语；

——波兰语；

——捷克语和斯洛伐克语；

——塞尔维亚-克罗地亚语；

——保加利亚语。

亚美尼亚语族

阿尔巴尼亚语族

希腊语族

希腊语（许多方言在公元前 4 世纪末变成一种*通用语*）。

——奥斯坎语；

——翁布里亚语；

——拉丁语（*罗曼语族由此发源*）。

罗曼语族

——意大利语；

——西班牙语；

——葡萄牙语；

——法语；

——罗马尼亚语。

凯尔特语族

——高卢语；

——威尔士语；

——康沃尔语；

——布列塔尼语；

——爱尔兰语；

——苏格兰盖尔语。

日耳曼语族

——哥特语；

——冰岛语、挪威语；

——瑞典语；

——丹麦语；

——高地德语；

——低地德语；

——弗里西语；

——英语。

210　　**吐火罗语系（灭绝语言）**

——吐火罗语（焉耆语）；

——龟兹语。

赫梯语族（灭绝语言）

——赫梯语；

——帕拉语；

——卢维语。

资料 4：国际音标（法语）

Voyelle：元音

Consonne：辅音

Semi-voyelle：半元音

Voyelles		Consonnes	
/a/	rate, date, sac	/b/	bras, abbé, cab
/ɑ/	pâte, tâche, lâche	/p/	par, approche, tape
/ə/	levant, venu, ce	/d/	date, adroit, addition
/e/	chez, clé, pré	/t/	tête, tard, flûte
/ɛ/	clair, cher, terre	/g/	gare, agrès, gloire
/i/	lit, if, mil	/k/	car, accroc, souk
/o/	jaune, pot, eau	/v/	vélo, rêve, ivre
/ɔ/	or, pomme, colle	/f/	fort, touffe, froid
/u/	joue, roux, fou	/z/	zéro, hasard, rose
/y/	tu, rue fût	/s/	sage, assis, ça, race
/ø/	peu, jeu, eux, jeûne	/ʒ/	jarre, geai, page
/œ/	peur, seul, jeune	/ʃ/	cher, flash, bouche
/ɑ̃/	gens, Jean, camp	/l/	la, hallali, miel
/ɛ̃/	plein, pin, sain	/m/	mère, amas, lame
/ɔ̃/	plomb, son, rond	/n/	renne, nord, âne
/œ̃/	un, brun, à jeun	/R/	rare, sourd, roi
		/ɲ/	régner, poigne, panier
Semi-voyelles			
/w/	roi, ouate, oui		
/ɥ/	cuit, huit, suer		
/j/	yo-yo, pied, faille, boy		

资料 5：拉丁语与法语之间的十大语音变化

对语音变化的历时性研究是一门科学，即历史语音学。我们在本书中并没有真正涉及这一学科，我们仅限于给出从拉丁语到现代法语的发展中出现的主要语言变化。这是些非常笼统的规则，有数量众多的例外，例外服从另外一些语音规则、类推作用，或者是由于直接向拉丁语借用（书翰词或半书翰词）。

1. 从拉丁语词到法语词，词大为缩短

a）词尾元音脱落：*mare > mer* "海"、*heri > hier* "昨天"、*muro > mur* "墙"，/a/ 音是例外，它以 /ə/ 音的形式被长期保留下来，这个音是脱落音，没有重音，因此在中世纪，法语像唱歌那样发出词尾的脱落音，类似马赛的口音；*faba > fève* "蚕豆"。

甚至，在现代法语中，这个词尾的 *e* 不再发音。（这一进程始自 7 世纪。）

b）词首的元音和重音的元音保留下来（有时发生音色的改变），其他音节则倾向于脱落：*clar(i)tate > clarté* "明亮"，*dor(mi)tori(u) > dortoir* "宿舍"。

c）前缀保留下来，甚至与词接合在一起。

结果：拉丁语词总是比法语词长；拉丁语词往往仅留下开始的音

节、着重的音节和前缀；重音在拉丁语中所落的音节变成了法语词的
最后一个音节。

2. 拉丁语的所有的 /u/ 都变成了 /y/

213

其影响保留在正字法中，/y/ 音被写成 *u* 字母（发生于 8 世纪，比
人们推测中的高卢语的影响要晚得多）。

3. "自由"的重读元音的二合元音化

"自由"的意思是：它在一个不是由辅音结束的音节中，处于音节
末尾。比如在 *mari* "丈夫"（ma-ri）中，/a/ 是自由的，在 *mardi* "星
期二"（mar-di）中不是自由的。经过拉丁语语音系统的变化，短元音
（标记为 ˘ ）和长元音（标记为 ˉ ）之间的对立被开元音与闭元音之间
的对立取代，自由的重读元音开始变长，随后开始二合元音化，这导
致了现代法语中的音色变化。

——人们所说的"罗曼语"的二合元音化，因为它同样涉及其他
罗曼语：

• ĕ > ie（3 世纪末）。比如 *pede(m)* > *pied* "脚"；

• ŏ > uo（4 世纪初），再度发展成为现代法语的 /ø/、/œ/。比如
mola > *meule* "磨"。

——人们所说的"法语"的二合元音化，因为它只涉及法国北方，
是受到日耳曼语的影响（6 世纪）：

• a > ae，后来发展成现代法语中 /ε/、/e/。比如 *cantare* > *chanter*
"唱"，*mare* > *mer* "海"；

• ĭ、ē > ei，后来发展成现代法语中 /ε/，写作 ai，或成为 /wa/，
写作 oi。比如 *tela* > *toile* "帆布"，*pilu(m)* > *poil* "毛"，*creta* >

craie "白垩"；

　　• ŭ、ō > ou，变成现代法语中的 /ø/、/œ/。比如 *hora* > *heure* "时"，*gula* > *gueule* "口"。

4. 鼻辅音前的元音的鼻音化

　　拉丁语发 /an/ 音，法语发 /ã/ 音。后面跟着鼻辅音的所有元音都首先发生了鼻音化：中世纪把 *pomme* "苹果" 发 /põmə/ 音（对于 *i* 和 *u*，鼻音化进程开始于 11 世纪，结束于 14 世纪）。随后，在 16 和 17 世纪，这些鼻元音在 /m/、/n/ 或仍旧占一个发音位置的空音 / / 之前非鼻音化：/põmə/ 变成了 /pɔm/。鼻辅音的闭口效果，随后的元音鼻音化的开口效果，导致了这些元音的许多音色变化（比如 /findere/ 变成了 /fãndr/：*fendre* "劈开"）。

5. 辅音前面的 /l/ 音的元音化

　　（这一进程开始于 7—8 世纪，结束于 11 世纪。）

　　在辅音前，/l/ 元音化，变成 /u/，它与前面的元音一起构成一个二合元音（/y/ 和 /i/ 除外，它们未受到感染）。二合元音随后缩成一个单元音，但是正字法保留下一些古老状态的痕迹。比如，在辅音前，

　　——a + l > au > o : *talpa* > *taupe* "鼹鼠"；

　　——ĕ + l > eau > o : *bellos* > *beaux* "美的"；

　　——ē + l > eu > oe : *illos* > *eux* "他们"；

　　——ŭ、ō + l > ou > u : *ultra* > *outre* "除……之外"，*col(a)pu* > *coup* "打击"。

　　（/l/ 音的元音化解释了某些元辅音交替现象，在中世纪比现代更加常见，比如 *bel/beau* "美的"，*col/cou* "脖子"）。

6. 音素 /v/ 和 /ʒ/ 的出现

——/w/ > /v/：*vita* > *vie* "生命"（/wita/ > /vi/），1—3 世纪；

—— 2—3 世纪，/j/ > /dʒ/，随后（13 世纪）发展成 /ʒ/：*jocare* > *jouer* "玩"（/jocare/ > /ʒue/）。

从结构的视角看，这一事件意义重大：在一系列的擦音中，拉丁语只有 /j/（*jam* "现在"）、/s/（*rosa* "玫瑰"）、/f/ 和 /w/，即在拉丁语中不存在延续音的**清辅音**（sourd）和**浊辅音**（sonor）的对立（而这一对立对于闭塞音却是存在的）。与此相反，法语的系统，由于被称为 "腭化" 的作用，是将清辅音和浊辅音加以对立的：/ʃ/ 和 /ʒ/，/s/ 和 /z/，/f/ 和 /v/。

在正字法上，这一事件同样是重大的，因为中世纪没有专门的字素来标记这些新的音素，而继续使用拉丁语的 *u* 和 *i* 来进行标记。

7. 腭化

人们所说的 "腭化" 指某些腭辅音，在后面跟着的元音（或者半元音 /j/）的影响下，发音提前转向上腭的发音现象。

——第一次腭化发生于 2—3 世纪：关系到所有位置上的 K、G + e、i、j。

• *cera* > *cire* "蜡"（/kera/ > /tsir/ > /sir/）；

• *gente* > *gent* "亲族"（/gente/ > /dʒent/ > /ʒent/）。

——第二次腭化发生于 4—5 世纪，仅仅发生于法国北方（南方奥克语区、诺曼底、庇卡底都未触及）。它关系到 K、G + a：

• *carru* > *char* "车"（/karru/ > /tʃar/ > /ʃar/）；

• *gamba* > *jambe* "腿"（/gamba/ > /dʒamb/ > /ʒamb/）。

对于这两次腭化，进程的结束发生在 13 世纪，伴随着我们称为

"塞擦音弱化"的现象：混合辅音 /ts/、/dʒ/、/tʃ/ 失去了它们的闭塞成分：*cire*"蜡"与 *sire*"大人"，*si*"如果"与 *ci*"这里"变成了同音词。

8. 元音之间的辅音的弱化

由于与邻近的元音接触，清辅音变成浊辅音（4 世纪），闭塞音变成擦音（5—6 世纪）。最后，某些辅音最终消失：*debere > devoir*"必须"，*mutare > muer*"转变"，*pesare > peser*"称量"，*malifatius > mauvais*"坏"；元音之间的 /k/ 和 /g/ 变成了半元音 /j/，与 *o* 和 *u* 邻近的除外（在这一位置上它们消失了）。

9. 由于与 /j/ 的接触而产生一些二合元音

在一些情况下，产生了 /j/ 音（yod），比如辅音前面的 /k/ 和 /g/（*lacte*"乳汁"便是这种情况，它变成了 *lajte*），或者两个元音之间的 /k/ 和 /g/（*plaga*"伤"变成 *plaja*）。这个 /j/ 音要么从一个音节被移到另一个音节（后缀 *-ariu*、*-oriu* 的情况尤其如此），要么因为某个不稳定元素（通常是 /w/ 音）的脱落而与前面的元音接触（过去时的情况尤其如此，*cantavi* 变成了 *cantaj*"我曾唱"）。于是这些 /j/ 音同前面的元音结合，形成人们称为融合二合元音的语音。这些二合元音之后往往弱化为一个单元音，但是正字法却保留着对二合元音的回忆：*lacte > lait*"乳汁"，*plaga > plaie*"伤"，*cantavi > chantai*"我曾唱"，*dormitoriu > dortoire*"宿舍"。

10. 词尾的辅音倾向于不再发音

因为从前在它们后面的元音脱落，辅音成为词尾，它们同样倾向于不再发音，但是这要晚得多（12—17 世纪，人们曾经说 *le Pont*

Neu [Neuf] "新桥"、*un œu* [œuf] "蛋"、*un chanteu* [chanteur] "歌手"）。然而，由于语言规范的主张，有些词尾辅音却保留下来，甚至得到了恢复（*mourir* "死亡"曾经发音为 *mouri'*，它重新变成 *mourir*，出于区分的需要，*but* "目标"的词尾是发音的，避免与 *bu*（*boire* "喝"的过去分词）混淆）。只有 /l/ 很少受到这一演变的影响：*sel* "盐"、*tel* "这样"、*miel* "蜜"、*cheval* "马"、*hôtel* "旅店"、*col* "领子"，等等（但是 *gentil* "和善"的词尾却不发音）。

资料6：主要语音变化的年代确定

罗马帝国

在公元 1 世纪之前

古典拉丁语，对高卢殖民（公元前 50 年），最早几位罗马皇帝：
——词尾的 *m* 脱落（宾格）；
——*s* 前的 *n* 脱落：*pe(n)sare > pesare > peser >* "称量"。

2—3 世纪

高卢-罗马的繁荣期。早在 2 世纪末，崩解便开始了，发生最早的蛮族入侵，最终是 3 世纪末对高卢的全面入侵（275 年）。公元 3 世纪的大危机。
——第一次腭化：
· G + e、i（*gentem > dʒentə* = gent "亲族"）；
· K + e、i（*cera > tsira* = cəire "蜡"）。
——元音系统变化的开始：长音和短音的对立变成开口度的对立，短元音的开口度变大的过程一直持续到 5 世纪初（长音 ō，短音 ū > 闭元音 o）。

3—5 世纪：罗马帝国的终结与大入侵

勃艮第人、西哥特人、撒克逊人涌向高卢，他们平分高卢，一直到法兰克人入侵。

3 世纪

入侵开始，罗马人在抵抗，颁布卡拉卡拉的安东尼努斯敕令（212 年）：

自由的重读元音变长（它们的变长将导致它们在后来几个世纪中二合元音化）。

3—4 世纪

313 年，君士坦丁承认基督教为国教。

——"罗曼语"的二合元音化：

· 短音 ĕ > ie（*pede* > *piede* = pied "脚"）；

· 短音 ŏ > uo（*potet* > *puotet* = peut "他能"）。

——非重读的倒数第二音节、除了 *a* 之外的词汇内部重音前的音节脱落。

4—5 世纪

在君士坦丁统治下，基督教成为帝国的国教；蛮族入侵如潮，自由农民消失，城市变成废墟。

410 年，罗马被阿拉里克攻占；453 年，阿提拉战败。

——元音间的清辅音浊化。

——第二次腭化：

· K + a /tʃa/ ；

· G + a /dʒa/。

元音间的闭塞音变成擦音（*debere > devoir*"必须"，*saponem > savon* "肥皂"）。

法兰克人的高卢

6 世纪

486—511 年，克洛维夺取高卢。
"法语"的二合元音化：

· ē > ei（*tela > teila* = toile"帆布"）；

· ō > ou（*flore > flour* = fleur"花"）；

· a > ae（*mare > maere* = mer"海"）。

7—8 世纪

墨洛温王朝。

7 世纪

——除了 *a* 之外的其他词尾元音脱落；
——词尾的 *a* 变成 /ə/（央元音 e，在非重音的词尾发音）。

8 世纪

在 750 年代，"矮子"丕平统治下。

——辅音前面的 *l* 的元音化开始（说实话，辅音前的 *l* 的演变早在 3 世纪就开始了）；

——*u*（源自于拉丁语的长元音 *u*）变成 /y/（*muru > muro > myr = mur* "墙"）。

9—10 世纪

企图对日耳曼民族加以组织。查理大帝于 800 年成为皇帝。加洛林王朝的文艺复兴。图尔主教公会（813 年）。《斯特拉斯堡誓言》（842 年）。

元音之间的 /δ/（源自于 4—5 世纪在这个位置上变成擦音的 d）和词尾的 *t* 变得不发音。

法兰西

11 世纪

《罗兰之歌》，第一次十字军东征，威廉征服英国。
鼻辅音前面的 *a*、*e*、*ei*、*ai* 鼻音化。

12 世纪

阿基坦的埃莉诺；特鲁瓦的克雷蒂安；第二和第三次十字军东征。
鼻辅音前面的 o、ou、ue 鼻音化。

13 世纪

塞擦音弱化（ts > s, tʃ > ʃ, dʒ > ʒ）。

219　　**14 世纪**

中古法语。圣路易国王时代，法语名词变格结束。
鼻辅音前的 i 和 u 的鼻音化。

14 和 16 世纪

部分音素的非鼻音化：仍旧发音的 *n* 和 *m* 之前的鼻元音非鼻音化
（bɔ̃nə > bɔn，写作 *bonne* "好的"［阴性］；fãmə > fam，写作 *femme*
"女人"）。

资料 7：类推作用的一种复杂形式：直陈式现在时第一人称

第一人称的变位是通过类推而再造的，由于语音的演变（词尾 -a 之外的词尾元音脱落），在古法语中第一人称曾经不再有词尾变化的标记（直陈式现在时：*je chant* "我唱"、*tu chantes* "你唱"、*il chante* "他唱"），但是往往具有词干的区别（*je veuil* "我想要"、*tu veus* "你想要"、*il veut* "他想要"）。对于直陈式和虚拟式现在时的前三个人称，古法语拥有几种可能：以动词 porter "持有"、trembler "战栗"、dire "说"、vouloir "想要" 为例。

直陈式	虚拟式	直陈式和虚拟式	直陈式	虚拟式	直陈式	虚拟式
je port	je port	je tremble	je dis	je die	je vueil	je veuille
tu portes	tu porz	tu tembles	tu dis	tu dies	tu vueus	tu vueilles
il porte	il port	il tremble	il dit	il die	Il veut	il vueille

在类推性的再造中，曾有几种压力：

——第二和第三人称对第一人称的影响（类似孩童说 *je m'en ira* [irai] "我走了"，*je recommencera* [recommencerai] "我重新开始"），解释了 *je porte* "我持有" 的形式，部分地解释了 *je veu(x)* "我想要" 的形式；

——虚拟式大多数以 *e* 结尾，这种影响解释了 *que je porte* "让我

持有"、*que tu portes* "让你持有"、*qu'il porte* "让他持有" 的虚拟式
的再造；

　　——但是，如何解释 *je dis* "我说" 中的 *s* 和 *je veux* "我想要" 中
的 *x* 呢？这里面有第二人称的一种奇怪影响，它同样发生在未完成
221　过去时和条件式上（*je partoie* "我那时正要离开" 变成 *partois*，随
后变成 *partais*；*je partiroie* "我会离开" 变成 *partirois*，后来变成
partirais），但是却不发生于将来时和简单过去时上（这两种时态中的
语音差别更大），同样未发生在以 *-er* 结尾的动词的虚拟式与直陈式上
（这些时态中不存在语音差别）。

资料 8：拉丁语动词变位：以 -are 结尾的动词 222

以动词 amare“爱”为例：

	主动			被动		
	直陈	虚拟		直陈	虚拟	
	现在时 = *j'aime* am-o ama-s ama-t ama-mus ama-tis ama-nt	现在时 = *que j'aime* am-e-m am-e-s am-e-t am-e-mus am-e-tis am-e-nt		现在时 = *je suis aimé* am-or ama-ris ama-tur ama-mur ama-mini ama-ntur	现在时 = *que je sois aimé* am-e-r am-e-ris am-e-tur am-e-mur am-e-mini am-e-ntur	
未完成	未完成过去时 = *j'aimais* ama-ba-m ama-ba-s ama-ba-t ama-ba-mus ama-ba-tis ama-ba-nt	未完成过去时 = *j'aimasse* ama-re-m ama-re-s ama-re-t ama-re-mus ama-re-tis ama-re-nt	未完成	未完成过去时 = *j'étais aimé* ama-ba-r ama-ba-ris ama-ba-rit ama-ba-mur ama-ba-mini ama-ba-ntur	未完成过去时 = *que je fusse aimé* ama-re-r ama-re-ris ama-re-tur ama-re-mur ama-re-mini ama-re-ntur	
	将来时 = *j'aimerai* ama-bo ama-bi-s ama-bi-t ama-bi-mus ama-bi-tis ama-bu-nt			将来时 = *je serai aimé* ama-bo-r ama-be-ris ama-bi-tur ama-bi-mur ama-bi-mini ama-bu-ntur		223

续表

主动		被动	
直陈	**虚拟**	**直陈**	**虚拟**
过去时 = *j'aimai*	过去时 = *que j'aie aimé*	过去时 = *je fus aimé, (j'ai été aimé)*	过去时 = *que j'aie été aimé*
ama-v-i	ama-v-erim	amatus sum	amatus sim
ama-v-isiti	ama-v-eris	amatus es	amatus sis
ama-v-it	ama-v-erit	amatus est	amatus sit
ama-v-imus	ama-v-erimus	amati sumus	amati simus
ama-v-istis	ama-v-eritis	amati estis	amati sitis
ama-v-erunt	ama-v-erin	amati sunt	amati sint
愈过去时 = *j'avais aimé*	愈过去时 = *que j'eusse aimé*	愈过去时 = *j'avais été aimé*	愈过去时 = *que j'eusse été aimé*
ama-v-eram	ama-v-issem	amatus eram	amatus essem
ama-v-eras	ama-v-isses	amatus eras	amatus esses
ama-v-erat	ama-v-isset	amatus erat	amatus esset
ama-v-eramus	ama-v-issemus	amati eramus	amati essemus
ama-v-eratis	ama-v-issetis	amati eratis	amati essetis
ama-v-rant	ama-v-issent	amati erant	amati essent
先将来时 = *j'aurai aimé*		先将来时 = *j'aurais été aimé*	
ama-v-ero		amatus ero	
ama-v-eris		amatus eris	
ama-v-erit		amatus erit	
ama-v-erimus		amati erimus	
ama-v-eritis		amati eritis	
ama-v-erint		amati erunt	

（完成时）

注：此处未提供命令式和非变位形式（不定式、分词、动名词和副动词）。

名词释义

Adstrat 语言附层

"语言层"（strat）的一类，另见**底层**（substrat）和**表层**（superstrat）：有关语言相互影响的研究借用了地质学的术语。在谈到语言附层的时候，它是指两种语言长久共存：比如法语和弗拉芒语在比利时，法语和英语在加拿大的情况。

Continu 延续音

指一个音素，元音或者辅音，发音时在口腔某个点上存在收缩，但不是完全闭合，以至于气流持续送出。它的同义术语**擦音**（fricative）仅用于指辅音。

Compétence（passive / active）语言能力（主动 / 被动）

指理解一种语言的能力。主动语言能力：指说某种语言的能力。

Compocation 截短合成

通过截短和合成来创造词汇的手段：两个截短的词变成词根，然后再接合在一起。

Diachronie 历时性

指历史语言学，研究语言在时间中的变化。与**共时性**（synchronie）

对立：共时语言学研究一个既定时代的语言结构（不一定是当代）。

Diglossie 双层语言，双重语体

两个不同语言共存的状况，一种"上层语言"（或称 Langue H），即官方语言，一种"下层语言"（或称 Langue B），即当地语言。

226　**Digraphe 双字母**

两个字素的组合被用来记录一个单独的音素：*ch*/ʃ/，*on*/õ/，*au*/o/；法语还有三字母（trigraphe）组合：*ain*，*ein*，*eau* 等。

Etymon 词源

原始语中的词，由于语言的损耗，在后代语言中产生一个词。比如，*chanter*"唱"的词源是拉丁语 *cantare*。

Français Nationaux 各民族法语

在法语世界不同国家和地区说的法语，与法国的官方法语相对。

Grammaticalisation 语法化

一个自主的词转变为一种语法工具，然后通过扩展，任何范畴、语义和功能的变化影响语言的一个成分的过程。

Graphème 字位，字素

代表一个语音的书写符号。比如：*v* 不再仅仅是大写 *u* 的一种变体的时候（在大写位置上，罗马人可以将 *urbs*"城"写成 *Vrbs*），它变成一个字素，代表音素 /v/。

Générique 类指，通指

在谈到指称对象的时候，指一个类别内部的任何个体：*l'homme est mortel* "人会死"，*un triangle a trois côtés* "三角形有三边"。

Isoglosse 同言线

过去用作形容词，例如可以说 des zones isoglosses（同言区域），后来变成阴性名词。介定某个语言现象在其中发生的地区的分界线。

Koïné 共通语

希腊词，指上层的方言（伊奥利亚方言和伊奥尼亚方言的混合），这已经是统一的和周密的语言，《伊利亚德》是用这一语言写的；通过引申，指几个拥有不同母语方言的言语者使用的共同语，这种共同语是以这些方言为出发点形成的。同义语：上层方言语言。

Langue majoritaire 多数族群的语言

227

一个国家多数人口的母语。

Langue maternelle 母语

在家庭内部使用的语言，儿童用它学习说话的语言。

Langue mère 原始语

原始语的演变产生一个或几个其他语言（称为子语言，后代语言）。

Langue officielle 官方语言

行政语言。有时也指传授知识的语言（教学和教科书或者虚构作品的语言）和宗教语言。

Langue nationale 民族语

此处，我们将之定义为既是多数语言，又是官方语言。但是，某些国家，尤其在非洲，使用"首选民族语"的表述来指称一种语言，有时是多数语，有时是最具代表性的（一个国家可能有多个语言），这种语言相对居主导地位，有许多人在学习母语之外学习它，目的是与其他族群交流（见**通用语** [langue véhiculaire]），但是它不具有官方语言的地位。这或许是法语在 12 世纪具有的地位。

Langue véhiculaire 通用语

非官方语言，但是被不同语言的族群成员在母语之外进行学习，目的是为了彼此交流。通用语通常比官方语言更容易学习，如果存在官方语言的话。非洲某些重要的沟通语言是通用语；世界语同样是一种通用语。

Langue vernaculaire 本地话

在一个局限的语言共同体内部用来日常交流的母语；它往往因小社群（村庄甚至家族）的不同而彼此各异。

228　Norme 规范

确定一种语言的全部规则。**规范语法**（Grammaire normative）、**规范态度**（attitude normative）：对一种语言的言语者的教导，如果他们想要符合某种"优美语言"的理想的话；规范具有社会功能，因为"优美语言"被看作社会统治阶层的语言。某些语言学家同样在这个意义上使用"过度规范"（surnorme）这个词。规范倾向于语言的固化。某些语言服从于非常严苛的规范，另外一些语言则接受更多的变异和演变。据说，法语是世界上承受最多规范的语言。

Phonème 音位，音素

是比语音更加抽象的概念。它是语言的一个音，不管个人对这个音的实现情况是怎样的，它可以与另外一个音对立起来，在词的其他成分都完全相同的时候用这两个对立的音来区分两个词。例如：/s/ 和 /z/ 是法语的音素，因为人们可以将 rose "玫瑰" /roz/ 和 rosse "劣马" /rɔs/ 这两个词加以区分（另见 base "基础" /baz/ 和 basse "低音" /bas/；bise "北风" /biz/ 和 bis "重奏" /bis/），但是它们却不是拉丁语的音素，在拉丁语中，没有什么可以与 rosa 对立：因为在法语拥有两个音素的地方，拉丁语只有一个音素。对于拉丁语使用者来说，个人发清音 /s/ 或者浊音 /z/ 并不导致任何歧义。

Occlusive 闭塞音

指借助在口腔的一个位置上的短暂的封闭而发音的辅音。

Paradigme 词形变化表

一系列具有亲缘关系的形态。一个动词的变位构成一个词形变化表，名词的变格法也一样。但是，一个词族同样是一个纵聚合，人们甚至将这个概念延伸到一些更广泛的系列，比如以 -ment 结尾的副词的纵聚合。语义的聚合指一系列的语义邻近的词（比如 enseignement "教学"、éducation "教育"、formation "培养"、instruction "教导"）。

Proto- 原始，祖

这个前缀的意思是原始的。人们将可能是所有印欧语系语言的起源的、语言学家重构的假设的语言称为**原始印欧语**（proto-indo-européen）。同样，在那之后不久，人们将用当地语言写作的最古老的文本的语言称作**原始法语**（proto-français），这种语言已经不再是拉丁语，但是还不是古法语。简言之，一种原始语或祖语（proto-langue），不论它是重构的还是得到实证的，它是一种语言或者一个语系的祖先。

229　**Réanalyse** 再分析

在学习一个语言现象的时候，对它的使用条件进行派生性的阐释，从而导致一个规则变化。

Référent 参照对象

与言语中使用的一个词相对应的言语外世界的真实事物。当我说：*Reportez-vous au chapitre X de ce livre* "请参见本书第十章"，"本书"的参照对象就是您此刻面对的《法语的历史》这本书。

Scripta 约定俗成的书写符号系统

超方言的约定俗成的文字系统。书面语，引申意义上指通过文字留存至今的语言。它总是比它所源出的口语更加完善，更加"规范"，具有自身的限制。

Sonore（**ou voisé**）浊音（或声带振动）

指一个音素，不论是元音还是辅音，在发音时，人们借助声带的振动。

Sourd（ou non voisé）清音（或声带不振动）

指一个音素，仅仅是辅音，在发音时，没有声带的振动。

Spécifique 特指

在谈到参照对象时，在一类内部指称一个明确的个体。当我说 *J'ai acheté un manteau* "我买了一件大衣"（特指），这个句子仅仅对于唯一一件大衣是真的，而当我说 *Un triangle a trois côtés* "一个三角形有三个边"（类指），这个句子对于所有三角形都是真的。

Standardisation 标准化

消灭变异，对一种语言进行周密化，加以确定，甚至固化。标准化可以从普通的消灭妨碍相互理解的方言差异，发展到企图通过强加一种严格的规范（通常具有社会特征）来对语言进行固化。

Substrat 底层

230

指在另外一种语言（通常是殖民者的语言）作为官方语言被强加于人时在这个国家占主导的母语。言语者将渐渐采用官方语言，但是会依据他们的语言习惯的不同对官方语言加以转变。比如：拉丁语在高卢被强加于高卢语的语言底层之上；各种克里奥尔语属于具有非洲语言底层的法语。

Superstrat 表层

殖民者的母语，它来影响一个国家的母语，却并不取代它。可能出现的情况是，殖民者丧失了自己的母语，最终采用被殖民国家的官方语言，而没有留下自己的源出国语言的痕迹（目前这种现象很罕见）。比如：在法国北方，高卢-罗马居民的语言在日耳曼语表层的影响下发生演变。同样，现代英语是一种具有法语表层的日耳曼语。

Tiroir 时体式动词变位表

这是一种简化的说法，指在一个时体式之下的词形变化表。比如：直陈式现在时的动词变位表，虚拟式现在时的动词变位表，等等。

参考书目

　　这份参考书目远未穷尽所有书籍：它仅包含一些对年轻的研究者来说相对容易上手的著作，以及本教材中参考的那些图书。但是，本书引用的许多著作包含一些非常全面的参考书目，大家如果想要深入研究的话可以参看。

Allieres J., *La formation de la langue française*, éditions PUF, coll. « Que sais-je ? », 1982.

Anis J., *Texte et ordinateur: l'écriture réinventée*, De Boeck, 1988.

　　Parlez-vous texto ? Le Cherche-Midi, 2001.

Andrieux-Reix N., *Ancien et moyen français: exercices de phonétique*, Paris, PUF, 1993.

Ayres-Bennet W., *Vaugelas and the Development of the French Language*, Londres, MHRA, 1987.

Ayres-Bennet W. et Seijidos M., *Bon Usage et Variation Sociolinguistique. Perspectives Diachroniques et Traditions Nationales*, éditions ENS Lyon, 2013.

Baladier E. (dir.), Chapheau G., Kerdraaon A. -L., *Le vocabulaire de la francophonie: le dictionnaire du français à travers le monde*, Garnier, 2008.

Balibar R., *Le Colinguisme*, Paris, PUF, coll. « Que sais-je ? », 1993.

　　L'Institution du français, Paris, PUF, 1985.

Banniard M., *Viva voce: communication écrite et orale du IVe au IXe siècle*, Études augustiniennes, 1982.

　　Du latin aux langues romanes, Nathan, coll. « 128 », 1997.

　　Langages et peuples d'Europe: cristallisation des identités romanes et germaniques (VIIe -XIe siècles), Presses de l'Université de Toulouse, 2002.

Beaulieux C., *Histoire de l'orthographe* (2 vol.), Paris, Champion, 1927.

Bec P., *La Langue occitane*, Paris, PUF, coll. « Que sais-je ? », 1967.

Benveniste É., *Le Vocabulaire des institutions indo-européennes* (2 vol.), Paris, Éd. de Minuit, 1969.

Biedermann-Pasques L. et Jejcic F. éditeurs, *Les rectifications orthographiques de 1990: Analyses des pratiques réelles (Belgique, France, Québec, Suisse, 2002-2004)*, Cahiers de l'Observatoire des pratiques linguistiques, N° 1, Presses universitaires d'Orléans, 2006.

Blanc A., *La langue du roi est le français*, L'Harmattan, 2010.

Blanche-Benveniste C., *Approche de la langue parlée en français*, Ophrys, 1997.

Blanche-Benveniste C. et Chervel A., *L'Orthographe*, Paris, Maspero, 1969.

Bonnard H. et Reignier C., *Petite grammaire de l'ancien français*, Paris, Magnard, 1989.

Bopp F. (trad. Breal M.), *Grammaire comparée des langues indo-européennes* (I-IV), Paris, Imprimerie impériale, puis Imprimerie nationale, 1866-1905.

Brunot F., *Histoire de la langue française* (17 vol.) (1905-1938), Paris, Armand Colin (rééd.) et Éd. du CNRS, 1979-2001.

Brunot F. et Bruneau C., *Précis de grammaire historique de la langue française*, Paris, Masson, 1887.

Buridant C., *Grammaire nouvelle de l'ancien français*, Paris, Sedes, 2000.

Bynon T., *Historical Linguistics*, Cambridge, Cambridge University Press, 1977.

Calvet L. -J., *Les Langues véhiculaires*, Paris, PUF, coll. « Que sais-je ? », 1981. *Linguistique et colonialisme*, Payot, 2002.

Cavalli Sforza L., *Évolution biologique, évolution culturelle*, éd. Odile Jacob, 2005. *Génétique des populations*, éd. Odile Jacob, 2008. *L'Aventure de l'espèce humaine*, éd. Odile Jacob, 2011.

Cellard J., *Ah ça ira, ça ira, ça ira... Ces mots que nous devons à la Révolution française*, Balland, 1989.

Certeau de M., Julia D., Revel J., *Une politique de la langue: La révolution française et les patois – L'enquête de Grégoire*, Gallimard, 1986.

Catach N., *L'Orthographe*, Paris, PUF, coll. « Que sais-je ? », 1978.

Cerquiglini B., *La Naissance du français*, Paris, PUF, coll. « Que sais-je ? », 1991.

L'Accent du souvenir, Paris, Éd. de Minuit, 1995.

Chartier R., Compere M. -M., Julia D., *L'Éducation en France du XVIe au XVIIIe siècle*, Sedes, 1976.

Chaudenson R., *Les Créoles*, Paris, PUF, coll. « Que sais-je ? », 1995.

Éducation et langues: français, créoles, langues africaines, L'Harmattan, 2006.

Chaurand J. (éd.), *Nouvelle histoire de la langue française*, Paris, Éd. du Seuil, 1999.

Combette B., Marchello-Nizia Ch. (éds), *Études sur le changement linguistique en français*, Presses Universitaires de Nancy, 2007.

Delamarre X., *Le vocabulaire indo-européen: lexique étymologique thématique*, éd. Librairie d'Amérique et d'Orient Jean Maisonneuve, Paris, 2000.

Dictionnaire de la langue gauloise, Éditions Errance, 2008, 3e édition revue et augmentée.

Demaizière C., *La Langue française au XVIe siècle*, Paris, Didier, 1980.

Deniau X., *La Francophonie*, Paris, PUF, coll. « Que sais-je ? », 1992.

Dotoli G., *La langue française et la francophonie*, Presses de Paris Sorbonne, 2005.

Duneton Cl., *Parler croquant*, Paris, Stock, 1973.

Duval P. -M., *La Vie quotidienne en Gaule pendant la paix romaine*, Paris, Hachette, 1952.

Fiorelli P., « Pour l'interprétation de l'ordonnance de Villers-Cotterêts », dans *Le Français moderne* n° 18, pp. 277–288, 1950.

Fournier N., *Grammaire du français classique*, Paris, Belin, 1998.

Fournier P. -F., « La persistance du gaulois au VIe siècle », dans *Recueil de travaux offerts à M. Clovis Brunel* (I), Paris, Société de l'École des chartes, 1955.

Frey H., *La Grammaire des fautes*, Genève-Leipzig, 1929, rééd. Genève, Slatkine Reprints, 1971.

Fumaroli M., *Quand l'Europe parlait français*, éditions de Fallois, 2001.

Furet Fr. et Ozouf J., *Lire et écrire. L'alphabétisation des Français de Calvin à Jules Ferry,* Paris, Éd. de Minuit, 1977.

Gadet F., *La Variation sociale en français,* Ophrys, 2003.

Gougenheim G., *Les Mots français dans l'histoire et dans la vie* (3 vol.), Paris, Picard, 1966.

Grosperrin B., *Les Petites Écoles sous l'Ancien Régime,* Rennes, Ouest-France Université, 1984.

Guinet L., *Les Emprunts gallo-romains au germanique (du Ier siècle à la fin du Ve siècle),* Paris, Klincksieck, 1982.

Guiraud P., *L'Argot,* Paris, PUF, coll. « Que sais-je ? », 1956.

Structures étymologiques du lexique français, Larousse, 1967.

Hagège C., *Le Souffle de la langue,* Paris, Odile Jacob, 1992.

Combat pour le français, au nom de la diversité des langues et des cultures, Odile Jacob, 2006.

Haudry J., *L'Indo-Européen,* Paris, PUF, coll. « Que sais-je ? », 1979.

Les Indo-Européens, Paris, PUF, coll. « Que sais-je ? », 1981.

Haugen E., « Dialect, Language, Nation » (1966), repris dans Pride J. B. et Homes J. (éd.), *Sociolinguistics,* Hardmondworth, Penguin, 1972.

Herman J., *Du Latin aux langues romanes: études de linguistique historique,* Tübingen, 1990.

Le Latin vulgaire, Paris, PUF, coll. « Que sais-je ? », 1967.

Huchon M., *Histoire de la langue française,* Paris, Le Livre de poche, 2002.

Le Français de la Renaissance, Paris, PUF, coll. « Que sais-je ? », 1988.

Huot H., *La Morphologie,* Paris, Armand Colin, 2001.

Kerleroux F., *La coupure invisible. Études de syntaxe et de morphologie,* Presses Universitaires du Septentrion, 1996.

Kleinhenz C. et Busby K. (éds), *Medieval Multilinguism, the Francophone World and its Neighbours,* Turnhout, Brepols, 2010.

Kristol A. et M. (éds), *Manières de langage (1396, 1399, 1415),* Londres, Anglo-Norman Text Society, 1995.

Labov W., *Sociolinguistique,* Paris, Éd. de Minuit, 1976 (trad. fr. de *Sociolinguistic Patterns,* Pennsylvania University Press, 1972).

Lambert P. -Y., *La langue gauloise*, éditions Errance, 1994.

Latin D., *Inventaire de particularités lexicales du français d'Afrique noire*, EDICEF/AUPELF, 1998.

Lebedynsky I., *Les Indo-Européens: Faits, débats, solutions*, Paris, Errance, 2009.

Lodge R. A., *Le Français, histoire d'un dialecte devenu langue*, Paris, Fayard, 1997, trad. fr. de *French, from Dialect to Standard*, 1993.

A Sociolinguistic History of Parisian French, Cambridge, Cambridge University Press, 2004.

Lot F., « À quelle époque a-t-on cessé de parler latin », *Archivum Latinitatis Medii Aevi* (Bulletin du Cange), n° 6, pp. 97-159, 1931.

Lusignan S., *Parler vulgairement. Les intellectuels et la langue aux XIIIe et XIVe siècles*, Paris-Montréal, Vrin, 1987.

La Langue des rois au Moyen Âge. Le français en France et en Angleterre, Paris, PUF, 2004.

Marchello-Nizia Chr., *L'Évolution du français*, Paris, Armand Colin, 1995.

Grammaticalisation et changement linguistique, Bruxelles, De Boeck, 2006.

Martin R., *Temps et aspect, essai sur l'emploi des temps narratifs en moyen français*, Paris, Klincksieck, 1971.

Martinet A., *L'Économie des changements phonétiques*, Berne, Franke, 1955.

Le Français sans fard, Paris, PUF, 1969.

Des steppes aux océans, Paris, Payot, 1987.

Maugey A., *Le privilège du français*, Québec, Humanitas, 2007.

Meillet A., *La Méthode comparative en linguistique historique*, Oslo, 1935.

Meuleau M., *Les Celtes en Europe*, Rennes, éditions Ouest-France, 3e édition, 2011.

Millet O., *Calvin et la dynamique de la parole. Étude de rhétorique réformée*, Champion, 1992.

Moignet G., « La grammaire des songes dans *La Queste del saint Graal* », dans *Langue française*, n° 40, pp. 113-119, 1978.

Monfrin J., « Humanisme et traduction au Moyen Âge », dans *Journal des savants*, pp. 161-190, 1963.

« Les traducteurs et leur public en France au Moyen Âge », dans *Journal des savants*, pp. 5-20, 1964.

Montenay Y., *La langue française face à la mondialisation*, Les Belles Lettres, 2005.

Mortureux M. -F., *La Lexicologie, entre langue et discours*, Paris, Armand Colin, 1997.

Nyrop K., *Grammaire historique de la langue française* (6 vol.), Copenhague, Glydendal, 1899-1903.

Perret M., « La langue de la liberté. Éloge de l'abbé Grégoire », *Mélanges en l'honneur de Juhani Härmä*, Mémoires de la Sté Néophilologique de Helsinki, LXXVII, Havu, Helkkula, Tuomarla éds., 2009, pp. 222-232.

Perrot J., *La Linguistique*, Paris, PUF, coll. « Que sais-je ? », 1967.

Picoche J. et Marchello-Nizia C., *Histoire de la langue française*, Paris, Nathan, 1989.

Poerck G. de, « Les plus anciens textes de la langue française comme témoins d'époque », dans *Revue de linguistique romane*, n° 27, pp. 1-34, 1963.

Queffelec A., *Le Français en Centrafrique*, Vanves, EDICEF, 1983.

Renfrew C., 1990, *L'énigme des Indo-Européens: archéologie et langage*, Flammarion (ch. I). (édition anglaise 1987).

Rey A. (directeur), 1992, *Dictionnaire historique de la langue française*, Le Robert (2 vol.).

Rey A., Duval F., Siouffi G., *Mille ans de langue française, histoire d'une passion*, Perrin, 2007.

Ruhlen M., *L'origine des langues: sur les traces de la langue mère*, Paris, Belin, 1997.

Saint-Robert (de) M. -J., *La politique de la langue française*, PUF, « Que sais-je ? », 2000.

Sancier-Château A., *Introduction à la langue du XVIIe siècle*, Paris, Nathan, 1997.

Sapir E., *Language. An Introduction to the Study of Speech*, New York, Harcourt, Brace and World, 1921.

Seguin J. -P., *La langue française au XVIIIe siècle*, Bordas, 1972.

L'invention de la phrase au XVIIIe siècle, Louvain-Paris, Peters, bibliothèque de l'information grammaticale, 1993.

Selig M., Frank B., Hartmann J. (éds), *Le passage à l'écrit des langues romanes*, Tübingen, Niemeyer, 1993.

Serbat G., *Les Structures du latin*, Paris, Picard, 1980.

Sergent B., *Les Indo-Européens: histoire, langues, mythes*, Paris, Payot, 1995.

Soutet O., *Études d'ancien et de moyen français*, Paris, PUF, 1992.

Swiggers P. et Van Hoecke W. (éd.), *La Langue française au XVIe siècle: usage, enseignement et approches descriptives*, Louvain-Paris, Peters, 1989.

« À l'ombre de la clarté française », dans *Langue française*, n° 75, pp. 5–21, 1987.

Tritter J. -L., *Histoire de la langue française*, Paris, Ellipses, 1999.

Valdman A., *Le créole: structure, statut, origine*, Klincksieck, 1978.

Valdman A. (éd.), *Le Français hors de France*, Paris, Champion, 1979.

Vänänen V., *Introduction au latin vulgaire*, Paris, Klincksieck, 1967.

Van Acker M., Van Dieck R., Van Uytfanghe, (éds), *Latin écrit – Roman oral ? de la dichotomisation à la continuité*, Turnhout, Brepols, 2008.

Vial J., *Histoire de l'éducation*, Paris, PUF, coll. « Que sais-je ? », 1995.

Wagner R. L., *Les Phrases hypothétiques commençant par « si » dans la langue française, des origines à la fin du XVIe siècle*, Genève, Droz, 1939.

L'Ancien Français, Paris, Larousse (chap. III), 1974.

Walter H., « L'innovation lexicale chez les jeunes Parisiens », dans *La Linguistique*, n° 20, pp. 69–84, 1984.

Le Français dans tous les sens, Paris, Laffont, 1988.

L'Aventure des langues en Occident, Paris, Laffont, 1994.

Wartburg W. von, *Évolution et structure de la langue française*, Berne, Franke, 1946a.

Problèmes et méthodes de la linguistique, Paris, PUF, 1946.

Wright R., *Late Latin and Early Romance*, Londres, Francis Cairns, 1982.

Wolton D., *Demain la Francophonie*, Flammarion, 2009.

Yaguello M., *Le Grand livre de la langue française*, (en coll. avec Blanche-Benveniste C., Colin J. -P., Gadet F. et alii.), Seuil, 2003.

索　引

（词条中页码为原书页码，见本书边码。）

图书在版编目(CIP)数据

法语的历史/(法)米歇尔·佩雷著;周莽译. —北京:商务印书馆,2023
ISBN 978 - 7 - 100 - 19973 - 5

Ⅰ.①法… Ⅱ.①米… ②周… Ⅲ.①法语—语言史 Ⅳ.①H320.9

中国版本图书馆 CIP 数据核字(2021)第 102184 号

法语的历史

〔法〕米歇尔·佩雷　著

周　莽　译

───────────────────

商 务 印 书 馆 出 版
(北京王府井大街36号　邮政编码100710)
商 务 印 书 馆 发 行
北京市白帆印务有限公司印刷
ISBN 978 - 7 - 100 - 19973 - 5

───────────────────

2023 年 1 月第 1 版　　　　开本 880×1230　1/32
2023 年 1 月北京第 1 次印刷　　印张 10¼
定价:63.00 元